LAW
OF
THE
SEA

海洋法

著

瀬田 真
SETA Makoto

弘文堂

はしがき

　本書を執筆したいと思った理由は大きく 2 つある。第 1 に、大学等で海洋法を教えるにあたり、日本語での基本書がなかったことである。山本草二先生の『海洋法』（三省堂）は 1992 年、桑原輝路先生の『海洋国際法入門』（信山社）は 2002 年、水上千之先生の『海洋法—展開と現在—』（有信堂）は 2005 年、林司宣先生らの『国際海洋法』（有信堂）は第 2 版が 2016 年にそれぞれ刊行と、本書のような海洋法の日本語の基本書を執筆したいと思った 2020 年頃には、最新かつ手ごろな基本書がなかったのである（しかしながらその後、2023-2024 年に海洋法関連の書籍が立て続けに出版され、本書の刊行時期が、まさに海洋法の出版ラッシュともいえる時期と重なることになってしまった。このように、海洋法の基本書が増えるのは、海洋法学者として嬉しい一方で、この時期の刊行となったせいで本書の売り上げが下がってしまうとしたら、出版を引き受けてくださった弘文堂さん、とりわけ、本書の企画から原稿チェック等々まで親身になってくださった登さんに申し訳なく思うところである）。

　第 2 の理由は、「海洋法はつまらない」との声を頻繁に耳にすることが少なくなく、関心をもってもらう、勉強のきっかけとなるような書籍を作りたいと思ったことである。国際法の教科書などの執筆で「海洋法」の章を担当する中で、自身の章を面白くすることにも四苦八苦してきた。海洋法はおそらく、国際法の諸分野の中でも情報量が多く（海洋法条約本体だけで 320 条……）、それらを説明すると、まさに制度の説明で終わり、海洋法の魅力が伝えられないと感じたのである。では、海洋法の魅力とは何か。筆者にとっては、これまた大きく 2 つある。

　1 つは、国家を中心とする様々なアクターの思惑により大きく動く国際社会において、法たる性格を有する国際法がどのように発展し、機能しているか（あるいは発展できなかったり、機能しなかったりするか）、その動態的な性格の面白さである。物理的に 1 つであり、それゆえ必然的に国際的なガバナンスが必要とされる海洋の法たる海洋法は、国際社会・国際政治の大きな動きの影響を受ける。しかし、海洋法は、それだけでなく、科学技術の発展と環境の変化の影響から、より動態的に発展を遂げてきている。特

はしがき　　i

に、近年は SDGs の名のもとに、持続可能な社会が志向される中、海洋法もその方向へと向かい発展している。

　もう1つは、上述の性格もあり、学問としての海洋法は、実務との関係が非常に近い、という点である。筆者がそもそも国際法学者を志したのは、国際法という学問が単純に面白かったと同時に、国際法学者が各国政府や国際機構と協働し、実務家としての役割をも果たしていることに、魅力を感じたからである。海洋法も例外ではなく、とりわけ、情報量が多く動態的なこの分野は、専門家が社会に直接貢献できる機会が少なくない。筆者は、就職早々に政府の研究会や学際的な大型研究プロジェクトに参加する機会を得、幸運にもその面白さを体験することができた。

　ただ、そうした実務の最先端の話というのは、海洋法の基礎知識があってはじめてわかる、考えることができる問題である。本書は、国際法を学び始めた者が一般的な『国際法』の基本書の次に手に取るという意味で「二冊目の書」となることを想定して執筆しており、国際法知識を最低限有していることを前提とはするものの、これ一冊で海洋法の基礎知識から最先端の問題までを一定程度学べるようにしたつもりである。その中で、海洋法のもつ動態性と実務での機能といった2つの面白さが伝わるようになっていることを願うばかりである。

　海洋法は、世間一般にはあまり広く知られてはいないものの、実は多様な仕事にかかわる法分野である。各章で述べていくように、海洋法は、たとえば日本政府の場合、外務省や、実際に海上で働く海上保安庁や海上自衛隊はいうまでもなく、船舶の運航については国土交通省、海洋環境の保全については環境省、漁業については農林水産省、非生物資源の開発については経済産業省、海底ケーブルについては総務省、科学的調査については文部科学省、安全保障に関しては防衛省と、各省庁が横断的にかかわる。そして、それぞれとかかわりのある、海運業界、環境保護団体、水産会社、商社、など、多くの民間企業や非政府組織（NGO）などにもかかわるのである。さらに、これらと関連する船舶工学、海洋生態学、海洋遺伝資源などの学問領域の研究ともかかわる。国際法を学ぶ学生だけでなく、他の業界・研究領域を目指す学生はもちろん、それぞれの分野の研究者・実務家にも手に取って理解を深めてもらうことが、本書の目指すところである。

　本書はまた、読みやすく、伝わりやすくするために、以下の5つの工夫

を設けている。①パラグラフ番号を用いての相互参照、②条約・判例・略語などの個別整理、③勉強を深めることができるように関連書籍を主要参考文献として章ごとにリスト化、④判例へのアクセスを容易にするためにQRコードを掲載、⑤図や表を多用、である。こうした工夫を含んでの本書の出版は、本書の企画を通し、原稿が遅れがちな筆者の提出する草稿に辛抱強くお付き合いくださった登さんのお力添えなくしては実現しなかったものであり、ここで改めて感謝を記したい。

　執筆に至るまで、迷惑をかけた家族にも感謝を記す。このように、海洋法の研究者として好きなことを仕事とできているのは、両親・兄弟が、自分が大学卒業後に就職せず、大学院で学ぶことを認めてくれたからである（兄弟は特に認めた、というわけでもないかもしれないが、強い反対はなかった、と信じている……）。特に、両親には経済的にも負担をかけ、申し訳なく思うと同時に、感謝している。また、執筆時は、産まれたばかりの手のかかる双子を抱える状態であり、妻には著しい負担をかけてしまった。筆者としては、本書が版を重ねていくことを期待しているが、版を重ねた際のはしがきを書く際に、感謝の名宛人が前妻、となっていないことを願うばかりである。双子は、癒される時間はあるものの、どちらかと言えば、迷惑をかけたというより手間をかけさせられたが、彼らが本書を理解できるころまで、版を重ねていければ、などと現在は大志を抱いている。

双子の喧嘩する声を聞きながら

2024年9月末日

瀬田　真

目次 ······· contents

本書で使用している略称一覧　*xviii*

第1章　海洋法概論 ·········· *1*

第1節　海の国際法:本書の位置づけ·ねらい　*1*

第1項—海洋法とは　*1*

第2項—海洋の利用と法　*2*
（1）海洋技術の発展に伴う変化
（2）新たな海洋利用と法の必要性

第3項—本書の構成·使い方　*4*

第2節　海洋法の歴史的展開　*5*

第1項—19世紀までの海洋法　*5*
（1）グロティウス以前　（2）グロティウス以後

第2項—海洋法の法典化作業と海洋法条約の締結　*6*
（1）ハーグ国際法典編纂会議·
　　第一次および第二次国連海洋法会議
（2）第三次国連海洋法会議と海洋法条約

第3項—海洋法条約締結後の展開　*9*
（1）実施協定の採択　（2）関連する条約の採択·改正

第3節　海洋法体系の特質　*10*

第1項—海の憲法としての海洋法条約　*11*
（1）包括性　（2）一体性　（3）紛争解決制度の充実
（4）硬性　（5）優先性·包摂性

第2項—国際海事機関（IMO）による非法規範の利用　*13*
（1）国際海事機関の策定する非法規範の形式と内容
（2）ソマリア沖海賊対策の際のIMOの実行

第3項—国連環境計画(UNEP)による
地域規範の利用 15

第2章 海洋法のアクター …………19

第1節 海洋法における国家の立場 19

第1項—旗国 19
(1)旗国と船舶の関係
▶判例事例研究 ▶ **サイガ号事件** 21
(2)旗国の権利義務

第2項—沿岸国 23

第3項—寄港国 24
(1)旗国の管轄権　(2)寄港国管理(PSC)

第4項—その他 26

第2節 日本政府 26

第1項—中央省庁 27
(1)外務省　(2)国土交通省　(3)厚生労働省
(4)農林水産省　(5)経済産業省　(6)環境省　(7)総務省
(8)文部科学省　(9)防衛省

第2項—海上保安庁・海上自衛隊 30
(1)海上保安庁　(2)海上自衛隊

第3項—海本部(海洋基本法) 31

第3節 国際機構 32

第1項—海洋法条約に規定される機関 32
(1)国際海洋法裁判所(ITLOS)　(2)国際海底機構(ISA)
(3)大陸棚限界委員会(CLCS)

第2項—海洋法条約の外にある機関 33
(1)国際海事機関(IMO)　(2)国際労働機関(ILO)
(3)国連食糧農業機関(FAO)　(4)国連環境計画(UNEP)
(5)国連教育科学文化機関(UNESCO)

目次　　v

第**4**節 プライベート・アクター　36

第**1**項──業界団体　36
　　　（1）船主業界　（2）保険業界　（3）海底ケーブル業界

第**2**項──NGO　38
　　　（1）船級協会　（2）国際標準化機構　（3）環境NGO

第**3**章 水柱の水域区分と航行規則 ……… 41

第**1**節 航行自由の原則と水柱の水域区分　41

第**2**節 領域主権の及ぶ水域　43

第**1**項──内水・歴史的水域　43
　　　（1）内水　（2）歴史的水域
　　　▶判例事例研究 ▶ **テキサダ号事件**　45

第**2**項──群島水域　46

第**3**項──領海　47
　　　（1）領海の設定　（2）領海における無害通航権

第**4**項──国際海峡　49
　　　（1）国際海峡とは　（2）国際海峡における航行
　　　（3）特別条約による規律

第**3**節 領域主権の及ばない水域　51

第**1**項──接続水域　51
　　　（1）海洋法条約における接続水域
　　　（2）日本による接続水域の設定

第**2**項──排他的経済水域　53

第**3**項──公海　54
　　　（1）公海自由の原則　（2）旗国主義原則の排他性
　　　▶判例事例研究 ▶ **ノースター号事件**　55
　　　（3）旗国主義原則の例外

vi　　目次

第4章 非生物資源の開発と海底の水域区分 57

第1節 資源概念の展開 57

第1項——資源概念の拡張 58
（1）遺伝資源　（2）海砂　（3）海洋空間

第2項——海洋鉱物資源 59
（1）海洋鉱物資源の定義　（2）海洋鉱物資源の開発プロセス

第2節 大陸棚における非生物資源の開発 62

第1項——大陸棚制度の形成と展開 62
（1）法的大陸棚制度の形成　（2）海洋法条約における大陸棚

第2項——大陸棚における沿岸国の権利義務 64
（1）沿岸国の主権的権利　（2）沿岸国の管轄権
（3）沿岸国権限の制限

第3項——200海里以遠の大陸棚（延長大陸棚） 67
（1）延長大陸棚の法的性質　（2）延長大陸棚における利益配分

第3節 深海底における非生物資源の開発 68

第1項——海洋法条約における国際海底機構（ISA）の建付け 68
（1）ISAの構成　（2）ISAの役割
▶判例事例研究 ▶ **保証国勧告的意見** 70

第2項——国際海底機構（ISA）の活動 70
（1）探査・開発規則の策定　（2）鉱区の割り当て　（3）環境規制
（4）モラトリアム導入の議論

第5章 沿岸国水域の画定 75

第1節 基線の法規則 76

第1項——基線の引き方 76

目次　*vii*

第2項—基線に関する争点 77

第2節 大陸以外の陸地の位置づけ 78

第1項—低潮高地・島・岩・人工島 78

第2項—「島」の解釈 79
(1)島と岩の二分論　(2)「島」の解釈に関する先例

第3節 海洋境界の画定 82

第1項—権原と領域主権 82

第2項—境界画定方法 84
(1)領海の境界画定
(2)海洋法条約におけるEEZおよび大陸棚の境界画定に関する規定
(3)海洋法条約体制下における大陸棚の境界画定
(4)延長大陸棚の境界画定とグレーエリア
(5)日本の境界画定

第3項—境界の紛争解決 90
(1)司法手続による境界画定　(2)調停手続による境界画定

第4節 未画定水域の権利義務 91

第1項—海洋法条約における未画定水域の位置づけ 91

第2項—未画定水域における国家の権利義務 92

第5節 炭化水素資源の共同開発 94

第1項—共同開発協定の分類と機能 94

第2項—日本による共同開発の実行 94

第6節 大陸棚の外縁画定 95

第1項—大陸棚限界委員会の手続 95

第2項—日本の延長大陸棚 96

第6章 海上における人・船舶の規律 ………… 99

第1節 海上での人の安全・権利保障 100

第1項—船舶設備 100
(1)1974年海上人命安全(SOLAS)条約の形成
(2)1974年海上人命安全(SOLAS)条約の概要
(3)IMO諸条約の遵守確保　(4)漁船に関する規則
(5)海洋法条約と海上人命安全条約の関係

第2項—航行規則 104
(1)海上衝突予防　(2)海難事故に対する管轄権
▶判例事例研究▶**ローチュス号事件** 106

第3項—捜索・救助・遭難 106
(1)捜索救助(SAR)に関する国際枠組み
(2)捜索救助(SAR)の実施体制

第4項—安全・環境の両方にかかわる規則 108
(1)難破物除去ナイロビ条約　(2)シップリサイクル条約

第5項—人権条約の適用 110
(1)海上への人権条約の適用
(2)海上における個別の権利の保障
▶判例事例研究▶**アークティック・
サンライズ号事件** 112

第2節 船員の規律および保護 112

第1項—船員資格 113
(1)船員訓練資格(STCW)条約の形成と概要
(2)船員訓練資格(STCW)条約の見直しと実施
(3)漁船に関する規則

第2項—労働条件 115
(1)海事労働条約(MLC)の形成
(2)海事労働条約(MLC)の概要　(3)漁船に関する規則

第7章 生物資源 ………… 119

第1節 生物資源に関する海洋法の展開 120

第1項──海洋法条約以前 120
（1）ベーリング海オットセイ事件 （2）ジュネーヴ海洋法4条約

第2項──海洋法条約 122
（1）EEZの導入と利用
（2）EEZにおける生物資源の管理・配分 （3）公海上での漁業

第3項──海洋法条約採択後の流れ 125
（1）公海漁業実施協定 （2）IUU漁業対策

第2節 魚種別の規制 127

第1項──ストラドリング魚種・高度回遊性魚種 128
（1）海洋法条約の枠組み （2）公海漁業実施協定による発展

第2項──海洋哺乳類 129
▶ 判例事例研究 ▶ **南極海捕鯨事件（2014年）** 131

第3項──溯河性魚類・降河性魚類 131
（1）溯河性魚類 （2）降河性魚類

第3節 地域漁業体（RFB）による規制 133

第1項──地域漁業体の設立状況 133
（1）地域漁業体の共通点
（2）地域漁業体の具体例
▶ 判例事例研究 ▶ **みなみまぐろ事件** 135

第2項──地域漁業体の活動 136
（1）RFBによる保存管理措置 （2）RFBによるIUU漁業対策

第4節 未画定水域での保存管理 138

第1項──未画定水域における一般的規制 138

第2項──日本の実行 139
（1）日韓間の漁業協定 （2）日中間の漁業協定
（3）日台間の漁業協定

第8章 海洋環境（1）：汚染防止 ……… 143

第1節 海洋環境の汚染防止 144

第1項——一般的義務 144

第2項——汚染概念 145
（1）海洋法条約における「海洋環境の汚染」
（2）汚染概念の拡張

第3項——参照規則と外部規則 146
▶判例事例研究▶ **ITLOS気候変動
勧告的意見** 147

第2節 汚染源別のアプローチ：海洋法条約の枠組み 148

第1項——陸起因 149
（1）海洋法条約上の規定 （2）外部規則

第2項——海底活動 150
（1）領水海底・大陸棚 （2）深海底

第3項——投棄 151
（1）海洋法条約上の規定 （2）ロンドン条約・議定書

第4項——船舶起因 153
（1）海洋法条約上の規定 （2）外部規則の展開

第5項——大気 154
（1）海洋法条約上の規定 （2）外部規則

第3節 環境規制実施のための国家の権利義務 155

第1項——旗国 155

第2項——沿岸国 156
（1）沿岸国の権限 （2）保障措置 （3）介入権
（4）船舶の避難所

第3項——寄港国 158
（1）寄港国管轄権の導入 （2）寄港国管轄権の課題

目次 *xi*

第**4**節 **海難から生じる損害への補償枠組み** *159*

（1）タンカー　（2）タンカー等の石油輸送船以外の船舶

第**9**章 **海洋環境（2）： 生物多様性の保全** ……… *163*

第**1**節 **海洋生物多様性の保全をめぐる 条約枠組み** *165*

第**1**項──ワシントン条約 *165*
（1）条約の採択とその規定　（2）条約の運用

第**2**項──生物多様性条約（CBD）体制 *166*
（1）条約の採択とその規定　（2）条約の明確化・発展

第**3**項──BBNJ協定の締結 *167*
（1）協定の射程　（2）政府間会議での協定作成

第**2**節 **海洋遺伝資源（MGR）に関する制度** *169*

第**1**項──海洋遺伝資源とは *169*
（1）遺伝資源・遺伝素材　（2）デジタル配列情報（DSI）

第**2**項──国家管轄権内区域の遺伝資源 *170*
（1）生物多様性条約（CBD）　（2）名古屋議定書

第**3**項──国家管轄権外区域の遺伝資源 *172*
（1）BBNJ協定交渉での対立　（2）BBNJ協定における規定

第**3**節 **区域型管理手法（ABMT）** *173*

第**1**項──海洋保護区（MPA） *174*
（1）MPAの定義と区分　（2）沿岸国によるMPAの設置

▶ 判例事例研究 ▶ **チャゴス諸島**

海洋保護区事件 *176*

（3）国家管轄権外区域（ABNJ）におけるABMTの設置

第**2**項──他の効果的な区域型保全措置（OECM） *178*
（1）愛知目標におけるOECMの導入
（2）生物多様性条約COPによるOECMの具体化

第3項—日本の実行 *179*

第4節 環境影響評価（EIA） *181*

第1項—国際法における環境影響評価（EIA）の
展開 *181*
　（1）EIAの定義と区分　（2）戦略的環境評価
　（3）越境環境影響評価

第2項—海洋法条約およびBBNJ協定におけるEIA *183*
　（1）海洋法条約におけるEIA　（2）BBNJ協定におけるEIA

第3項—地域的枠組みおよび事項別のEIA *185*
　（1）地域的枠組み　（2）事項別EIA

第10章 海洋情報・科学技術 *187*

第1節 海洋情報収集の重要性と
その規律の難しさ *188*

第1項—科学的知見の重要性 *188*
　（1）海洋活動における科学的知見の利用
　（2）国連海洋科学の10年

第2項—収集活動を規律する国際法とその課題 *189*

第2節 海洋科学調査（MSR） *190*

第1項—海洋科学調査の定義および原則 *190*
　（1）海洋科学調査の定義　（2）海洋科学調査の諸原則

第2項—水域別規制 *191*
　（1）領海・国際海峡・群島水域　（2）EEZ・大陸棚
　（3）公海・深海底

第3節 他の情報収集活動 *194*

第1項—軍事調査 *194*

第2項—資源調査 *195*

目次　*xiii*

第4節 海洋情報に関する科学技術 *196*

第1項——海底ケーブル *197*
(1)海底ケーブルの機能
(2)海底ケーブルを規律する国際法規則
(3)海底ケーブルの運用

第2項——無人機器 *199*
(1)無人機器およびその周辺技術の分類
(2)無人機器に関する国際法規則

第5節 能力構築および技術移転 *203*

第1項——海洋法条約 *203*
(1)条約上の緩やかな義務規定　(2)緩やかな義務規定の背景

第2項——BBNJ協定 *204*

第11章 海上警察活動 ········ *207*

第1節 沿岸国水域内での警察活動 *208*

第1項——領海 *208*
(1)無害通航権との両立　(2)船舶に対する武装強盗

第2項——排他的経済水域 *211*
(1)保証金制度　(2)船員の権利保障

第3項——延長大陸棚 *213*

第2節 沿岸国水域外での警察活動 *214*

第1項——追跡権 *214*
(1)権利行使の条件
(2)構成的存在論と船舶が水域内に存在することの確認

第2項——公海海上警察権 *216*
(1)海洋法条約上の規定　(2)海洋法条約以後の発展

第3節 普遍的な国際法規則 *219*

第1項——合理性の原則 *219*

（1）銃火器利用時の合理性原則

▶判例事例研究▶ **レッド・クルセイダー号事件** *220*

（2）海洋法条約裁判所による合理性原則の拡張

▶判例事例研究▶ **ドゥズジッチ・インテグリティ号
事件** *222*

第**2**項─免除原則 *223*

（1）海洋法条約における免除原則の規定　（2）免除原則の実践

▶判例事例研究▶ **エンリカ・レクシエ号事件** *225*

第**12**章 海上武力紛争 ……… *227*

第**1**節 海上における武力の規律 *228*

第**1**項─海上における武力行使禁止原則とその影響 *228*

第**2**項─海戦法規:その法源と歴史的展開 *229*

（1）海戦法規関連条約　（2）海戦法規関連マニュアル

第**2**節 海戦法規のアクター *230*

第**1**項─現代の武力紛争法における国家の分類 *230*

（1）交戦国と中立国　（2）中立国の義務

第**2**項─国家機関とその船舶 *231*

（1）軍艦と補助艦　（2）海上警察機関の軍隊への編入

第**3**項─プライベート・アクター *233*

▶判例事例研究▶ **マヴィ・マルマラ号事件** *234*

第**3**節 事態の分類と海戦法規の適用開始 *235*

第**1**項─グレーゾーン事態 *235*

（1）国際武力紛争の発生基準

（2）グレーゾーン事態での対応:軍事活動と警察活動の境目

第**2**項─非国際武力紛争に適用される法規の展開 *237*

（1）非国際武力紛争の発生基準　（2）非国際武力紛争法の発展

第**3**項─海戦法規による非国際武力紛争の規律 *237*

目次　xv

第4節 海戦法規の実体的規律 238

第1項―武力紛争法の原則 239
（1）基本原則　（2）人道性・軍事的必要性
（3）区別原則・均衡性原則　（4）責任

第2項―戦闘方法（戦術・戦略）の規制 241

第3項―害敵手段（兵器）の規制 243

第13章 海洋法による法の支配: 紛争解決制度を中心に 245

第1節 国際法における紛争解決制度とその限界 246

第1項―国連憲章における紛争解決制度の概要 246

第2項―紛争解決制度の限界 247

第2節 国連海洋法条約における非裁判手続 247

第1項―意見交換 247

第2項―調停 248
（1）調停制度の概要　（2）調停制度の利用

第3節 国連海洋法条約における裁判手続 249

第1項―裁判手続の前提条件 249
（1）紛争当事国の合意の尊重　（2）他の裁判手続の尊重

第2項―海洋法条約裁判所の権限と機能 251
（1）海洋法条約裁判所
（2）海洋法条約裁判所の争訟事件に対する管轄権
▶判例事例研究▶ **南シナ海事件** 253
（3）海洋法条約裁判所の適用法規
（4）海洋法条約裁判所の結論の法的効果

第3項―海洋法条約裁判所の強制管轄権とその例外 255
（1）担当裁判所の決定　（2）仲裁裁判所の構成
（3）強制管轄権からの自動的除外

xvi　目次

（4）強制管轄権からの選択的除外

第4節 暫定措置手続・早期釈放手続 258

第1項—暫定措置 258
（1）海洋法条約における暫定措置手続
（2）早期釈放のため暫定措置手続の利用

第2項—早期釈放手続 259
（1）早期釈放手続の概要 （2）早期釈放手続の運用

▶ 判例事例研究 ▶ **富丸・豊進丸事件** 261

第5節 勧告的意見 261

第1項—海底紛争部による勧告的意見 261

第2項—ITLOS大法廷による勧告的意見 262

第3項—勧告的意見と争訟事件の交錯 263

条約・文書一覧 265
事項索引 278
判例索引 292

本書で使用している略称一覧

アルファベット略称	日本語	英語
ABMT	区域型管理手法	Area-based Management Tools
ABNJ	国家管轄権外区域	Areas beyond National Jurisdiction
ABS	アクセスと利益配分	Access and Benefit-Sharing
APEI	特別環境利益区域	Areas Particular Environmental Interest
AC	北極評議会	Arctic Council
AUV	自律型潜水機	Autonomous Underwater Vehicle
BBNJ	国家管轄権外区域の生物多様性	Marine Biological Diversity Beyond Areas of National Jurisdiction
CBD	生物多様性条約	Convention on Biological Diversity
CBTMT	能力構築及び海洋技術移転	Capacity Building and Transfer of Marine Technology
CCAMLR	南極生物資源保存委員会	Commission for the Conservation of Antarctic Marine Living Resources
CCS	二酸化炭素回収・貯留	Carbon dioxide Capture and Strage
CCSBT	みなみまぐろ保存委員会	Commission for the Conservation of Southern Bluefin Tuna
CDEM	船の構造・設計・設備・船員の配乗	Construction, Design, Equipment and Manning
CDS	漁獲証明制度	Catch Documentation Scheme
CHM	人類の共通遺産	Common Heritage of Mankind
CLCS	大陸棚限界委員会	Commission on the Limits of the Continental Shelf
COFI	水産委員会	Committee on Fisheries
COP	締約国会議	Conference of the Parties

アルファベット略称	日本語	英語
COSIS	気候変動と国際法に関する小島嶼国委員会	Commission of Small Island States on Climate Change and International Law
DSI	デジタル配列情報	Digital Sequence Information
DOALOS	国連海事海洋法課	Division for Ocean Affairs and the Law of the Sea
DORD	深海資源開発株式会社	Deep Ocean Resources Development Co., Ltd
EBSA	生態学的・生物学的に重要な海域	Ecologically or Biologically Significant marine Areas
ECDIS	電子海図表示情報装置	Electronic Chart Display and Information System
EFP	調査漁獲計画	Experimental Fishing Program
EEZ	排他的経済水域	Exclusive Economic Zone
EIA	環境影響評価	Environmental Impact Assessment
ETS	排出権取引制度	Emissions Trading System
FAO	国連食糧農業機関	Food and Agriculture Organization of the United Nations
FOC	便宜置籍船	Flag of Convenience
FONOP	航行の自由作戦	Freedom of Navigation Operation
FTP（Code）	火災試験方法コード	International Code for Application of Fire
GAIRS	一般的に受け入れられている国際的な規則及び基準	Generally Accepted International Rules and Standards
GFCM	地中海漁業一般委員会	General Fisheries Commission for the Mediterranean
GHG	温室効果ガス	Greenhouse Gas
GT	総トン数	Gross Tonnage
HSSC	検査と証書の調和システム	Harmonizes System of Survey and Certification

アルファベット略称	日本語	英語
IACS	国際船級協会	International Association of Classification Societies
IATTC	全米熱帯まぐろ類委員会	Inter-American Tropical Tuna Commission
ICC	国際刑事裁判所	International Criminal Court
ICCAT	大西洋まぐろ類保存国際委員会	International Commission for the Conservation of Atlantic Tunas
ICJ	国際司法裁判所	International Court of Justice
ICPC	国際ケーブル保護委員会	International Cable Protection Committee
ICPO	国際刑事警察機構	International Criminal Police Organization
ICRC	赤十字国際委員会	International Committee for the Red Cross
ICS	国際海運会議所	International Chamber of Shipping
ICSID	投資紛争解決国際センター	International Centre for Settlement of Investment Disputes
ICT	情報通信技術	Information and Communications Technology
IDI	万国国際法学会	Institut de Droit International
ILA	国際法協会	International Law Association
ILC	国際法委員会	International Law Commission
IMCO	政府間海事協議機関	Inter-Governmental Maritime Consultative Organization
IMO	国際海事機関	International Maritime Organization
IOC	政府間海洋学委員会	Intergovernmental Oceanographic Committee
IOPC Funds	国際油濁補償基金	International Oil Pollution Compensation Funds
IOTC	インド洋まぐろ類委員会	Indian Ocean Tuna Commission
IRZ	影響指標区（域）	Impact Reference Zone

アルファベット略称	日本語	英語
ISA	国際海底機構	International Seabed Authority
ISC	情報共有センター	Information Sharing Centre
ISO	国際標準化機構	International Organization for Standardization
ISPS	国際船舶及び港湾施設保安	International Ship and Port Facility Security
ITLOS	国際海洋法裁判所	International Tribunal for the Law of the Sea
IUCN	国際自然保護連合	International Union for Conservation of Nature
IUMI	国際海上保険連合	International Union of Marine Insurance
IUU fishing	違法・無報告・無規制漁業	Illegal, Unreported and Unregulated fishing
IWC	国際捕鯨委員会	International Whaling Commission
JAMSTEC	海洋研究開発機構	Japan Agency for Marine-Earth Science and Technology
JARPA Ⅱ	第二期南極海鯨類捕獲調査	The Second Phase of Japan's Whaling Research Program under Special Permit in the Antarctic
JISC	日本工業標準調査会	Japanese Industrial Standards Committee
JOGMEC	独立行政法人エネルギー・金属鉱物資源機構	Japan Organization for Metals and Energy Security
LEG	法律委員会	Legal Committee
LSA	国際救命設備	International Life-Saving Appliance
LTC	法律・技術委員会	Legal and Technical Committee
MASS	海洋自動水上船舶	Maritime Autonomous Surface Ships
MAT	相互に合意する条件	Mutually Agreed Terms
MEPC	海洋環境保護委員会	Marine Environment Protection Committee
MGR	海洋遺伝資源	Marine Genetic Resources

アルファベット略称	日本語	英語
MOU	了解覚書	Memorandum of Understanding
MPA	海洋保護区	Marine Protected Area
MSC	海上安全委員会	Maritime Safety Committee
MSE	管理戦略評価	Management Strategy Evaluation
MSR	海洋科学調査	Marine Scientific Research
MSY	最大持続生産量	Maximum Sustainable Yield
NAFO	北西大西洋漁業機関	Northwest Atlantic Fisheries Organization
NEAFC	北東大西洋漁業委員会	North-East Atlantic Fisheries Commission
NORI	ナウル海洋資源会社	Nauru Ocean Resources, Inc.
NOWPAP	北西太平洋行動計画	Northwest Pacific Action Plan
OECM	他の効果的な区域型保全措置	Other Effective Area-based Conservation Measures
PAME	北極圏海洋環境保護作業部会	Protection of the Arctic Marine Environment
PCA	常設仲裁裁判所	Permanent Court of Arbitration
PCIJ	常設国際司法裁判所	Permanent Court of International Justice
PIC	事前の同意	Prior Informed Consent
PLF	パレスチナ解放戦線	Palestine Liberation Front
POPs	残留性有機汚染物質	Persistent Organic Pollutants
PRZ	保存指標区（域）	Preservation Reference Zones
PSC	寄港国管理	Port State Control
PSSA	特別敏感水域	Particularly Sensitive Sea Area
REMP	地域環境管理計画	Regional Environment Management Plan
RFB	地域漁業体	Regional Fisheries Body
RFMO	地域漁業管理機関	Regional Fishery Management Organizations
RO	認定機関	Recognized Organization

アルファ ベット略称	日本語	英語
ROV	遠隔操作機	Remotely Operated Vehicle
SBSTTA	科学技術助言補助機関	Subsidiary Body for Scientific and Technological Advice
SEA	戦略的環境評価	Strategic Environment Assessment
SEAFO	南東大西洋漁業機構	South East Atlantic Fisheries Organization
SIOFA	南インド洋漁業協定	Southern Indian Ocean Fisheries Agreement
SPRFMO	南太平洋漁業管理機関	South Pacific Regional Fisheries Management Organization
STB	科学技術委員会	Scientific and Technological Body
SVG	セントビンセントおよびグレナディーン	Saint Vincent and the Grenadines
TAC	漁獲可能量	Total Allowable Catch
UNEA	国連環境総会	United Nations Environment Assembly
UNEP	国連環境計画	United Nations Environment Program
UNESCO	国連教育科学文化機関	United Nations Educational, Scientific and Cultural Organization
USV	無人高機能観測装置	Unmanned Surface Vehicle
UUV	無人潜水機	Unmanned Underwater Vehicle
WCPA	世界保護区委員会	World Commission on Protected Areas
WCPFC	中西部太平洋まぐろ類委員会	Western and Central Pacific Fisheries Commission
WMD	大量破壊兵器	Weapon of Mass Destruction
WTO	世界貿易機関	World Trade Organization
WWF	世界自然保護基金	World Wildlife Fund
VMS	船舶位置監視装置	Vessel Monitoring System

‖第1章‖ 海洋法概論

▶第1節　海の国際法：本書の位置づけ・ねらい

第1項 ── 海洋法とは

　海洋法（law of the sea）（「国際海洋法」ともいう）とは、**海洋空間に適用される国際（公）法**を総称するものである。私法分野においては、海運会社や保険会社などの契約を規律する**海商法**と呼ばれる別の法分野があり、また、海商法と各国国内の公的規制を包含する、**海事法（maritime law）**と呼ばれる法分野もある。そして、これらと海洋法をあわせて**海法**（かいほう）と呼ぶこともある。　〔1〕

　海洋法は国際法の一分野であるため、海洋法の法源は国際法と同様、主として**慣習国際法**（慣習法、customary international law）および**条約（treaty）**となる。そして、慣習法の形成にあたっては、国家が規範を法と認識する**法的信念**（*opinio juris*）と、国家による一様な**実行（state practice）**が重要となる点も、国際法の他分野と違いはない。あらゆる国家を拘束する慣習法が、条約に入っていない国家に対して重要なのはいうまでもない。また、海洋法上の争点となるにもかかわらず、**国連海洋法条約**（海洋法条約、United Nations Convention on the Law of the Sea, UNCLOS or LOS Convention）が規律していない事項もあり（たとえば、**境界画定**の際に適用する法）、この慣習法の果たす役割は依然として小さくない。　〔2〕

　海洋法は海洋という空間を規律することから、国際法全体の中では、**空法**（くう）や最近注目を集める宇宙法などとともに、**空間法**と呼ばれる形で大きく分類される。このように、国際法の一部である海洋法について詳述するのが本書であるため、本書を読むにあたっては、他の国際法一般の基本書について、一定程度理解していることが期待される。もちろん、本書のみで完結するように説明を加えていくが、より深い理解については、国際法全体についての一定程度の理解が必要となろう。また、海法という枠組みの　〔3〕

▶第1節　海の国際法：本書の位置づけ・ねらい　　**1**

一部でもあるということで、その理解のためには、海商法や海事法といった分野もかかわるが、これらの知識は、海洋法を理解する前提となるようなものではない。法体系としては、海洋法はあくまでも国際法の一分野である。

【4】　　海洋の法であることから、海洋法の形成に関しては、海洋の性質、そしてその海洋を人がどのように利用・認識するかが大きくかかわる。まず、海洋は地球の表面積からすれば、陸地よりも広く、地球のおよそ**7割**を占める。そのため、古くより海洋関係の専門家からは「地球」ではなく「**水球**」あるいは「**海球**」と呼ぶべきであるとも主張される。このように広範囲に及ぶため、海洋環境の悪化は、地球環境の悪化に直接つながる。

【5】　　他方で、人とのかかわりをみると、人は海、水中において生きることはできないため、陸地に居を構える。したがって、人にとって海は一時的に利用する空間にすぎない。しかし、海洋の利用方法は、**科学技術の発展**や**海洋環境の変化**に伴い大きく変わってきたし、また変えていかなければならない。それを規律する海洋法もまた同様であり、**動態的に発展する**性格を有する法といえる。

第2項 —— 海洋の利用と法

（1）海洋技術の発展に伴う変化

【6】　　最も古典的でありながら現代でも重要な海洋の利用方法として、**交通路**としての利用が挙げられる。とりわけ、四面を海に囲まれる日本は、重量ベースの場合その輸出入のほぼ100％が海路を通じてであり、交通路としての海の重要性が痛感される。実のところ、交通路として海洋を利用すること自体は、紀元前から現代に至るまで大きな違いはない。他方で、交通に用いられる技術は著しく発展している。丸太船を手でこいだり、丸木舟を櫂（かい）でこぐ移動から始まり、**帆船**が登場し発達することで**大航海時代**を迎える。さらに、蒸気機関やディーゼル機関といった**動力**の開発が進むと、あわせて、船体も木造から鉄製へと移行する。そして、現代においても、自動運行船の開発が進むなど、その技術は絶えず進化し続けている。人力で動く丸木舟とエンジンを積んだ自動運行船【308】とで、求められる海上での規則が異なることは自明であろう。

【7】　　食用の魚等を獲得するために行う漁業も、古くからある海洋利用の1つ

2　　第1章‖海洋法概論

である。17世紀前半に活躍した**国際法の父**とも呼ばれる**グロティウス**は、漁業資源を、回復し続ける無尽蔵なものとみなしていた。しかし、**底引網**や**巻網**などを駆使する現代の漁法をもってすれば、人類がその気になれば、少なくとも一定程度の魚種を獲りつくすことは可能であろう【331】。漁法の発達、漁業資源量の増減により、必要とされる規則も変わってくる。

また、資源としては、魚などの生物資源と対をなす非生物資源の利用も20世紀以降、拡大してきている。海底からの**石油・天然ガス**の開発はすでに多くの国により行われており、「燃える氷」とも呼ばれる**メタンハイドレート**といった、新しい資源の利用も期待される【168】。これら新たな海洋資源が見つかり、その利用が進む場合、利用方法についての法規則が必要となるのである。 [8]

(2) 新たな海洋利用と法の必要性

昔はまったく想定されていなかった海洋の利用方法としては、現在、各国で進められている**再生可能エネルギー**に関係する事業が挙げられよう。温暖化の進展に伴い再生可能エネルギーが注目を集めているが、**波力**や**潮力**といったように、海洋は再生可能エネルギーの宝庫である。とりわけ**洋上風力**は日本でも注目を集め、現在も投資・開発が進んでいる。また、**二酸化炭素回収・貯留（CCS）**と呼ばれる、二酸化炭素を地底に埋め込む技術は、海洋においても注目を集めている。特に、広い陸地をもたない日本にとっては、海底に二酸化炭素を貯留することが温暖化防止へとつながる可能性がある。洋上風力やCCSなどは、近年、ようやく実現しつつある技術であり、当然、グロティウスの時代には想定されていなかったものである。海洋環境に与えうる影響などに鑑みると、これらの事業を行うに際しても、法規則は必要となろう。 [9]

法にとって、**法的安定性**が重要なのはいうまでもないが、このように、技術の発展により利用法が変わる海洋では、その時々に応じて、法規則を新たに形成、あるいは修正していく必要がある。それを国際的に規定するのが海洋法である。たとえば、洋上風力の場合、**漁業**との調整をどうするか、発電機設置の際に出る**騒音**が**海洋哺乳類**に影響を与える場合、どの程度であれば許容可能か【350】。こういった問題は、一国内ですら、多様な意見があり、その意見を集約し1つの政策を導き、法の形成にまで至ることには困難が伴う。 [10]

▶第1節 海の国際法：本書の位置づけ・ねらい　　3

【11】　　海洋法は、こうした問題に関する国際的な法規則となる。もちろん、海洋法が具体的に規則を決める場合もあれば、国家の裁量に委ねる場合もある。裁量がある場合も、どの程度の裁量があるかを確認する必要があることが多く、その意味では、海洋を利用する際には海洋法の理解が必要不可欠といえる。

第3項 —— 本書の構成・使い方

【12】　　海洋法を体系的に説明する場合、海洋空間を区分して説明する**空間的アプローチ**と、法規則が規律する事項ごとに説明を行う**事項別アプローチ**の2つが伝統的に存在する。確かに、内水であれば国際法の規則はそこまで及ばない一方で、公海においては国際法が直接規律するといったように大きな違いがある。その違いが沿岸国と旗国の権限配分を中心に、国際法規則に大きく影響していることから、第1章で内水を、第2章で領海といったように、海洋を空間ごとに区分して1つずつ学ぶ空間的アプローチも重要である。

【13】　　しかしながら、人為的に引いた線に拘泥しては、海洋問題の解決や海洋利用の促進につながらない場面も少なくない。航行をする際にどういったことに留意する必要があるかは、たとえば領海の基線から11海里地点と公海とで、大きく変わるわけではない。資源の管理や科学的調査も同様である。そのため本書では、航行（第3章）、資源開発（第4章および第6章）、警察活動（第11章）、といったように、基本的に事項別アプローチの観点から、海洋法の体系的説明を試みる。

【14】　　また、海洋利用は多様化しており、海洋を形成・運用するアクターも多様である。そのため、それら多様なアクターについて把握しておくことは、それ以後の海洋法の理解を助けると同時に、海洋法に関心をもつきっかけにもなると思われる。そのため、本章に続く**第2章**では海洋法のアクターについて学ぶ。

【15】　　さらに、海洋法における近年の特徴の1つが、国際裁判や国際調停といった紛争解決手続や勧告的意見の要請といった、海洋法の解釈適用を通じて法の支配を強化する動きである。この動きの背景には、後述するように、海洋法条約が充実した紛争解決制度を設けている点にある。この点は、海洋法の実体的規則を**第12章**まで学んだ後の、最後の**第13章**で扱う。

本書では、相互参照を促進するために、文章中に【数字】という表現が頻出する。これは各段落の左側または右側に記している段落番号を示すものであり、番号で示された段落を参照することで、より学習が深まる。また、各章末に、**主要参考文献**を掲載した。本書執筆時に参考にしたものであるが、本章で海洋法全般の書を掲載する以外、各章では、それぞれの章に関連する文献を掲載する。読みやすい、日本語・英語の書籍を主として挙げているため、興味のある分野・問題のさらなる理解につながることを期待している。

【16】

▶第2節 海洋法の歴史的展開

第1項 ── 19世紀までの海洋法

(1) グロティウス以前

現在の海洋法の法源は慣習法と条約であるため、これら2つの法源について時系列をみていくことが、海洋法の歴史をみるうえで重要である。しかしながら、国際法の歴史に触れると、国際法を形成する主権国家が、元々は欧州でそのように（＝主権国家として）認められる必要があったことがわかる。このことを前提とすれば、海洋法の歴史を考える際に、欧州型の主権国家として認められる前の非欧州地域での慣行などは、海洋法を構成する要素とはなりにくい。他方で、欧州型の主権国家と認められていなかっただけであり、実質的には、アジア諸地域では現在の国家間貿易のような通商は海洋を通して行われており、そういった海洋の利用が、欧州を通して海洋法秩序に組み込まれていった側面もある。

【17】

本流である欧州に話を戻すと、ローマ帝国の時代には、同帝国の支配する海域や貿易相手との交易において利用する海域では、海洋の自由が認められていた。しかし、複数の主権国家が共存する時代になると、海洋をめぐる紛争も生じる。大航海時代の2大勢力であるスペインとポルトガルは、トルデシリャス条約（1494年）やサラゴサ条約（1529年）といった海洋の領有を前提とした条約を締結している。これらの条約によれば、海洋を含む地球上の大部分はいずれかの国のものとなり、他の国は自由に利用することができない。

【18】

▶第2節 海洋法の歴史的展開　　5

（2）グロティウス以後

[19]　新興勢力として台頭したオランダによるこの秩序への挑戦を正当化するために、同国の**グロティウス**（図1-1）が17世紀初頭に出版したのが『**自由海論**』である。グロティウスは、国家間の貿易を保障するために海洋が開かれていなければならないことなどを根拠に、特定の国家が海洋を領有することはできないとした。この主張に対しては、様々な批判がなされているが、なかでも有名なのが英国の**セルデン**が出版した『**閉鎖海論**』である。セルデンによれば、軍事力により実効的に支配することで、海洋を領有することができる。両者の理論的な説得力はさておき、船舶の航行技術が発達し、航行の自由の需要が高まるにつれ、グロティウスの支持した「海洋の自由」が広く受け入れられ、確立することとなる。

図1-1■グロティウスの肖像
出典：public domain（wikipedia）

[20]　このように海洋の自由が定着する一方で、沿岸国は、自国が接する海については、国防や漁業資源獲得の観点から領有可能という考え方が唱えられるようになる。**広い公海と狭い領海**との二分の始まりである。では、沿岸国がどこまで領有可能か、という現在でいうところの領海の幅員（ふくいん）が問題となるが、18世紀初頭に**バインケルスフーク**が出版した『**海洋領有論**』は、自国領土から大砲が届く範囲については領有が可能とする**着弾距離説**（canon-shot rule）を唱えた。この着弾距離説が3海里に読み替えられて受け入れられていく一方で、より広い水域での犯罪の防止や漁業活動を求める沿岸国はそれよりも広い領海を求め、幅員については国家間での意見の対立が続くこととなる。

第2項 ── 海洋法の法典化作業と海洋法条約の締結

（1）ハーグ国際法典編纂会議・第一次および第二次国連海洋法会議

[21]　19世紀中ごろまでは、学説を軸として海洋法の慣習法規則の理解が共有されてきたが、1890年代から、**万国国際法学会**（Institut de Droit International, IDI）や**国際法協会**（International Law Association, ILA）といった有力な学会が、慣習法規則を条約へと**法典化**（codification）することを提案し始める。この動きは、国際連盟のもとで1930年に開催された**ハーグ国**

際法典編纂会議へとつながる。同会議においては、航行の自由であったり、接続水域の制度など、海洋法における重要な論点について一定程度の合意が得られたものの、領海の幅員をめぐっては合意が得られず条約採択には至らなかった。しかし、そこでの議論は戦後の法典化作業へとつながる。

第二次世界大戦後、国連**国際法委員会**（International Law Commission, ILC）による準備を経て、1958 年に開催された第一次国連海洋法会議においては、**ジュネーヴ海洋法 4 条約**とも呼ばれる、沿岸国の権限を中心に規定する**領海条約**、海洋の自由を中心とする**公海条約**、公海の漁業や生物資源に関する**公海生物資源保存条約**、**大陸棚条約**、の 4 つの条約に加え、これらの紛争の義務的解決に関する**選択署名議定書**が採択された。 [22]

公海生物資源保存条約は、一部の国が「狭い領海」に隣接する公海上の漁業資源に対する排他的権利を主張した帰結であり、同条約 6 条 1 項は、沿岸国がそのような資源の生産性維持に**特別の利益**（special interest）を有すると規定した【323】。大陸棚条約は、大陸棚での沿岸国による排他的な資源開発を主張した 1945 年の**トルーマン宣言**とそれに続く国家の要請を受け、大陸棚を探査したり、その天然資源を開発するための**主権的権利**（sovereign rights）を沿岸国に認めるものである。この主権的権利は、事項的範囲が限定されるという点において領域主権とは異なるが、対象となる事項については強制管轄権の行使までが許容されるという点で主権と類似している【159】。 [23]

このように、ジュネーヴ海洋法 4 条約は一定程度新たな海洋法秩序を形成することに成功したものの、依然として領海の幅員については合意に至らなかった。続く 1960 年の第二次国連海洋法会議においても幅員についての議論を継続したが、そこでも合意に至ることはなかった。 [24]

（2）第三次国連海洋法会議と海洋法条約

幅員の問題に決着をつけると同時に、海洋秩序の再編を目指し 1973 年より**第三次国連海洋法会議**が開始された。その背景には、植民地から独立した発展途上国が数を増し、既存の海洋法秩序は先進国によりつくられたという彼らからの批判の声が高まったこと、沿岸国が沖合の漁業資源に対する主張を強めたこと、さらに、海底の鉱物資源を開発する技術の発展などが挙げられる。同会議は 10 年間に及び、1982 年に、320 の条文と 9 つの附属書から成る海洋法条約が採択された。 [25]

▶第2節 海洋法の歴史的展開　7

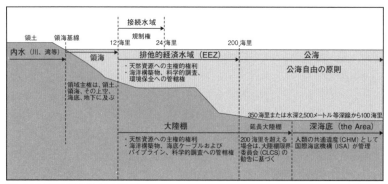

図1-2 ■ 海洋法条約に基づく水域区分
出典：筆者作成

【26】　同条約は、ジュネーヴ海洋法4条約とその選択署名議定書の内容を包摂して発展させるだけでなく、その第5部において**基線**（baseline）から200海里までの水域を**排他的経済水域**（Exclusive Economic Zone, EEZ）とし、さらに第11部において大陸棚以遠の海底を**深海底**（the Area）として規定した。その結果、図1-2に示されるような水域区分となっている。沿岸国はEEZの天然資源および経済活動に関して主権的権利を（56条1項(a)）、また、人工島、施設および構築物の設置・利用、海洋の科学的調査、海洋環境の保護・保全に関しては**管轄権**（jurisdiction）を有するとされる（56条1項(b)）。管轄権は主権的権利に比べ、排他性の要素が少ないといった面での違いはあるが、両者ともに、沿岸国が立法・執行・司法の国家管轄権を行使する根拠となる。他方で、主権的権利にしろ管轄権にしろ、領海まで沿岸国が有する**主権**（sovereignty）とは異なり、沿岸国がEEZという水域そのものを所有するようになるわけではない【325】。

【27】　深海底には、**人類の共通遺産**（Common Heritage of Mankind, CHM）**原則**が適用される（136条）。同原則に基づき、国家は深海底の空間的支配を主張することはできず、深海底およびその資源は、人類全体のために行動する**国際海底機構**（International Seabed Authority, ISA）により管理される（137条）【201】。

第3項 ── 海洋法条約締結後の展開

（1）実施協定の採択

　10年の歳月をかけて締結された海洋法条約であるが、深海底を規定した　【28】
第11部は先進国から途上国への強制的な技術移転などを含み（144条）、過
度に途上国寄りであるとして、米国を中心とする先進国は同条約への参加
を拒むこととなる。他方で、途上国を中心に批准する国は増加し、そのま
ま発効すると、途上国だけで海洋法秩序を構築する可能性があったことか
ら、1990年に、当時の国連事務総長であるデクエヤルの呼びかけで、第11
部を修正することを意図した**第11部実施協定**についての議論が始まった。
その結果、1994年に同実施協定は採択され、同年に発効することとなる海
洋法条約には先進国の多くも参加する運びとなった。ちなみに、日本の批
准は1996年6月であり、条約および第11部実施協定の日本への発効は同
年7月である。

　また、**第7章**で詳述するように、海洋法条約は**ストラドリング魚種**や**高**　【29】
度回遊性魚種について、ごく一般的な規定を設けているにすぎない。その
ため、関係国の権利義務をより明確にするために、1995年に**公海漁業実施**
協定（UN Fish Stock Agreement, UNFSA）が海洋法条約の2つめの実施
協定として採択された【336】。そして2023年には、主として国家管轄権内
水域の生物多様性について規律する**生物多様性条約**と、生物多様性に関す
る規定が十分ではない**海洋法条約**との間のギャップを埋めるために、**国家**
管轄権外区域の生物多様性（Marine Biological Diversity beyond Areas
of National Jurisdiction, BBNJ）**協定**が採択された【431】。

　海洋法条約を改正するわけではなく、このように海洋法を実施するため　【30】
のいわゆる**実施協定**（implementing agreement）を採択して、海洋法条約
を修正・具体化してきていることの背景には、後述するように、海洋法条
約の改正が著しく困難であることが指摘される【43】。

（2）関連する条約の採択・改正

　海洋法条約とその実施協定以外にも、海洋法を構成する条約は数多く存　【31】
在する。**第2章**で確認するように、現在、海洋空間では多様な活動が行わ
れており、それゆえ、多様なアクターが海洋法の形成・運用にかかわって
いる。その結果、海洋法を構成する条約も数多く形成されている。

▶第2節　海洋法の歴史的展開　　9

[32]　また、条約の種類も、多数国間、地域内、二国間と多様である。主に第6章で扱う**国際海事機関 (IMO)** 諸条約は世界の海に普遍的に適用されるものが多い一方で、**第7章**で扱う漁業関係の協定は地域的なものが多い。**第8章**および**第9章**で扱う環境関係の条約は、普遍的なものと地域的なものが混在する。さらに、**第5章**で扱う境界画定などは主として二国間の枠組みで締結される。

[33]　加えて、本章冒頭で述べたように、科学技術の発展および海洋環境の変化により、既存の条約に改正が加わることも少なくない。本書では、可能な限り、これらの条約の形成やその改正について各章で説明する。

▶第3節　海洋法体系の特質

[34]　海洋法を理解していくうえで、その体系の特質を理解しておくことは有用であろう。現代の海洋法を理解するに際して、おそらく最も重要となるのが、「**海の憲法 (constitution for the ocean)**」とも呼ばれる海洋法条約の理解である。極端にいえば、海洋法条約の条文を最初から最後まで理解すれば、それだけで海洋法は大体理解することができる（もっとも、その理解は著しく難しいが）。そのため、本節では、海洋法条約そのものの理解を助けるために、**第3章**以降で具体的な規則を学ぶ前に、まず、海洋法条約がいかなるものか、海の憲法という観点から概説する。

[35]　また、他の海洋法体系の特質として挙げられるのが、非法規範および地域規範の重要性である。現在では、海洋法に限らず、国際法一般において、法的拘束力を有さない規範である**非法規範**の重要性は高まっているが、海洋法においては、IMOを中心に形成してきた非法規範が果たす役割は大きい。その背景には、科学技術の発展等に伴い規則を柔軟に改正していく際、法的拘束力を有する条約に比べ、法的拘束力を有さない文書の方が採択が容易である点が挙げられよう。わざわざ文書を採択せず、慣習法の発展に委ねるという選択肢もありうるが、**技術的な問題**の場合、不文法の慣習法にその規律を委ねると内容が不明確となり問題となりうる。こうした事情から、規則を定める文書は作成するが法的拘束力はもたせない、というアプローチがとられている。

[36]　海洋法において**地域規範**が重要であるのは、海洋は1つにつながっているとはいえ、生態系などにより地域（または小地域）としてのまとまりがあ

10　第1章▕海洋法概論

り、それゆえ、地域ごとに課題が生じ、それに対し地域ごとに対応する必要があるためである。地球温暖化に伴う海水温の上昇という現象は同じであっても、それにより生じる課題と必要とされる対応策は、たとえば**北極海**と太平洋の赤道付近とでは大きく異なる。そのため、生物資源の管理や海洋環境の保護・保全においては、とりわけ地域規範が重要となる。そこで本節では、海洋法条約の特質に加え、非法規範の役割を確認するためにIMOの策定する非法規範について、また、地域規範の重要性を確認するために**国連環境計画（UNEP）**の地域海プログラムについて、それぞれ概観する。

第1項 ── 海の憲法としての海洋法条約

　上述のとおり、海洋法条約は「海の憲法（constitution for the ocean）」とも呼ばれる。海洋法条約が「憲法」にあたるか否かは憲法というものをどのように定義するかにより変わるものであり、こうした議論にあまり実益はない。むしろ、「海の憲法」とする主張が何を根拠としているかが、海洋法条約の特質を理解するうえで重要である。　【37】

（1）包括性

　海洋法条約を海の憲法と考える第1の理由として、その**包括性**があろう。上述したように、ジュネーヴ海洋法4条約は、領海・接続水域、大陸棚、公海、といったように、海域ごとに条約が設けられていた。海洋法条約は、領海・接続水域を第2部、EEZを第5部、大陸棚を第6部、公海を第7部、と包摂して海洋空間をほぼ網羅的にカバーすることに加え、第12部で海洋環境の保護・保全、第13部で**海洋の科学的調査**を事項として規定するなど、極めて高い包括性を有している。　【38】

（2）一体性

　第2の理由として、いわゆる**一括受諾方式**（パッケージ・ディール、package deal）の形で採択されており、**留保**（reservation）を許容せず、高い**一体性**（integrety）が保たれている点が挙げられよう（309条）。ジュネーヴ海洋法4条約は、条約が分かれていたため、領海条約は「自国の利益となるから入るが大陸棚条約は不利益となるから入らない」という選択が可能であった。しかしながら、すべてをまとめ、留保が許されない海洋法条約の場合、そのような都合の良い取捨選択ができない。　【39】

▶第3節　海洋法体系の特質　　*11*

[40]　長い年月を費やし採択された海洋法条約は、**内陸国と沿岸国、先進国と途上国、伝統的海運国とオープンレジストリー国**［69］といったような、様々な国家の利益のバランスをとり、それぞれがある意味妥協して締結したものである。条約に拘束される締約国が留保により権利や義務を取捨選択し、その美味しいとこどりをするとなると、そうした交渉の成果が損なわれる。それゆえ、留保を認めず、結果として高い一体性が保たれている。

(3) 紛争解決制度の充実

[41]　第3の理由としては、第15部で規定される**紛争解決制度**（dispute settlement mechanism）の充実が挙げられよう。ジュネーヴ海洋法4条約も、その選択署名議定書として義務的紛争解決制度を設けていたが、同議定書を批准した国家は少数にとどまる。この点、海洋法条約は一括受諾方式で採択された条約の一部として紛争解決制度を設けているため、海洋法条約の解釈・適用に関する紛争は、基本的にこの第15部の制度に沿って解決することが期待される。

[42]　特に、裁判所による強制管轄権を設けたことにより、国家間の軍事力や経済力に関係なく、海洋法によって裁判所で紛争を解決することが可能となった。この事実は海洋における法の支配を強化するうえで非常に重要である。他方で、有権的な裁判所が判決や裁定といった結論を下したとして、紛争当事国がそれに従わない場合もある。こうした、国際社会、国際法一般が抱える問題については、海洋法条約も何か画期的な制度の構築に成功したわけではなく、依然として問題がある。

(4) 硬性

[43]　第4の理由として、海洋法条約の改正が困難であること、換言すれば、海洋法条約が**硬性**、つまり改正のハードルが高いことが挙げられよう。312条によれば、海洋法条約を改正する場合には、第三次国連海洋法会議と同じ手続、すなわち、原則としてコンセンサス方式で決める必要がある。同方式では、評決手続において全国家が賛成する必要は必ずしもなく、積極的に反対する国が出なければ、コンセンサスがあるものとみなされる。しかしそうは言っても、全国家が反対しない案を作成する必要がある。海洋法条約を締結するに際し、コンセンサス方式をとったがゆえに多大な労力と時間が割かれたことに鑑みると、この312条に基づく改正は著しく困難といえる。

続く 313 条において、**簡易な手続 (simplified procedure)** による改正が　【44】
規定されているものの、この手続も、一国でも反対があれば改正が難しく
なる仕組みとなっている。簡易な手続とは、会議に集まらなくても改正が
できるという意味での簡易さであり、手続的な改正のハードルはいずれに
せよ高い。

(5) 優先性・包摂性

　第5の理由として、**他の条約への優先性**および**他の条約を包摂**する点が　【45】
挙げられよう。海洋法条約が採択された 1982 年当時、ジュネーヴ海洋法4
条約をはじめ、すでに海洋に関連する複数の普遍的な条約、さらに、地域
的ないし二国間の条約が存在していた。海洋法条約ではまず、311 条1項
において、ジュネーヴ海洋法4条約に優先することが規定されている。さ
らに、他の条約についても、311 条2項において、それらの有効性は認め
つつ、3項ではそれらが海洋法条約の目的の効果的な実現と両立しなかっ
たり、海洋法条約の基本原則の適用に影響を及ぼしてはならないとしてい
る。

　海洋法条約はまた、他の条約を包摂する仕組み、いわゆる**参照規則**　【46】
(rules of reference) を設けている。たとえば 94 条は、「一般的に受け入
れられている国際的な規則」等を遵守して船舶の設備や人員を整えること
などを国家に要求しており、この一般的に受け入れられている規則として
は、1912 年のタイタニック号沈没事件を契機に 1914 年に採択された**海上
人命安全条約**が想定されている。つまり、参照規則を通じ、海上人命安全
条約の規定が海洋法条約の中に包摂されるのである【268】。

第2項 —— 国際海事機関（IMO）による非法規範の 利用

　IMO は非法規範を用いて海洋法の明確化や実施を行う。ここでは、IMO　【47】
で作成される非法規範の一般論について概観したうえで、具体例として、
2010 年前後で深刻化したソマリア沖の海賊問題に対し、IMO が非法規範を
どのように用いたかを概説する。

(1) 国際海事機関の策定する非法規範の形式と内容

　IMO それ自体は法的拘束力を有する規則の制定、いうなれば立法を自ら　【48】
行うことはできない。IMO はあくまでも条約を策定する、あるいは改正す

るフォーラムとしての役割を果たし、完成したまたは改正された条約を受け入れるかどうかは各国家の裁量による。そのため、IMO の決定それ自体は、基本的に非法規範の定立にとどまる。ただし、非法規範と一口に言っても、その形式と内容は様々である。

【49】　非法規範形式として、おそらく最もイメージがしやすいのが**決議** (resolution) であろう。国連総会の決議がそうであるように、IMO 総会も決議を採択する。しかし、採択された決議は法的拘束力を有さず、勧告的効果にとどまる。IMO の決議は、総会だけでなく、各委員会も採択することができる。IMO において決議は、主として条約を採択したり改正したりすることに関する決定に用いられる。IMO の策定する非法規範としてより重要な機能を果たすのが各委員会らが採択する**回章** (circular) である。回章は、どういった国や私人に対して向けるものか、という**名宛人**が明示され、さらに、どういった行動をとるべきか、といったことが規定される場合もある。

【50】　また、非法規範の内容も多様である。既存の IMO 諸条約の規定の中で、不明確な内容を明確化するように採択される回章もあれば、これまでは想定していなかった新たな課題への対応に際し、具体的に方針を示す場合もある。こうした具体的な方針は、はじめは非法規範として形成され、のちに法規範とされる場合もある。また、条約や回章だけでは完結せず、プライベート・アクターが作る**プライベート・スタンダード**で補完する場合もある。

(2) ソマリア沖海賊対策の際の IMO の実行

【51】　2007 年頃より、ソマリア沖で**船舶に対する武装強盗**や**海賊**（両者の相違については【551】）の事件が多発するようになった。こうした問題に対し、安全保障理事会で決議が採択されるなど国連でも対応がとられるなか、IMO で議論となったのが、船舶に銃火器を武装した警備員（**民間武装警備員**）を乗船させるべきかといった点である。こうした警備員の配乗は、海賊との間で銃火器による応酬が激化し、かえって船舶を危険に晒す可能性もあるとして、当初はその効果に懐疑的な見方もあった。しかし、一部の海運会社が実際に民間武装警備員を配乗して効果をあげると、IMO もこれを支持する方向に舵を切る。

【52】　警備に用いる武器をどこで積み込みどこで降ろすか、海賊らに対して武

器を使うのはどういった場合か、誤った武器の利用で他者を殺害してしまった場合に誰がどのように責任を負うか、こうした問題について、**海上安全委員会（MSC）**【108】で議論を行い、2011年に同委員会の回章という形で、①船主・運航者・船長に対する**暫定ガイダンス**、②旗国【62】に対する**暫定勧告**、③寄港国【76】・沿岸国【73】に対する暫定勧告を採択した。

　これらの回章は、アクターがそれぞれの立場から、民間武装警備員が銃火器を保持・使用する際にどのような規制をすべきか、どのように規制を遵守すべきかなどが規定されている。これらは、あくまで法的拘束力を有さない MSC の回章にすぎないが、たとえば、旗国が海洋法条約94条に基づき自国船舶への管理責任を負うことに鑑みれば、旗国として回章に沿う形で民間武装警備員の問題を規律することが期待されることとなる。 【53】

　また、民間武装警備員の行動を規律するためには、彼らが所属する**民間海上警備会社**に対して規制をかけることが有効であると考えられたものの、こういった会社の規制に関する知見と経験が IMO 内では十分でなかった。そこで、海上安全員会が非政府組織である**国際標準化機構（ISO）**に民間海上警備会社が遵守すべき規則の作成を委任し、実際に ISO は ISO 28007 という ISO 規格を作成した。英国運輸省が示す指針では、海運会社が民間海上警備会社を用いる際には、同規格が第三者に認証されている企業を選択するよう勧告しており、IMO の策定した規範の間隙を埋める役割を果たしている。IMO は、このようにプライベート・スタンダードをも含む非法規範を用いて、海上での活動を規律している。 【54】

第3項 ── 国連環境計画（UNEP）による地域規範の利用

　地域規範の活用が顕著なのが、生物資源の管理と海洋環境の保全・保護である。前者については、**第7章**で確認することとし、ここでは、特に非法規範の利用が活発な後者を概説する。まず、海洋環境の保護・保全のために、普遍的な規範だけでなく、地域的規範を用いることは、海洋法条約197条においても確認される。同条は、「**地域的特性**を考慮して」海洋環境を保護・保全するための規則作りに協力する国家の義務を定めている。 【55】

　こうした条文が設けられた背景には、海洋法条約が締結される前より、地域的規範が存在していたことが挙げられよう。**国連環境計画（UNEP）**は、 【56】

▶第3節　海洋法体系の特質　　*15*

表1-1 ■ UNEP地域海プログラム一覧

UNEP により設立・運営	UNEP により設立・独自の運営	独自に設立・運営
アビジャン条約（西中央アフリカ/Western and Central Africa） バルセロナ条約（地中海/Mediterranean） カルタヘナ条約（広域カリブ海地域/Wider Caribbean Region） 東アジア海洋調整機関（東アジア海/East Asian Sea） ナイロビ条約（西部インド洋/Western Indian Ocean Region） 北西太平洋行動計画（NOWPAP）（北西太平洋/Northwest Pacific） テヘラン条約（カスピ海/Caspian Sea）	アンティグア条約（北東太平洋/North East Pacific）（未発効） ブカレスト条約（黒海/Black Sea） ジェッダ条約（紅海・アデン湾/Red Sea and Gulf of Aden） クウェート条約（ペルシャ湾/ROPME Sea Area） CPPSとリマ条約（南東太平洋/South East Pacific） SPREPとヌメア条約（太平洋地域/Pacific Region） SACEPと南アジア海行動計画（南アジア海/South Asian Seas）	CAMLR 条約（南極地域/Antarctic Region） ヘルシンキ条約（バルト海/Baltic Sea） OSPAR 条約（北東大西洋/North East Atlantic） 北極評議海・北極圏海洋環境保護作業部会（PAME）（北極地域/Arctic Region）

出典：長谷川香菜子「国連環境計画地域海プログラムとは」Ocean Newsetter417 号をもとに加筆修正

1974 年より**地域海プログラム**（Regional Seas Programme）を提唱し、海洋環境を保全・保護するための地域的協力を促進している。同地域海計画は大きく2つに分けられ、UNEP により策定される点は同一であるが、運営も UNEP に委ねるものと、独自の運営を行うものとがある（**表1-1**）。また、こうした区分とは別に、プログラムの枠組みが法的拘束力を有するか否か、といった区分も可能である。地域海プログラムとして初めて 1976 年に採択された地中海汚染防止条約は（第9章）、条約と名のつくとおり法的拘束力を有するのに対し、日本も参加する**北西太平洋行動計画(NOWPAP)**の枠組みは法的拘束力を有するものではない。

[57]　また、設立の時点から UNEP は関与しない枠組みもある。北東大西洋では、海洋法条約の採択以前より、海洋環境を保全するためにオスロ投棄条約およびパリ条約（陸起因海洋汚染防止条約）が締結されていた。海洋法条約の締結後、これらを統合して 1992 年に採択された **OSPAR（オスパール）条約**は、**地域海（環境）条約**（regional seas convention）の代表例ともいえる。この OSPAR 条約と、**南極海洋生物資源保存（CAMLR）条約**（1982年）、**ヘルシンキ条約**（1974 年）ではそれぞれ、条約履行確保のための委員会が設けられており、そのような委員会が地域海プログラムに参加している。各委員会の有する権限などは、それぞれを設置する条約により規定されている。また、**北極圏海洋環境保護作業部会（PAME）**は北極ガバナンスにおいて重要な役割を担う**北極評議会（Arctic Council）**の設置している作業部会の1つである。北極評議会自体、条約により設立されたいわゆる

16　第1章 ‖ 海洋法概論

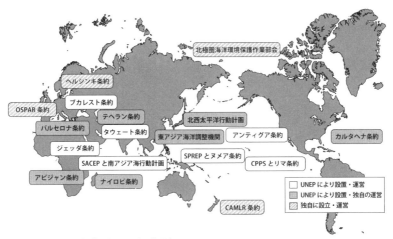

図1-3 ■ UNEP地域海プログラムの地理的分布
出典：筆者作成

国際組織ではなく、その国際法上の位置づけも特殊であるが、同評議会・PAMEは北極海の環境保護に重要な役割を果たしている。

このように法規範と非法規範を合わせ、UNEPが地域海プログラムとしてまとめる枠組みは、UNEPの関与の程度に差があるとはいえ、図1-3に示すように、世界の海の大部分を地域（または小地域）ごとに区分して、海洋環境を保護・保全するための枠組みを構築している。

[58]

【 主要参考文献 】
島田征夫ほか『国際海洋法〔第3版〕』（有信堂、2023年）
萬歳寛之編『海洋法』（信山社、2024年）
柳井俊二編『海と国際法』（信山社、2024年）
山本草二『海洋法』（三省堂、1992年）
Donald Rothwell et al. (eds.), *The Oxford Handbook of the Law of the Sea* (OUP, 2015).
Donald R Rothwell and Tim Stephens, *The International Law of the Sea*, 3rd ed.(Hart, 2023).
Robin Churchill, Vaughan Lowe and Amy Sander, *The Law of the Sea*, 4th ed.(Manchester University Press, 2022).
Yoshifumi Tanaka, *The International Law of the Sea*, 4th ed.(CUP, 2023).

‖第2章‖ 海洋法のアクター

　海洋法のアクターにはどのようなものがあるだろうか。本書では、海洋　【59】
法への関心をもってもらうために、各章冒頭でどういったアクターにその
章が関係するかを説明している。その際に出てくるアクターを説明するの
が本章の役割である。それゆえ、本章と、続く第3章から第13章とでは、
若干の重複がある。

　海洋法は国際公法の一分野であることからその中心は依然として**国家**　【60】
(State) である。そのため、国家については、海洋法独特の国家の立場（旗
国、沿岸国、寄港国等）について（第1節）および国家内でどういった組織が
責任をもつかについて、日本政府を例に（第2節）概観する。そのうえで、
条約により国家（政府）間で設置され、常設的な事務局・職員を有する組織
と定義される**国際機構 (international organization)** について確認する（第
3節）。本書では、international organization の訳語として基本的に国際機構
の用語を用いるが、海洋法条約の公定訳は**国際機関**としているため、条文
の直接引用やその表現を引用する場合に限り、国際機関の用語も用いる。
そして最後に、海洋法の形成や実施においてその果たす役割がますます大
きくなる**非政府組織（NGO）**や業界団体といったプライベート・アクター
について概観する（第4節）。

▶第1節　海洋法における国家の立場

　海洋法条約も国家が交渉して締結されたものであり、慣習法の形成に国　【61】
家の意図と実行が重要になることに鑑みれば、国家の役割は依然として重
要といって差し支えない。海洋法の文脈では、国家は旗国・沿岸国・寄港
国・その他と様々な顔をもつ。本節では以下、この順に説明する。

第1項 ── 旗国

（1）旗国と船舶の関係

　海洋法条約91条1項は、船舶は1つの国家の旗（国旗）を掲げることを　【62】

▶第1節 海洋法における国家の立場　　*19*

求めている。その掲げた国が**旗国**（flag State）となり、船舶に対して管轄権を行使することができる（92条）。このことを**旗国主義**（flag State principle）というが、旗国が船舶に管轄権をもつ根拠にはいくつかの考え方がある。船舶を「浮かぶ領土」、すなわち領土の延長とみなす考え方も過去にはあった。この考え方に加え、船舶を規律する際には中の人間や財産も含めて空間的に捉える必要があることから、多くの国の刑法において旗国主義は**属地主義**（territorial principle）の一形態と位置づけられている（たとえば、日本国刑法1条）。しかし、旗国主義が確立した現在、旗国主義を領土の延長線上に位置づける必要はもはやなく、あくまでも登録した国の国籍をもつという意味で、私人や法人の国籍国が管轄権を行使する**国籍主義**（nationality principle）の一形態として旗国主義を理解した方が、適切と思われる。

【63】　海洋法条約91条1項はまた、船舶の国籍について「その国と当該船舶との間には、**真正な関係**（genuine link）が存在しなければならない。」と規定する。つまり、船舶は、その旗国との間に真正な関係が必要とされる。また、船舶は単一の国籍のみを有し、いわゆる二重国籍などは認められない（92条1項）。他方で、船籍の要件は国ごとに異なるため、その要件を満たした場合に国籍を変更することは妨げられない。

【64】　91条1項における「真正な関係」という用語は、もともと**外交保護**（diplomatic protection）の文脈で用いられてきた。個人の被った損害について、当該個人の国籍国が外交保護権を行使して他国の責任を追及する際、国家と個人との間には真正な関係が必要とされる。実際、**ノッテボーム事件**（1955年）において国際司法裁判所（ICJ）は、リヒテンシュタインとノッテボーム氏との間に**真正な関係**（genuine connection）がなく、その国籍はグアテマラに対して対抗力をもたないとして（p.23）、リヒテンシュタインによる外交的保護権の行使を認めなかった。

ノッテボーム事件

【65】　このような理解に基づけば、真正な関係の欠如は、旗国が自国籍船舶への損害について他国の責任を追及することを妨げる原因となる可能性がある。実際、**サイガ号事件**（No. 2）（1999年）においてギニアは、セントビンセントおよびグレナディーン諸島とサイガ号の間に真正な関係が存在しないことから、ギニアはサイガ号の船籍を認める必要はないと主張した。しかしながら国際海洋法裁判所（ITLOS）【103】は、91条1項および旗国の船

舶の運航管理責任を規定した94条の内容が元々は**公海条約**5条1項という1つの条文に規定されていたことに鑑み、真正な関係は、旗国が義務を遵守するために要求されたものであり、他の国家が旗国の付与した船籍を否定するために規定されたものではないとし、ギニアの上記主張を退けている（para. 86）。この判断は、その後の**ヴァージニアG号事件**【329】や**ノースター号事件**【165】でも継承されている。

> ▶判例事例研究 ▶ **サイガ号事件**
>
> ITLOSに初めて付託された本事件の審理は二段階に分かれている。すなわち、**暫定措置命令**（order of provisional measure）の段階と**本案**（merit）の段階である（第13章）。そのため、本案は「サイガ号事件（No.2）」と表記されるのが一般的であり、これは本件に限らず、ITLOSにおいて暫定措置命令と本案の両方の審理が行われた場合には同様の表記がされる。本事件においては、ここで扱った旗国と船舶の間の真正結合のもつ意味のほか、沿岸国のEEZに対する主権的権利【328】や海上警察法【580】についても後に影響を及ぼす判断が下されている。

【66】

サイガ号事件

また、公海条約に真正の関係が規定された背景には、**便宜置籍船**（flag of convenience, FOC）の隆盛がある（表2-1）。伝統的には、船舶は、その所有者（**船主**、ship owner）や**運航者**（operator, 船舶の航程を決める者）などと同じ国籍を有し、船員も同一の国籍を有していることが一般的であった。日本の場合、現在においても、船舶が日本籍を取得するためには、日本国民が所有するか（船舶法1条2号）、または、法人の場合、日本法に基づき設立され、その役員の3分の2が日本国民でなければならないとされている（同条3号）。

【67】

しかしながら、船舶ビジネスが国際化していくにつれ、船主にとって**船籍**とは、**人件費や税の負担**などと密接に結びつき、経営戦略に従って変更するものとなった。実際、日本の海

【68】

表2-1 ■ 船舶の登録国別割合

登録国	割合（%）
パナマ	12.86
リベリア	11.78
マーシャル諸島	11.41
バハマ	7.44
マルタ	6.53

出典：UNCTAD, Review of Maritime Transport 2023 より

表2-2 ■ 日本商船隊の船籍国

船籍国	隻数	隻数比（%）
パナマ	1,116	50.5
日本	311	14.1
リベリア	233	10.5
マーシャル諸島	141	6.4
シンガポール	95	4.3

出典：日本の海運 SHIPPING NOW 2024-2025 より

▶第1節 海洋法における国家の立場　21

運会社が利用する船籍は、日本のそれよりもパナマの方が多い(表2-2)。そのため、1950年代後半から、外国民や外国法人であっても船籍を取得でき、かつ、人件費や税の負担を抑えられるパナマ・リベリアといった国への登録が増加し、こうした国が便宜置籍船と呼ばれるようになった。

【69】　ただし、この便宜置籍船という言葉は、現在、IMOにおいては差別用語のようにも捉えられている。便宜置籍船が意味した、船籍登録の要件が厳しくない国は、**オープンレジストリー（open registry）国**と呼ぶのが海運業界では一般的である。便宜置籍船という用語は、海洋法条約94条が要求する管理責任を果たしていないことを含意する形でも用いられたが、そうした国際規則・基準に合致しない形で運航されている船舶は、**サブスタンダード船（substandard ship）**と呼ばれる。オープンレジストリー国登録船舶だからサブスタンダード船であるとは限らず、現在では、国際規則・基準の遵守において高く評価されているオープンレジストリー国も少なくない。また、真正な関係をめぐっては、その意味を明確化し、旗国との船舶の関係をより強固にするために、1986年には**国連船舶登録条約**が締結された。しかしながら、同条約も、旗国と船舶の関係に関し抽象的な要件を規定したにすぎないと評価され、支持を集めずいまだ発効していない。

(2) 旗国の権利義務

【70】　海洋法条約91条や、旗国が排他的管轄権をもつと定める92条は、同条約の第7部における「**公海（high seas）の規則**」として規定されている【163】。しかし、旗国主義は公海だけでなく**あらゆる水域**で適用される原則である。つまり、旗国は船舶がどこにいようと、原則として自国の国内法を適用・執行することができるが、それは無制限に許容されるものではなく、国際法の規則に従う（第3章・第6章）。

【71】　旗国はまた、他の国家による国際法違反の結果、船舶やその中の人やモノが損害を被った場合には、船舶や乗員・乗客、船舶上のすべてのモノを一体としてとらえる、**船舶一体論**に基づき、個人の国籍に関係なく、当該違反国に対し賠償を請求することができる（**サイガ号事件（No. 2）**、para. 106）。**アークティック・サンライズ号事件**において、仲裁裁判所は、船員の国籍に関係なく、オランダが旗国として船員らの権利等について申し立てを行うことができるとしている（para. 175）。

アークティック・サンライズ号事件(本案)

【72】　また、旗国はこのような権利を有すると同時に、船舶を有効に規制する

義務を負う（94条）。安全性の観点から、船体設備について一定程度の基準を満たしていることおよび船員が教育訓練を受け適切な人数が配乗されていること（94条3項・4項）【268】【304】、さらに、環境保全の観点から環境規制を適切に行うことなどが求められる（211条2項・217条）【404】。

第2項 —— 沿岸国

旗国と並び、海洋法上重要なアクターとなるのが**沿岸国**(coastal State)である。海洋法の歴史は、領海が基線から何海里まで認められるかという**幅員**（breadth）の問題に代表されるように【141】、沿岸国と旗国の利害関係の調整が重要な論点となってきた。現代においてもその構造は変わらず、**海洋法条約裁判所**（ITLOS、ICJ、仲裁裁判所および特別仲裁裁判所の4つの裁判所【667】）で審理される紛争の多くが、沿岸国が取締りを行い、それに対し旗国が海洋法違反を訴えるケースとなっている。　　　　[73]

沿岸国は、**内水・領海・群島水域・国際海峡**に対しては原則として主権を有する。他方で、**排他的経済水域（EEZ）・大陸棚**に対しては主権的権利と管轄権を有するにすぎないため【26】、これらの水域で沿岸国が、自由に刑罰を定めて取締りを行えるわけではない。また、接続水域は、領海以内での沿岸国の法令違反を防止したり取り締まったりするために設定される水域である【153】。沿岸国は、このように水域に応じて異なる権利を有するため、どの水域にどこまで権利を及ぼすことが可能かといったことが問題となる。　　　　[74]

EEZの天然資源に対して沿岸国は海洋法条約56条1項に基づいて**主権的権利**を有するため、その権利を行使することで、EEZ内での漁業を規制するわけである。しかしながら当然、海上で行われる活動が海洋法条約に網羅的に書かれているわけではないため、ある行為が沿岸国の権利の範囲内か否かをめぐり、争いが生じる。たとえば、漁船への洋上での給油活動（バンカリング）に対する規制などは、漁業それ自体ではなく、漁業に関連する活動の規制であることから、そうした規制が沿岸国の天然資源の主権的権利の行使か否かをめぐる問題などがある【328】。　　　　[75]

▶第1節 海洋法における国家の立場　　23

第3項 ── 寄港国

(1) 旗国の管轄権

【76】 　船舶は陸に寄ることなく、すなわち、寄港することなく永続的に航行を続けることはできない。そして、船舶が寄港した国を**寄港国（port State）**という。港はほとんどの場合、**内水**に位置しており、内水への出入りについては沿岸国が大きな裁量を有していることから【133】、寄港する船舶は基本的に内水沿岸国たる寄港国の許可を得、さらに寄港国の管轄権に服することに**同意**して寄港する。そのため、寄港国は広範な管轄権を行使することができるが、制限がないわけではない。というのも、自国の**規律管轄権（prescriptive jurisdiction）**が及ばない場合には管轄権を行使することができないからである。

【77】 　たとえば、外国籍のクルーズ船内部で公海を航行中に窃盗が行われ、当該クルーズ船がその後寄港したような場合、窃盗に対して寄港国は規律管轄権を行使することはできない（窃盗は通常、国外犯として処罰されるような犯罪と位置づけられない）。もちろん、領海内で窃盗が発生した場合、沿岸国として管轄権をもつことから、寄港した際に取り締まることはできる。

(2) 寄港国管理（PSC）

【78】 　このように、権限が限定的な寄港国ではあるが、船舶が寄港した際に取締りや規制を行うことは、航行を大きく阻害しない限度において可能である。これが船舶の取締り手段として効率的であることから、**寄港国管理（Port State Control, PSC）**と呼ばれる寄港国の役割が大きくなっている。現在、船舶が航行するに際しては安全性や環境保護の観点から遵守しなければならない国際基準が多数存在する【308】（第6章～第8章）。そのような基準を遵守しているか否かの検査を、船舶が寄港した際に行うのである。

【79】 　そのための枠組みは、**了解覚書（MOU）**の形で地域ごとに設けられている。ここでの MOU は法的拘束力を有する文書ではないが、1982年に欧州諸国でパリ MOU が締結されたのを皮切りに、現在までに9つの地域で締結されている（表2-3）。その役割としては、寄港国間での検査基準の足並みをそろえることで、検査が緩いがゆえに寄港先に選ばれる港をなくしたり、寄港した外国籍船に関する情報交換を行い、国際基準を遵守していない船舶に対する措置を協力して講じたりすることである。

24　　第2章∥海洋法のアクター

表2-3 ■ PSC・MOU参加国一覧

PSC・MOU名	締結年	参加国・地域（数）
パリ MOU	1982	ベルギー、ブルガリア、カナダ、クロアチア、キプロス、デンマーク、エストニア、フィンランド、フランス、ドイツ、ギリシャ、アイスランド、アイルランド、イタリア、ラトビア、リトアニア、マルタ、モンテネグロ、オランダ、ノルウェー、ポーランド、ポルトガル、ルーマニア、ロシア（資格停止）、スロベニア、スペイン、スウェーデン、英国（28）
南米地域MOU（ヴィナデルマール協定）	1992	アルゼンチン、ボリビア、ブラジル、チリ、コロンビア、キューバ、ドミニカ共和国、エクアドル、エルサルバドル、グァテマラ、ホンジュラス、メキシコ、パナマ、ペルー、ウルグアイ（16）
東京MOU	1993	オーストラリア、カナダ、チリ、中国、フィジー、香港（中国）、インドネシア、日本、韓国、マレーシア、マーシャル諸島、メキシコ、ニュージーランド、パナマ、パプアニューギニア、ペルー、フィリピン、ロシア、シンガポール、タイ、バヌアツ、ベトナム（22）
カリブ海MOU	1996	アンティグア・バーブーダ、アルバ（オランダ）、バハマ、バルバドス、ベリーズ、バミューダ（英国）、ケイマン諸島（英国）、キュラソー（オランダ）、キューバ、フランス、グレナダ、ガイアナ、ジャマイカ、オランダ、セントクリストファー・ネーヴィス、セントルシア、セントビンセントおよびグレナディーン諸島、シントマールテン、スリナム、トリニダード・トバゴ（20）
地中海MOU	1997	アルジェリア、クロアチア、キプロス、エジプト、イスラエル、ヨルダン、レバノン、マルタ、モロッコ、チュニジア、トルコ（11）
インド洋MOU	1998	オーストラリア、バングラデシュ、コモロ、エリトリア、レユニオン（フランス）、インド、イラン、ケニヤ、マダガスカル、モルディブ、モーリシャス、モザンビーク、ミャンマー、オマーン、セイシェル、スリランカ、南アフリカ、スーダン、タンザニア、イエメン（20）
アブジャMOU	1999	アンゴラ、ベナン、カメルーン、カーボヴェルデ、コンゴ共和国、コートジボワール、コンゴ民主共和国、赤道ギニア、ガボン、ガンビア、ガーナ、ギニア、ギニアビサウ、リベリア、モーリタニア、ナミビア、ナイジェリア、サントメ・プリンシペ、セネガル、シエラレオネ、南アフリカ、トーゴ（22）
黒海MOU	2000	ブルガリア、ジョージア、ルーマニア、ロシア、トルコ、ウクライナ（6）
リヤドMOU	2004	バーレーン、クウェート、オマーン、カタール、サウジアラビア、アラブ首長国連邦（6）

出典：各MOUウェブページをもとに作成

　このような寄港国の取締り権限は、徐々にではあるが拡張している。その代表例として考えられるのが海洋法条約218条である。同条に基づけば、寄港国は、公海上であっても、国際基準に違反する形で汚染物質の排出を行った船舶に対し、司法手続をとることが認められている【421】。つまり、自国水域外で行われた行為であっても管轄権の域外適用を明示的に認めているのである。排出とは別に、IUU漁業対策のために、**寄港国措置協定(Agreement on Port State Measures, PMSA)**が2009年に締結され、2016年に発効した【340】。同協定は、寄港国による司法手続までをも認めるものではないが、IUU漁業を取り締まるために同漁業の疑いの強い船舶の入港や陸揚げを禁止するなど、寄港国に一定の措置をとることを義務づけている。

【80】

▶第1節　海洋法における国家の立場　　25

第4項 ―― その他

[81]　その他、海洋法条約上の深海底の制度においては、開発を行う事業者を監督する**保証国**（sponsoring State）という立場もある【201】。深海底は原則として**国際海底機構（ISA）**により管理されるが、鉱物資源開発はISAと契約した企業（**契約者**）【201】によっても行われる。ISAは国際法上、一定の権限を有するとはいえ、実際に企業に制裁を科す手段などを各国政府のように有しているわけではない。そこで、企業の管理を徹底するために、契約者の活動を保証する国（保証国）を前もって決める必要があるのである。裏を返せば、保証国の保証なしに、企業は深海底の鉱物資源開発に参加することはできないのである。

[82]　さらに、海洋法の文脈に限定されるわけではないが、海上での活動に関係する国家をいくつかまとめると、まず挙げられるのが、**船員の国籍国**である。たとえば、フィリピンは船員の供給国として知られる。船員の資格についての船員訓練資格（Standards of Training, Certification and Watch Keeping for Seafarers, STCW）条約（1978年）との関係ではもちろん、船員が何らかの犯罪をした場合に、船員の国籍国での処罰が期待されるケースもあろう。同様に**法人の国籍国**（home State）も重要である。海上での活動には船舶が関与することがほとんどであるが、その所有者たる船主が法人である場合もあるし、運航者が法人であることも少なくない。COVID-19が蔓延した際、米国のクルーズ会社が太平洋島嶼国に対して、自社の船舶の入港を拒否しないことを強圧的に要求したと報道されるなど、法人によっては、小さな国家よりも経済的に力をもつこともあり、そういった法人への規制は法人国籍国によるものが有効と考えられる。

[83]　さらに、IUU漁業に関しては、疑惑のある水産品を自国市場へ受け入れないようにするなど、**市場国**（market State）の果たす役割についても議論されている。これは、貿易を規律する国際経済法と関連する部分でもあるが、近年、EUはそのような政策を実際にとっている。

▶第2節　日本政府

[84]　日本国内において、海洋空間の帰属についてはあいまいな部分が少なくない。たとえば米国やオーストラリアは、3海里までは州政府が、それ以

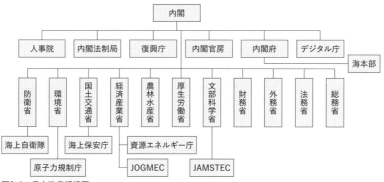

図2-1 ■ 日本政府組織図
出典：政経百科（https://seikeihyakka.com/article/government-office/）をもとに作成

遠は連邦政府が所管するとされているが、日本には、都道府県と日本政府と、どちらがどの水域を所管するかなどは明確には権限配分がなされていない。また、青森県と岩手県とが、両県境界の延長線上にある沖合の漁場（**なべ漁場**）をめぐって対立したように、都道府県同士の県境も明確でない。このように不明瞭な部分があることを前提に、かつ海洋法に焦点を絞り、本節では、日本政府および独立行政法人が海洋法に関する問題をどのように扱っているかを概観する。

第1項 ── 中央省庁

海洋空間の規律については、縦割りの形で様々な省庁が様々な問題を扱っている（図2-1）。 [85]

（1）外務省

海洋法の解釈において最も重要となるのは、外務省であろう。外務省は、その国際法局の中に国際法課・**海洋法室**などを設けており、海洋法条約に関する問題を所掌している。海洋についての日本の外交政策を決める際に、国際法的な裏付けを確認する重要な役割を担っている。 [86]

（2）国土交通省

国土交通省も、海洋において、多くの問題を所管している。島国として海上輸送が死活的利益となっている日本において、**外航海運**（日本と外国の間での海運）を中心とした海運に関する問題が重要であることは論を俟たな [87]

い。船舶の航行に関する問題については、**海事局**が主として所管している。さらに、船舶を受け入れる港については、**港湾局**が所管している。

[88] **再エネ海域利用法**（本節第３項）についても、港湾局が所管しており、港だけでなく、海洋構築物については海事局ではなく港湾局が所管することとなっている。また、沖ノ鳥島の管理については、**関東地方整備局**が行っており、後述する外局の**海上保安庁**【96】も含めれば、海洋の非常に多岐にわたる問題を国土交通省が所掌しているといえる。そのため、IMO で開催される国際会議などは、外務省ではなく、国土交通省が中心となって対応するものも少なくない。

(3)厚生労働省

[89] 国土交通省と協力して、厚生労働省も船員に関する規律をその所掌範囲で行う。船員については、**船員法**によりその労働条件等が規律され、基本的には、**労働基準法**が適用されるわけではない。しかし、労働基準法の一部の規定は船員にも適用されるし、また、**船員保険**などについても厚生労働省が所管している。

(4)農林水産省

[90] 水産業を所管する農林水産省も当然、日本にとっては重要である。水産業については、第二次世界大戦後、国家主導の管理が難しかったこともあり、各地の**漁業協同組合**の力を借りて管理してきたという背景がある。しかしながら、漁業資源の減少、さらに国際的な規制が高まるなか、国家として海洋生物資源の利用を管理していく必要性が増してきたことを受け、2020 年には大きく改正された**漁業法**が施行されるようになっている。二国間の漁業協定や**地域漁業体（RFB）**の会合などには【318】、農林水産省が対応している。

(5)経済産業省

[91] 経済産業省は非生物資源の開発に重要な役割を果たす。伝統的には、石油・天然ガスといった炭化水素の資源の開発を経産省の一部である**資源エネルギー庁**が所管している。同庁は、これらの資源を開発するために、独立行政法人石油天然ガス・金属鉱物資源機構（JOGMEC）を置いている。経済産業省の所掌が**二酸化炭素回収貯留（CCS）**や**洋上風力**などの海上での**再生可能エネルギー**に拡張するようになり、JOGMEC の所掌も拡大した。そのため、同機構は 2022 年に**エネルギー・金属鉱物資源機構**（JOGMEC の

略称はそのまま）へと改名した。JOGMEC が ISA の契約者となっていることもあり、ISA の法律技術委員会【108】に、日本からは JOGMEC の職員が候補者として指名されている。

(6) 環境省

　海洋環境の保護・保全が国際的にますます重要になっていることもあり、環境省の貢献もより期待されるところである。小笠原諸島周辺の沖合に海洋保護区を設置するに際し、2019 年に**自然環境保全法**を改正するなど、海洋への関与を強めている。国際的には、**IMO 諸条約**の中でも、海洋環境の保全の側面が強いロンドン条約（1972 年）・議定書（1996 年）の会合などについては環境省が対応している。さらに、海洋ごみの問題が注目されるようになり、**国連環境総会（UNEA）**において**プラスチック汚染防止条約**の政府間交渉を行っている。この条約は、必ずしも海洋にのみかかわるわけではないが、この条約の交渉も環境省が主として対応している。また、日本の海洋環境問題として、**ALPS（Advanced Liquid Processing System）処理水**の問題が近年注目を集めたが、核物質による海洋汚染に関しては、環境省の外局である原子力規制委員会（およびその事務局である原子力規制庁）が所管している。 [92]

(7) 総務省

　総務省が所管する海洋法に関する事項として、**海底ケーブル（submarine cable、**公定訳は**海底電線）**の敷設・補修が挙げられる。インターネットの活用が日常的となっている今日、その回線を確保するために、四面を海に囲まれる日本にとって海底ケーブルは重要インフラである。特に、地震が頻発し、場合によってはそれが大規模となる日本にとっては、そうした状況に対応しつつ海底ケーブルを管理する必要がある。総務省それ自体に海のイメージはないかもしれないが、**情報通信技術（Information and Communications Technology, ICT）**を所管しているため、海底ケーブルについても責任を負う。日本企業では、NEC や KDDI が海底ケーブルのビジネスに参加している。海洋法条約では、**海底パイプライン（submarine pipelines）**と並列する形で規律されている【526】。 [93]

(8) 文部科学省

　海洋については科学的に不確実なことが少なくなく、それゆえ、**海洋科学調査（Marine Scientific Research, MSR）**は海洋法条約においても部 [94]

▶第2節 日本政府　　29

（第13部）を設けて規定されており、比較的自由に行える制度設計となっている【503】。気候変動対策などにおいても海洋の利用が進むなか、MSRは世界的に注目を集め、日本のような島嶼国にとっては、防災といった観点からも重要である。そのような調査・研究について日本では文部科学省が所管している。海については、**海洋研究開発機構（JAMSTEC）** が研究機関として設置されており、国内の他の研究機関と協働して世界をリードする研究を行っている。

(9)防衛省

【95】　日本にとって海洋はまた、安全保障の観点からも非常に重要である。安全保障については、自衛隊、特に海上自衛隊を含む防衛省が主として所管している。防衛省の内部部局において、海洋に特化した組織があるわけではないが、日本の安全保障を論じる際には、日本水域をどのように守るかといった視点や、海を越えて飛来するミサイルや航空機への対応を海上でどのように行うかなど、海洋がかかわる場面が少なくない。

第2項 ── 海上保安庁・海上自衛隊

(1)海上保安庁

【96】　第二次世界大戦直後より、日本において海上の法執行を行う機関の必要性は指摘されていた。そして、1948年に運輸省の外局として創設されたのが**海上保安庁**である。そのため、現在も海上保安庁は、運輸省が建設省等と統合して成立した**国土交通省**の外局と位置づけられている。海上保安庁は、「法令の海上における励行、海難救助、海洋汚染等の防止、海上における船舶の航行の秩序の維持、海上における犯罪の予防及び鎮圧、海上における犯人の捜査及び逮捕、海上における船舶交通に関する規制、水路、航路標識に関する事務」などを通じ、海上の安全および治安の確保を図ることをその任務としている（海上保安庁法2条）。そのため、あくまでも法執行機関として位置づけられており、銃火器の使用は、警察官職務執行法7条を準用するとして（同法20条）、警察活動がエスカレートしないようにされている。

【97】　さらに、海上保安庁法25条は、海上保安庁またはその職員が軍隊と位置づけられないことを確認している。しかしながら、こうした日本法独自の整理が、国際法においてもそのまま受け入れられるとは限らないことに留

30　第2章∥海洋法のアクター

意する必要があろう〔612〕。

(2)海上自衛隊

これに対し自衛隊は、1950年に勃発した朝鮮戦争を契機に、日本の防衛 【98】
を確保するために1954年に設立された。そのため、**海上自衛隊**を含む自衛
隊は、国際法の観点からは国防を担う軍隊と位置づけられる。憲法9条と
の関係から、自衛隊の軍隊としての性格を否定する見解もあるが、武力紛
争に適用されるジュネーヴ諸条約上の軍隊であることは、日本国政府に
よっても認められている。また、合同訓練や国際法のワークショップと
いった外国の軍隊と行動を共にする際、自衛隊は外国軍隊の日本における
カウンターパート、つまり軍隊組織と認識され、扱われている。国によっ
ては、海上警察機関と海軍の区別がさほどなく、司法警察の権限を行使す
る海軍もあるが、海上自衛隊はそのような権限を有さない。

各国の海軍と同様に、海上自衛隊においても、海洋法および海戦法規が 【99】
研究・教育されている。海洋法と海戦法規の関係をめぐっては、前者が後
者を含むのか、あるいは分離独立しているかなど、諸説あるが、本書では
海戦法規も海洋法の一部として扱う【595】。

第3項 —— 海本部(海洋基本法)

前項で述べたとおり、海洋空間の問題は各省庁にまたがるため、それら 【100】
を統合的に所管する官庁が存在せず、縦割りの弊害が生じていると指摘さ
れていた。それを受け、議員立法により海洋基本法が2007年に制定され、
総理大臣を本部長とする**総合海洋政策本部**(**海本部**)が**内閣**に設置され、内
閣官房がその事務を所掌することとなった。また、副本部長は、内閣官房
長官とともに、新たに設けられた**海洋政策担当大臣**が行うこととなった。
さらに、有識者からなる**参与会議**や、各省の局長級から構成される**幹事会**
も設置された。

内閣府と内閣官房の所掌の分担の見直しから、2017年4月より、海本部 【101】
事務局は内閣官房から**内閣府**に移されることとなった。海本部の重要な仕
事の1つに、日本の海洋政策の指針を示す海洋基本計画を策定することが
挙げられるが、2008年、2013年、2018年、2023年と5年ごとに策定され
ている。

海本部がこれまで果たした大きな役割の1つに、2009年の**海賊対処法**の 【102】

▶第2節 日本政府　　31

制定が挙げられる。同法は、防衛任務を主とする海上自衛隊に司法任務を任せることを可能とする点で非常に重要な意味を有する。また、2019年より施行された**再エネ海域利用法**は、海本部が資源エネルギー庁と国交省港湾局とともに事務局を務める形で作成した。この再エネ海域利用法をEEZに拡張する動きも海本部が支えている。このように一定程度の成果を収める一方で、組織としては各省庁から派遣される職員が職務にあたることもあり、期待された縦割りの弊害の解消ができていないとの批判もある。

▶ 第3節　国際機構

第1項 ── 海洋法条約に規定される機関

（1）国際海洋法裁判所（ITLOS）

【103】　海洋法条約287条は、締約国間の紛争を解決するための裁判所として、ITLOS、ICJ、仲裁裁判所、特別仲裁裁判所の4つを並べている【667】。もっとも条約自体が設立した常設の機関はITLOSのみである（海洋法条約附属書VIがITLOS規程となっている）。21名と比較的多数の裁判官から成るこのITLOSは、ハンブルクに設置されている。裁判官の任期は9年とされ、海洋法条約の締約国会合において、3年ごとに7名ずつ改選選挙が行われる。裁判官同士の互選で選ばれ、3年の任期を務める所長のもとに、裁判官から選ばれる次長と事務を所管する**書記局（Registry）**が置かれている。裁判所としての規則や内部の就業規則など、その多くの部分がICJを参考に作られている。

（2）国際海底機構（ISA）

【104】　海洋法条約第11部により設置されたISA【199】は、深海底に対して非常に広範な権限を有する。深海底およびその鉱物資源を「人類の共通遺産」として所管しており、その探査や開発について規則を定める立法権限や、規則に従わないものに実質的な制裁を科すための行政権限と、非常に広範な権限を有している。ISAは全加盟国から成る総会、選挙で選ばれた36か国から成る理事会、そして事務局の3つを主要機関としている。

【105】　加えて、ISAにとって重要な深海底の開発を行う**事業体（enterprise）**、さらに理事会のもとに**法律・技術委員会**が設置されている。第11部実施協定が採択されたことにより、海洋法条約のもとでは強かった総会の権限が

弱められ、代わりに理事会の権限が強化されている。技術的な障壁もあり、深海底資源の開発はまだ開始されていないが、海洋法条約が発効してISAが活動を始めてから現在に至るまで、法律・技術委員会を中心に探査や開発のための規則を設けると同時に、探査契約を各国・機関と締結してきている【207】。日本ではJOGMECと**深海資源開発株式会社（DORD）**がそのような契約を締結している。

（3）大陸棚限界委員会（CLCS）

強大な権限を有するISAに対し、国際機構として不安定な構成と評価されがちなのが大陸棚限界委員会（CLCS）【259】である。同委員会は、大陸棚の外縁を画定する権限を有しており、沿岸国はその勧告に基づき国内法を制定することで200海里以遠の大陸棚を自国のものとすることができる（海洋法条約76条）。同委員会を規律する規定は海洋法条約の附属書Ⅱとして置かれている。200海里以遠の大陸棚については、自然科学的に陸地から継続しているか否かが重要となることから、その判断をするために、CLCSは地質学、地球物理学および水路学の専門家21名から成る。 【106】

また、専属の事務局があるわけではなく、その事務作業については、**国連海事海洋法課**（Division for Ocean Affairs and the Law of the Sea, DOALOS）が所掌している。DOALOSの所掌が海洋法条約やその実施協定の締約会合、新たな条約作成の際の事務作業と広範に及ぶことに鑑みると、固有の事務局を有しておらず、また自然科学の専門家のみで構成されるCLCSは特異な国際機構といえる。このDOALOSは、国連事務局内の一部署であるが、**BBNJ協定**策定の際にも事務局機能を果たすなど、海洋法の形成・運用において大きな役割を果たしている。 【107】

第2項 —— 海洋法条約の外にある機関

（1）国際海事機関（IMO）

海洋法条約の外で設置された機関も、海洋法の形成・運用において重要な役割を果たす。なかでも**国際海事機関（IMO）**は船舶についての規制を設けるため、とりわけ重要である。IMOは、1948年に設立された**政府間海事協議機関（IMCO）**をその前身とする。1975年に、活動内容の拡大などに伴い、新たにIMO条約が締結され、同条約が発効した1982年より、IMOとしての活動が始まった。IMCOが設立される以前に締結された**海上人命** 【108】

▶第3節 国際機構　　33

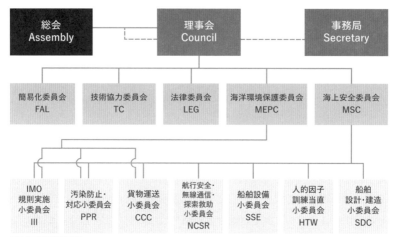

図2-2 ■ IMO組織図
出典：日本海事協会ウェブサイト（https://www.classnk.or.jp/hp/ja/info_service/imo_and_iacs/topics_imo.html）をもとに作成

安全条約（1974年）の締約国会合などの事務局としての機能を果たすと同時に、その名称が示すように、海事の問題について包括的に取り扱う（第6章）。全加盟国から成る総会、40か国から成る理事会、事務局があり、理事会のもとに**海上安全委員会（MSC）、法律委員会（LEG）、海洋環境保護委員会（MEPC）**、技術協力委員会（TCC）、簡易化委員会（FAL）の5つの委員会が設けられている（図2-2）。これらの委員会では、所掌する問題に関連する既存の条約の改正や新たな条約の締結について議論すると同時に、回章などの文書を採択して海事問題を規制している【50】。

（2）国際労働機関（ILO）

[109]　1919年に国際連盟とともに設立された**国際労働機関（ILO）**も、海洋法と関係する。ILOは政府、使用者、労働者の代表から成る**三者構成の原則**をとるため、全加盟国から成る総会には各国の三者が参加することができる。また56名から成る理事会は、その正理事の内訳を政府の代表28名、使用者の代表14名、労働者の代表14名としている。ILOでは1920年より商船船員について規制する条約が策定されており、2000年までにおよそ70の関連する文書を作成していた。

[110]　しかしながら、それらが時代にそぐわなくなっていることや、細分化されているがゆえに実効性に欠けるとの指摘から、それらを統合・改正する

形で**海事労働条約**（Maritime Labour Convention, MLC）が2006年に締結された【311】。同条約についても、ILOが所管する条約ということで三者構成の原則がとられ、その改正などに関しては、ILOに設けられる特別三者委員会が大きな役割を果たしている。また、海事労働条約は漁船には適用されないため、2007年に**漁業労働条約**を採択した。

（3）国連食糧農業機関（FAO）

1945年に設立された**国連食糧農業機関（FAO）**【339】は、漁業についても所掌している。FAOにも全加盟国から成る総会と、49か国から成る理事会がある。そして、理事会の中に技術委員会が設けられており、そのうちの1つが**水産委員会（COFI）**である。COFIは、1965年に設立され、漁業および養殖業を所掌している。COFIは**地域漁業体**の間の情報共有や、新たな課題に対してNGOを含め議論をする機会を設けるなどしている。 【111】

（4）国連環境計画（UNEP）

国連環境計画（UNEP）【56】は、1972年に開催された国連人間環境会議の提案を受け設立された機関である。国連から独立した国際機構というわけではなく、当初は事務局を有するのみであったが、2014年より**国連環境総会(UNEA)**が2年ごとに開催されるようになった。海洋については、1974年に共有資源たる海洋環境を地域ごとに保護するために、**地域海プログラム**【56】を立ち上げた。地域海プログラムはプログラムごとに性格等も異なり、UNEPが全体を総括しているわけではないが、プログラム間の情報共有などを行っている。加えて、UNEAでは創設当時から海洋ごみの問題を扱っており、同問題の解決に向け、**プラスチック汚染防止条約**の締結に向けた議論が進んでいる【385】。 【112】

（5）国連教育科学文化機関（UNESCO）

その名のとおり、国連において科学や文化に関する事項を所掌する**国連教育科学文化機関（ユネスコ、UNESCO）**は、次の二点において海洋でも大きな役割を果たす。第1に、**水中文化遺産(underwater cultural heritage)**に関する活動である。水中文化遺産とは、沈没船や水没した都市遺跡などであり、これらを保護するために、2001年には水中文化遺産保護条約が採択された。世界遺産条約（1972年）がその保護対象を主として陸上としているため、そこに含まれない分化遺産を保護する役割を果たす。 【113】

第2に、**政府間海洋学委員会（IOC）**に関する活動である。同委員会は、 【114】

▶第3節 国際機構　　35

海洋科学に関する国際調整や国際協力の推進を目的として 1960 年のユネスコ総会において設立された。ユネスコ内の組織ではあるものの、独自の総会と理事会をもつなど独立性が強く、加盟国の地位もユネスコとは分離されているため、ユネスコに参加せずとも IOC に参加することが可能である。2021 年から 2030 年までを「持続可能な開発のための国連海洋科学の 10 年」として、その活動を推進している【500】。

▶第4節　プライベート・アクター

【115】　海洋法の運用はもちろん、形成においてもプライベート・アクターは重要な役割を果たしている。本節では、プライベート・アクターとして、日本語でいうところの業界団体と NGO とに分けて説明する。定義によっては、業界団体も NGO に包含されうるが、業界団体は営利企業の集合体、NGO は営利的側面が相対的に強くない団体として、分けて扱う。

第1項 ── 業界団体

【116】　業界の声を国際的にまとめることができる業界団体は、国際機構の主催する条約の締結交渉や締約国会合などへの参加を通じ、海洋法の形成・運用に貢献している。ここでは、船主業界、保険業界、海底ケーブル業界の3つに焦点をあてる。

（1）船主業界

【117】　海洋において活動する者は、同業者とともに業界団体を結成していることが少なくない。たとえば、海運業においては、船舶を所有する**船主 (ship owner)** や運航を管理する**運航者 (operator)** が重要なアクターとなり（大手海運会社は往々にして船主兼運航者である）、彼らは、自分たちの利益を守るために、同業者と連携する。日本の場合、まず国内に一般社団法人として**日本船主協会（船協）**が設立されており、海運会社など、船主や運航者が加盟し、海運業および海運業にかかわる海洋開発事業などに関する調査研究を行っている。そして、この日本船主協会が参加する組織として、**国際海運会議所（ICS）**がある。ICS は、ロンドンに拠点を有し、各国の船主協会により構成される。IMO において諮問資格を有しており、委員会等に参加して自らの意見を主張したり、船主や運航者を代表して交渉することができる。

36　　第2章┃海洋法のアクター

(2) 保険業界

科学技術の発展に伴い、より安全になってきているとはいえ、依然として海上交通に危険はつきものであり、保険は必要不可欠である。そのため、保険業界【425】も海洋における重要なアクターである。日本では、海上保険を含む損害保険一般を取り扱う会社が集まって、一般社団法人として日本損害保険協会を設立している。同協会は、各国の保険協会より構成される**国際海上保険連合 (IUMI)** に参加している。IUMI はハンブルクに拠点を有し、ICS 同様、IMO の諮問資格を有している。　【118】

また、海運の分野で重要な役割を果たす保険が、**船主責任保険（P＆I 保険）**である。P＆I という略称は、Protection と Indemnity の頭文字からとられており、前者は、船主または運航者が第三者や船員に対して負う責任を、後者は、主として積荷の運送人として荷主に対して負う責任を意味し、船主責任保険とは、これらを合わせた保険となる。この保険の特徴は、船主の負う賠償・補償額が莫大なものとなる傾向にあるため、保険会社の保険である、**再保険**がかけられること、そしてそのために、競合相手である保険会社同士で協力し合うことが重要かつ一般的である点である。日本には、こうした保険会社が加入する**日本船主責任相互保険組合（Japan P＆I Club)** が 1950 年に設立されている。国際的には、同組合を含む 12 の国の P＆I クラブから構成される**P＆I クラブ国際グループ【427】**が組織され、情報交換や国際会議でのロビー活動などを行っている。同グループも IMO の諮問資格を有している。　【119】

(3) 海底ケーブル業界

海底ケーブル【529】の国際的な業界団体は**国際ケーブル保護委員会 (International Cable Protection Committee, ICPC)** である。同委員会は 1958 年に設立され、約 70 か国から約 230 の団体が現在加盟している。加盟しているのは、KDDI のような私企業はもちろん、JAMSTEC のような公的機関、さらに、オーストラリア、インド、英国などは政府機関が参加している。その活動が深海底を含む海底となることから、ISA のオブザーバー資格を有し、同機構が主催する国際会議などに参加し、業界を代表しての意見表明などを行っている。　【120】

第2項 —— NGO

(1)船級協会

[121]　海事産業に必要不可欠な組織として、**船級協会**（classification society）【412】が挙げられる。同協会は元々、船舶についての十分な知見を有さない保険業者や荷主が、船主や海運会社と対等に契約するために、船舶を客観的に評価しその情報を提供することを業務として設立された。船級協会は、船舶の堪航能力などを評価し船級という船舶の格付けを決定し、その船級に基づき、保険業者は保険金を決定するわけである。日本ではアジア初の船級協会として**日本海事協会**（Class NK）が 1899 年に設立されている。20 世紀までは、船主との契約に基づき船級を付与する、営利を目的とした**私的役割**（private function）のみを行っていた。

[122]　しかし、20 世紀に入り船舶の構造や設計などの国際基準が条約により設けられると、船舶がその基準を守っているかを旗国が確認するためにも船級協会が用いられるようになる。このような船級協会の新たな役割は**公的役割**（public function）といわれる。この公的役割を果たす際、船級協会ごとに国際基準の理解が異なると、実際に適用される基準が異なってしまうこととなる。そこで、船級協会が策定する基準間で、最低限度の統一的な規則を設けるために、1968 年に**国際船級協会**（IACS）が設立された。同協会は、IMO において諮問資格を有し、その議論に参加すると同時に、条約規定の解釈に幅がある場合には、自らが基準を策定し、参加船級協会を通じて条約の運用を支えている。

(2)国際標準化機構（ISO）

[123]　**国際標準化機構**（ISO）【54】は、産業界の国際基準を作成する組織である。条約により設立されているわけでないため、一般には政府間で設立される機構に限定される国際機構とは認識されないが、国連では国際機構と位置づけられている。基本的に、各国 1 つの民間の**規格協会**が加盟団体として認められ、日本の場合には、経産省の**日本工業標準調査会**（JISC）が参加している。ISO が作る **ISO 規格**は、もちろん法的拘束力を有するものではない。しかしながら、IMO 関連諸条約の条約規定では詰められていない部分を補完的に規律する機能といった、海洋法実務においては非常に重要な役割を果たしている。

38　　第 2 章 ▌海洋法のアクター

(3) 環境 NGO

　海洋に限らず、環境分野に関する国際法一般において、**環境 NGO** も重要な役割を果たす。グリーンピースや WWF (World Wildlife Fund) といった大手の環境 NGO は、多かれ少なかれ海洋環境保護についての活動も行っている。また、近年は NGO がアライアンスを結成し同一の目的のために活動することもある。海洋については、2011 年にグリーンピースなども参加する**公海アライアンス**が設立され、公海の環境保全についての活動を行うと同時に、BBNJ 協定 (2023 年) の条約交渉に精力的に参加した。　【124】

　環境 NGO の中には、日本の捕鯨活動を暴力により妨害する**シーシェパード**のような【570】、一部からは**環境テロリスト**とも呼ばれる集団もある。いかなる理由があるにせよ、私人による暴力は当然許容されるべきではないが、シーシェパードは、リベリアにおいて同国の要請により IUU 漁業の取締活動を行うなど、その実力を公的な警察活動を補填するような形で用いる事例も確認される。　【125】

【 主要参考文献 】

坂元茂樹『日本の海洋政策と海洋法〔第 3 版〕』(信山社、2023 年)

David Joseph Attard et al. (eds.), *The IMLI Treatise on Global Ocean Governance Volume* II : *UN Specialized Agencies and Global Ocean Governance* (OUP, 2018).

David Joseph Attard et al. (eds.), *The IMLI Treatise on Global Ocean Governance Volume* III : *IMO and Global Ocean Governance* (OUP, 2018).

Joanna Dingwall, *International Law and Corporate Actors in Deep Seabed Mining* (OUP, 2021).

Marianthi Pappa, *Non-State Actors' Rights in Maritime Delimitation* : *Lessons from Land* (CUP, 2021).

‖第3章‖水柱の水域区分と航行規則

　多様化の進む今日の海洋利用においても、おそらく、利用形態として最も重要なものが、航行である。すなわち、人やモノ、あるいは船舶それ自体を運ぶために、船舶が海洋を移動することである。航行はまた、漁業や鉱物資源開発等、海上での他の活動を行うに際しても付随していることからその重要性が高まる。航行を目的とした場合、潜水することはあっても、海底を利用することはなく、海底から海面までの**水柱（water column）**で行われる。そこで本章は、水柱の水域区分と航行規則に焦点をあてる。 【126】

　この航行の規則は、規則を定める国土交通省、それを取り締まる海上保安庁にとって非常に重要である。また、実際に船舶を航行させる海運会社等にとっても、国際法においてどの程度航行の権利が保障されているのかは重要となろう。海運業界は国際化が進み、所有船舶の船籍の選択も1つの経営判断に基づくものとなるが、選択のうえで、旗国や沿岸国が船舶に対して有する権利・義務を知っておくことは重要である。 【127】

　こうした問題を取り扱う本章では、まず、国際法における航行自由の原則と、水柱の水域区分について確認する（第1節）。そのうえで、領域主権の及ぶ水域（内水、歴史的水域、群島水域、領海、国際海峡）とその航行規則（第2節）、領域主権の及ばない水域（接続水域、排他的経済水域（EEZ）、公海）とその航行規則（第3節）を順に確認する。 【128】

▶第1節　航行自由の原則と水柱の水域区分

　グロティウスの海洋自由論以来、海上を通じての貿易の重要性に鑑み、航行の自由が強調されてきた。しかしながら、海洋が公海と領海に二分され発展してきた経緯もあり、海洋法条約においては、航行の自由が、全海域に通底する原則のような形で規定されているわけではない。海洋法条約では、後述するように、公海の自由が原則として87条で規定され、その1項(a)としてまず挙げられるのが航行の自由である【162】。つまり、海洋法条約を文理解釈する限り、航行の自由はあくまでも公海の自由の一要素に 【129】

▶第1節　航行自由の原則と水柱の水域区分　　**41**

ルイザ号事件

【130】

すぎない。そして、その自由は、ITLOS のルイザ号事件判決で示されたように、出港して公海へ出る自由までを認めたものではない (para. 109)。他の水域ではなく、あくまでも、公海上を航行する自由にすぎないのである。

しかしながら、人やモノの輸送にとって必要不可欠となる航行は、過去から現在に至るまで、またどの海域においても重要であることに変わりはなく、他の条約では公海を離れた文脈でも航行の自由が規定されている。たとえば、河川上の航行の自由について争われた**オスカー・チン事件**では、1919 年**サン・ジェルマン条約**における航行の自由が問題となったが、同自由について、PCIJ は「船舶の移動の自由、入港する自由、施設と船渠(せんきょ)を利用する自由、商品を積み下ろしする自由、及び商品と乗客を輸送する自由を含む。」とし (p. 83)、その意味で通商の自由の要素も含むとしている。また、**ニカラグア事件**において ICJ は、米国によるニカラグアの港への機雷の敷設は、通商と航行の自由を規定した米国=ニカラグア友好通商航海条約 19 条 1 項に明白に違反するとし (para. 278)、航行の自由を幅広く解している。

オスカー・チン事件

ニカラグア事件(本案)

【131】

このように広い意味合いで認識されてきた航行の自由は、公海に限定した 87 条を除き、海洋法条約において航行の自由そのものとして規定されているわけではない。他方で、内水・歴史的水域を除けば、海洋法条約は水域ごとに航行に関する詳細な規定を設けており、その背景には、領域主権の及ぶ領海であろうと、航行の自由は相当程度保障されるべきであるという理念がある (表 3-1)。本章では、国際法においては大きな意味合いをもつ**領域主権**に着目し、**第 2 節**は沿岸国の主権が及ぶ水域、**第 3 節**は沿岸国の主権が及ばない水域について、水域の性質および航行の規則を確認する。

表 3-1 ■ 水域と航行規則の対応関係

水域 (海洋法条約)	沿岸国の権利	航行規則
内水 (規定なし)	主権	出入りの可否を含め沿岸国が決定
歴史的水域 (規定なし)	主権	どのような水域とみなされるかにより決定
群島水域 (第 4 部)	主権	無害通航または群島航路帯通航
領海 (第 2 部)	主権	無害通航
国際海峡 (第 3 部)	主権等	通過通航または強化された無害通航
接続水域 (第 2 部 33 条)	規制権	通関や出入国の法令違反に対する規制を除き、EEZ と同様
排他的経済水域 (EEZ) (第 5 部)	主権的権利・管轄権	沿岸国の機能的権限による規制を除き、公海の航行の自由が準用
公海 (第 7 部)	なし	公海自由の原則

出典:筆者作成

▶第2節　領域主権の及ぶ水域

第1章で確認し（図1-2）、第5章で詳述するように、沿岸国の水域は**基 【132】
線（baseline）**をもとに決まる。基線の内側は、原則として陸地と同様の
主権が及ぶと考えられ、そのような水域として、内水、歴史的水域がある。
また、後述するように、群島基線という特殊な基線を引き、その中に沿岸
国の強い権利を認める群島水域がある。基線の外側12海里までは、沿岸国
は領海を有することができるが、領海の一部が国際海峡と認められる場合
には、沿岸国の権利はより制限される。

第1項 ── 内水・歴史的水域

（1）内水

基線の内側の水域である内水については、他の多くの水域と異なり、海 【133】
洋法条約では具体的な規定が設けられているわけではない。そのため、内
水の規則は基本的に慣習法に委ねられるが、基線の内側にある内水に沿岸
国は領土と同様の主権を有するとされる。陸の入国管理について領域国が
裁量をもつように、外国籍船が内水に入ることを認めるか否かも、沿岸国
に裁量がある。港の多くは内水に位置することから、沿岸国は、実質的に
外国籍船の入港可否を決定することができることを意味する。この裁量を
用い、コロナ禍において多くの国家が港を閉じたのは記憶に新しい。ただ
し実際は、**日英通商居住航海条約**（1962年）のような二国間条約などで相手
国船舶の入港の自由を認めていることが多い。また、戦前のもので締約国
数は多くないものの、**海港ノ国際制度ニ関スル条約及規程**（1923年）のよう
に、入港の自由を認める多数国間条約もある。

沿岸国が領土と同様の主権をもつとはいえ、内水において船舶に対する 【134】
旗国の管轄権が否定されるわけではない。他の国家の内水で起きた事案で
あろうと、自国船舶で発生している限り、基本的に旗国は管轄権を行使す
ることができる。このように旗国の管轄権が残り続けるなか、沿岸国が自
国の港にある外国籍船で発生した問題についてどこまで介入できるかにつ
いては対立がある。あらゆる問題に介入できるという**英国主義**と、船舶の
内部規律や船員間の問題については介入できないとする**フランス主義**であ
る。英国主義の場合も介入できるとはいえ、実質的には旗国への配慮で管

▶第2節　領域主権の及ぶ水域　　43

轄権行使を差し控えることが多いことから、両者の区別の意義はないとの考え方もある。そもそも両主義の射程自体が曖昧なこともあり、内水に位置する外国籍船への管轄権がどの程度認められるかについては明瞭な慣習法があるとはいい難い。

【135】　そのため、英国籍のダイヤモンド・プリンセス号がCOVID-19の発生初期段階において横浜港に寄港した際、日本が沿岸国としてどこまで管轄権を行使できるか/すべきかは、非常に悩ましい問題であったといえよう。他方で、自国水域の外で発生した事案については、船舶がその後自国の港（内水）に寄港したというだけでは、沿岸国が管轄権を行使することはできない。沿岸国の主権はあくまでも属地主義に基づくものであるため、他国領土で罪を犯した逃亡犯が自国領域に来たからといって属地主義に基づく管轄権を行使することができないとの同様に、寄港した船舶に対し、自国水域外で発生した事案についてまで管轄権を行使できるわけではない。

（2）歴史的水域

【136】　**歴史的水域**（historic waters）については、慣習法上これが存在することについては異論なく認められている。もっとも、第一次国連海洋法会議において議論がなされたものの、同水域について具体的な規則が設けられることなく、海洋法条約でも結論は同様であった。そのため、歴史的水域についても慣習法の規則が規律している。歴史的水域の中でも、**歴史的湾**（historic bay）が伝統的に主張されることが多く、この歴史的湾については、歴史的権原に基づき沿岸国は内水と同様の主権を有すると考えられる。そのため、歴史的湾に外国籍船が入るか否かについて、沿岸国が裁量を有することとなる。

【137】　歴史的水域は、歴史的湾同様に、歴史的権原に基づき主張される水域一般と整理される。こうした整理に基づけば、歴史的な事情から200海里を越えてEEZを歴史的排他的経済水域と主張することも理論的にはありえよう。しかし、歴史的水域は基本的には内水・領海を想定したものとされる。**南シナ海事件**において仲裁裁判所は、歴史的権原は主権を主張するために用いられるとし、それ以外の限定的な射程の権利を含む歴史的権利とは区別されるとしている（本案 para. 225）。歴史的水域か否かの判断に関し、国連事務局が作成した文書によれば、①歴史的水域と主張する国による水域への権限の行使、②当該権限行使の継続性、③他国の反応、の3つの要

南シナ海事
件仲裁判決
(本案)

素が重要になる。日本では、瀬戸内海に対する歴史的権原がテキサダ号事件において問題となった（図3-1）。

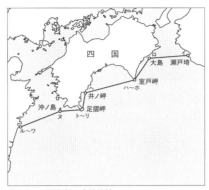

図3-1 ■ 四国南部の直線基線
出典：海上保安庁（https://www1.kaiho.mlit.go.jp/ryokai/kakudai/sik_idx.html）より

▶判例事例研究 ▶ テキサダ号事件　　　　　　　　　　　　　　【138】

本事件は、1966年11月にリベリア籍のテキサダ号が、図3-1のイとロを結んだ線より北部の水域（紀伊水道内）、つまり、現在の日本法に照らせば、その基線内の内水において、日本船銀行丸と衝突したことに端を発する事件である。日本は、テキサダ号の船員2名を業務上過失傷害および業務上過失往来妨害の罪で起訴した。日本の現行国内法に照らせば、日本の内水で発生した事件となることから、日本が管轄権を行使することの問題は生じにくい。しかしながら、当時の日本は現在のような直線基線を引いておらず、また領海3海里の立場をとるなかで、事件発生場所は基線から3海里以遠の場所にあった。そのため、同水域が公海となるのか、あるいは、歴史的水域とみなされ日本の領域内となるかで、日本の刑事管轄権が及ぶか否かの結論が変わることとなったのである。第1審を担当した和歌山地裁（1974年）は歴史的湾の法理の類推、控訴審を担当した大阪高裁（1976年）は歴史的水域の法理、と両者の理由づけは若干異なるものの、いずれも瀬戸内海に対する日本の歴史的権原を認め、日本による管轄権行使は適法であるとした。

第2項 —— 群島水域

[139]　**群島**（archipelago）とは、複数の島やその周辺水域が、その密接な関係性から、地理的、経済的および政治的に1つの単位とみなされる島の集団のことをいう。このような群島によって構成される国を群島国と呼び（海洋法条約46条）、第三次国連海洋法会議ではフィリピンやインドネシアなどが議論を主導し、この制度が設けられた。群島国は、群島の最も外側の島などを結ぶ直線基線を**群島基線**として引くことができる。議論を主導したフィリピン・インドネシアをはじめ、いくつかの島嶼国がこの群島基線を引いている（図3-2）。しかしながら、群島基線で引かれた範囲の水域と陸域の比率は1対1から9対1までの間でなければならない（47条）。日本についても、多数の島を有していることから一般的な意味で群島国と呼ぶことができるかもしれないが、この9対1の要件などに鑑み、群島水域を設けていないとされる。

[140]　群島国は、群島基線の内側にある水域、その上空および海底に主権を及ぼすことができる（49条）。しかしながら、群島水域を航行する他の国家の利益とバランスをとる必要があることから、次項で触れる無害通航権を認

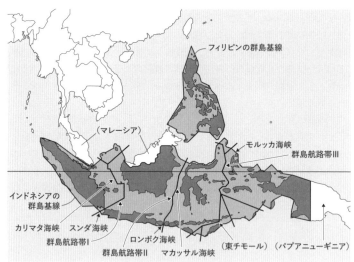

図3-2 ■ インドネシア・フィリピンの群島基線および群島航路帯
出典：加藤信行ほか編『ビジュアルテキスト国際法（第3版）』（有斐閣、2022年）68頁より

めると同時に、群島国が定めた群島航路帯に限り、国際海峡の通過通航権と類似する**群島航路帯通航権**が認められている。また、**ドゥズジッチ・インテグリティ号事件【585】**においては、サントメ・プリンシペが群島水域内で警察権を行使する場合であっても、海上警察権を規律する慣習法上の規則を遵守する必要があるとされた（paras. 210, 261）。このように、基線の内側として内水と同様に主権が及ぶとはいえ、その主権は一定程度制限されるものといえる。群島国ではない、すなわち、別の本土ともいうべき陸地を有する国家が沖合に群島を有していた場合に群島基線を引けるかについて、海洋法条約は特段の規定を設けていない。この点、中国が南シナ海への自国の権益を主張する際に、そういった議論を行うようになっている。

ドゥズジッチ・インテグリティ号事件

第3項 ── 領海

(1) 領海の設定

海洋法条約により**12海里**までとされた幅員は（3条）、長年、国家間で合意ができなかった点である【24】。領海については、沿岸国が主権を有し、強い権限が及ぶこととなるため、その範囲を拡張したい沿岸国と、そうした権限に基づく規制をなるべく避けたい海運国や遠洋漁業国との間で意見

【141】

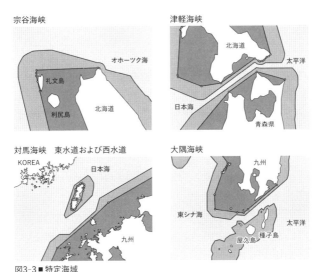

図3-3 ■ 特定海域
出典：海上保安庁（https://www1.kaiho.mlit.go.jp/ryokai/tokutei/tokutei.html）より

▶第2節 領域主権の及ぶ水域

が対立したためである。実のところ、日本は、国際社会の中で領海 12 海里が受け入れられていくなかでも 3 海里を主張し続け、「Mr. 3 海里」と呼ばれたともされる。最終的には 12 海里を受け入れ、海洋法条約を批准することとなるが、海運国であり遠洋漁業を重視する日本にとっては、領海が広がり、航行の自由が制限されやすくなることが懸念されていたのである。

【142】　また、領海は 12 海里より短い距離に設定することも可能である。日本の場合、宗谷海峡、津軽海峡、対馬海峡西・東水道、大隅海峡の 5 つを、**特定海域**として、領海を基線から 3 海里までとしている（図 3-3）。これらを 3 海里までとした理由は、これらの海峡が後述する国際海峡とみなされる可能性が高く、海峡全体がそうなることを避けるためであったり、また、宗谷海峡や津軽海峡などは、非核三原則との関係で原子力潜水艦の通過が問題となりうることなども指摘されている。

（2）領海における無害通航権

【143】　領海は領土やそれと同様の主権が認められる内水と大きく異なり、外国籍船舶には**無害通航権**（right of innocent passage）が認められる。航行の自由は、無害通航権の形で、海洋法条約の領海を規定した第 2 部の中に、16 か条から成る第 3 節として組み込まれているのである。そのため、沿岸国は外国籍船といえど、無害通航をする船舶の自国領海内での航行を認めなければならない。したがって、報道などでいまだに目にすることがある「領海侵犯」という表現は違法を含意するため適切ではなく、「**領海侵入**」とすべきといわれる。島国である日本の場合には、領海内に外国籍船が入ってくることが、日本との往来以外ではあまりないと考えられるかもしれないが、たとえば、フィリピンからタイのバンコクに船舶で行くことを想定した際、タイと陸続きのベトナムやカンボジアの領海を通航できないとなれば、一定程度の迂回をする必要が出てくる。こうした迂回は船舶にとっては大きな負担となることから、無害通航権が認められるのである。

【144】　この無害通航は、「**通航**」と「**無害**」の 2 つの要素に分けることができる。まず「通航」とは、領海を通過する場合や、内水（港）を出入りする場合に領海を航行することであり、継続的かつ迅速に行われなければならない（18 条）。そのため、外国籍船が領海で停留したり、目的地にまっすぐ向かわず行ったり来たり（はいかい）するような場合には、通航とはみなされない【549】。

48　　第 3 章 ‖ 水柱の水域区分と航行規則

次に「無害」については、沿岸国の平和、秩序または安全を害しない場合に認められる。軍事訓練や漁業などを他国領海内で行うことは、無害とみなされない代表例といえよう（19条）。この無害通航をめぐっては、たとえば軍艦についてはその航行自体が無害ではないとして、軍艦という船種から判断すべきとする**船種基準**の考え方と、どのように航行しているか、たとえば軍艦であっても軍事活動と無関係なら無害とみなすように航行態様から判断する**態様基準**の考え方がある（コルフ海峡事件 (p. 30) 参照）。また、無害性との関係を明示的に規定されているわけではないが、潜水艦が領海を航行する際には、海面に浮上しなければならない（20条）。

【145】

コルフ海峡
事件(本案)

さらに、沿岸国の法令との関係について（21条）、法令違反がある場合に船舶の無害性を否定する**接合説**と、法令違反と無害性は関係がないとする**分離説**との対立がある。海洋法条約は、無害性の基準を上記の19条のように法令違反とは無関係に設けていることから、分離説の立場に近いように思われる。沿岸国はまた、外国籍船の無害通航を保障するために、自国が把握する危険など（たとえば、流木が流れている）を公表しなければならない（24条）。他方で、外国籍が無害でない通航をしている場合には、**保護権**と呼ばれる権限を行使してこれを防止することができる（25条）【548】。

【146】

第4項 ── 国際海峡

（1）国際海峡とは

「**国際海峡（international straits）**」という言葉は海洋法条約には規定されておらず、沿岸国の領海において「国際航行に使用されている海峡」を短縮して、国際海峡と呼ばれている（34条）。これは国際海峡を定義しているともいえ、「国際航行」と「使用されている」の意味をどう考えるかにより、ある海峡が国際海峡か否かが決まる。国際海峡においては、領海の無害通航権よりも強固な航行の権利が外国籍船舶に与えられることから、ある海峡が国際海峡とみなされるか否かは、沿岸国に大きな影響を与える。

【147】

国際海峡か否かの判断基準として、上記の「使用されている」と「国際航行」という表現から、使用基準と地理基準の2つがあるとされる。**使用基準**は、「国際航行に使用されているか否か」で国際海峡性が決まるとされるが、使用頻度がどれくらいであればよいかなどは明らかではない。マラッカ海峡やホルムズ海峡などは国際海峡として広く認識されていると

【148】

▶第2節 領域主権の及ぶ水域　　49

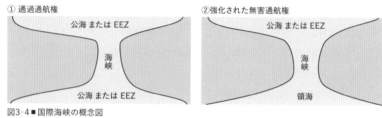

図3-4■国際海峡の概念図
出典：筆者作成

ろであるが、鹿児島の屋久島とその南に位置する口之島との間の吐噶喇(トカラ)海峡について、中国船が多数航行することをもって、そこを国際海峡とする中国に対して日本はそれを否定しており、意見が対立している。

(2) 国際海峡における航行

[149]　地理基準は、次の2つの場合に満たされるとされるが、いずれの条件を満たすかで、外国籍船舶に与えられる航行の権利が変わる。第1に、公海またはEEZの一部分と公海またはEEZの他の部分を結ぶ海峡である（図3-4①）。このような海峡では、**通過通航権（right of transit passage）** が付与される。通過通航とは、継続的かつ迅速な通過のための航行および上空飛行である（38条）。上述したように、軍艦の無害通航については見解が対立しているものの、通過通航権については、軍艦にも認められることが広く受け入れられている。また、上空飛行が保障されることや潜水艦の浮上義務がないのも無害通航との大きな違いであり、その意味で、通過通航権が認められた国際海峡は軍事利用がしやすいといえる。

[150]　第2に、公海またはある国家のEEZと他国の領海とを結ぶ海峡である（図3-4②）。このような海峡では、通過通航権は認められず、無害通航権が認められるにすぎない。ただし、領海の無害通航権と異なり、沿岸国が無害通航を停止することができないことから（45条）、この国際海峡での無害通航権は「**強化された無害通航権（right of non-suspendable innocent passage）**」と呼ばれる。

(3) 特別条約による規律

[151]　また、歴史的に国際海峡とみなされてきた海峡については、海洋法条約締結以前に関係当事国で条約制度を設けている場合が少なくない。たとえば、トルコの領域内にあるボスポラス海峡、マルマラ海、ダーダネルス海

峡という、黒海とエーゲ海を結ぶ海峡と水域については（図3-5）、1936年にモントルー条約が締結されている。同条約に基づき、2022年のロシアとウクライナの状態を「戦争」状態として、トルコはロシアの軍艦の航行を禁

図3-5 ■ ボスポラス・ダーダネルス海峡（トルコ海峡）
出典：NHK（https://www3.nhk.or.jp/news/special/international_news_navi/articles/qa/2022/07/20/23492.html）を一部改変

止している。これは、海洋法条約には規定されていない、戦時におけるより詳細な規定が同条約に規定されていることによりとれた措置といえよう。

▶第3節　領域主権の及ばない水域

　沿岸国は領海の外側に、まず、基線から24海里までの水域に**接続水域**（contiguous zone）を設定することが可能である。同様に領海の外側で基線から200海里までの範囲に、EEZが設定される。ここで重要なのは、いずれの水域も領海の外側ということで、12海里以遠24海里までは、接続水域であると同時にEEZでもある水域となる。EEZの外側、200海里以遠の水柱については、沿岸国は主権の主張をすることができない公海が設定される。

【152】

第1項 ── 接続水域

（1）海洋法条約における接続水域

　接続水域は、現在は、海洋法条約33条において24海里までとされている。実のところ、接続水域における航行の規則は原則として規定されていない。そのため、接続水域が上述のEEZと重なることに鑑みれば、実際にはEEZの航行規則が適用されることとなる。船舶の側からすれば、それに加え、沿岸国が接続水域に対して有する権限に服することになる。この点、同水域では、沿岸国が領域での通関、財政、出入国管理、衛生に関する法令違反を「**防止**」したり（同条1項(a)）、当該法令違反者を「**処罰**」する（同項(b)）ために必要な**規制**（control）を行うことができるとされている。裏

【153】

を返すと、主権が及ぶ領海とその内側とは異なり、接続水域においては、これらの規制しか沿岸国は行うことはできない。あくまでも接続水域は、沿岸国の主権が及ぶ領域の秩序を維持するために認められた制度にすぎず、接続水域内での法令の違反それ自体について、規制権を行使することを認めているわけではない。

【154】　前段落で確認したように、33 条は、その 1 項(a)で領海に入ろうとする船舶に対して「防止」を、そして、1 項(b)で領海から出ていく船舶に対して「処罰」を、それぞれ規定している。1 項(b)で出ていく船舶に対して認められる「処罰」については、懲役などの刑罰を科すことを意味するのは自明であろう。他方で、1 項(a)の入ってくる船舶に対する「防止」については、沿岸国がどのような措置をどこまでとれるのかが明らかではない。特に、防止策として、たとえば、沿岸国が禁止している薬物を沿岸国に持ち込もうとした者を接続水域で捕らえ、刑事管轄権を行使して処罰することまでができるのか。それとも、とれる措置はあくまでも行政警察のような活動に限定されるかについては、見解が分かれる。

【155】　条文の文言を重視する場合、1 項(a)においては法を制定し執行する権限を意味する**管轄権**（jurisdiction）という用語ではなく、**規制**（control）という文言が用いられていること、さらに、1 項(b)では処罰が規定されているのに対して 1 項(a)ではそうでないことから、入ってくる未遂犯的な船舶に対して処罰を科すことはできない、との解釈が導かれやすくなろう。他方で、国家実行を重視する立場からは、海洋法条約の制定以前、そして以後でも、実際に国家が処罰まで行っていることを根拠として、「防止」は処罰も含むとの解釈がより説得的であろう。

（2）日本による接続水域の設定

【156】　日本の場合、1996 年に領海法を改正する形で「領海及び接続水域に関する法律」を制定した。同法は、接続水域内で行われた行為そのものを処罰することは原則として想定していないが、公務執行妨害などが発生した場合には、処罰もありうる建付けとなっている。さらに、同法で整えられた接続水域の制度とは関係なく、薬物の密輸入や、不法入国のほう助などは、国外犯を処罰できる制度となっていることから、接続水域で海上警察権を行使し、これらの犯罪に従事したものを処罰することは、日本の国内法の観点からは可能になっているといえる。

52　　第 3 章┃水柱の水域区分と航行規則

第2項 —— 排他的経済水域

　排他的経済水域（EEZ）は、海洋法条約において正式に認められた、領　【157】
海に接続する基線から200海里までに沿岸国が設定することができる水域
である。陸地に連なり、沿岸国が自動的に有することとなる大陸棚と異な
り、沿岸国は EEZ を設定しないことを選択することもできる。第三次国連
海洋法会議において、領海の幅員を200海里と主張する国家などがあるな
かで、領海を12海里までとする一方、漁業などについてはそれより広い水
域に沿岸国の権限を認めるために同水域が設けられたのである。

　そのため、沿岸国は EEZ に対して主権のような包括的な権限を有するわ　【158】
けではなく、原則としては公海の規則が適用される（海洋法条約58条2項）。
特に、航行の自由を含む、公海の自由として認められる自由（航行のほかに
は、**上空飛行、海底ケーブルやパイプラインの敷設**など）は、内陸国を含め、す
べての国に認められると明示的に規定されている（同項）。他方で、沿岸国
以外の国家は、EEZ を利用する場合、沿岸国の権利義務に**妥当な考慮（due
regard）**を払う必要がある（同条3項）。妥当な考慮は、この条文以外にも
海洋法条約では様々な文脈において規定されている。その具体的な中身に
ついてはケースバイケースで決まるが、おおむね、国家間の利益を調整す
る機能を有するとされている【327】。たとえば、EEZ 内で沿岸国が行って
いる漁業活動を不必要に妨害するような航行は、妥当な考慮を欠くものと
みなされよう。

　EEZ に対して沿岸国が有するのは、天然資源の探査や開発、さらに洋上　【159】
風力発電などのその他の経済活動のための**主権的権利（sovereign rights）**
と、プラットフォームの設置・利用、海洋の科学的調査（MSR）、そして海
洋環境の保護・保全のための**管轄権（jurisdiction）**である（56条）。主権的
権利は、大陸棚条約において初めて導入された概念である。主権のように
は包括的でないという点において主権とは異なるものとされるが、資源に
ついて一定程度の排他的な権限をもつという意味で主権と類似することか
ら、主権的権利という名称がつけられた。主権的権利にせよ管轄権にせよ、
上述のとおり、沿岸国の権限は特定の事項に限定されていることから、包
括的な主権と対比して、**機能的権限**と評される。

　公海に比べると、EEZ での航行は、この沿岸国の機能的権限に服さなけ　【160】

▶第3節　領域主権の及ばない水域　　53

ればならないという点で大きな違いがある。海洋法条約において権利が明示的に記されてはいるものの、実務においては、たとえば、漁業そのものではなく、漁船への**洋上給油（バンカリング）**を沿岸国が取り締まれるかなど【328】、機能的権限の範囲特定が難しいこともあり、沿岸国と旗国との紛争は少なくない。特に、漁船や調査船のような、沿岸国が機能的権限を有する事項に従事する船舶の場合、余計なトラブルを避けるためにも、注意して航行を行う必要があろう。また、こうした海洋法条約の規定はさておいて、インドのように、他国による軍事演習を禁止するなど、EEZを資源や環境と関係のない安全保障の観点から活用しようとする国も一定程度確認される。

第3項 ── 公海

（1）公海自由の原則

[161] 　公海（high seas）は、EEZ、領海、内水、群島水域に含まれない「海洋のすべての部分」と定義される（海洋法条約86条）。したがって、多くの場合においてEEZの外側に位置することとなる。また、どこまで実質的に機能しているかは疑わしいものの、88条において、公海は**平和的目的**のために利用されると規定されている。そして、いかなる国も、公海に対して主権を主張することはできない（89条）。したがって、他の水域における沿岸国のように、**属地主義**に基づいて権限を行使する国家が、公海には存在しないのである。

[162] 　本章冒頭で確認したように、航行の自由は、海洋法条約では**公海の自由**（freedom of the high seas）の1つとして87条において規定されている。同条は、航行の自由のほかに、上空飛行やパイプライン等の敷設、さらには**漁業**も公海の自由として規定している。ただし、この自由は無制限なものではなく、自由を行使する場合には、他国の利益へ**妥当な考慮**を払う必要があるとされている（87条2項）【511】。

（2）旗国主義原則の排他性

[163] 　航行の自由を保障しつつ、同時に属地的に管理する国家が不在の中で海洋の秩序を保つために、92条は、公海上では**旗国**（flag State）が船舶に対し**排他的管轄権**（exclusive jurisdiction）を有するとしている。上述したとおり、旗国が管轄権を有するとする**旗国主義**（flag State principle）は、

公海に限定された話ではなく、内水までを含むあらゆる水域で適用される。しかし、他の水域では基本的に沿岸国らの管轄権と重複するのに対し、公海においては、旗国の管轄権が排他的となるのである。

　この旗国の管轄権の排他性について、**ローチュス号事件**以来、執行管轄権を対象とする、すなわち、非旗国による海上警察権の行使などは許容されない、と解されてきた。他方、2019 年の**ノースター号事件**においてITLOS は、「公海上で外国籍船により行われた合法な活動への**規律管轄権（prescriptive jurisdiction）の拡張をも禁止する**」(para. 225)、すなわち、旗国管轄権の排他性は、規律管轄権にも及ぶことから、非旗国は自国国内法を公海上の外国船舶上での行為に適用してはならないとした。この点については、「**十分な連関**」がある場合には非旗国が規律管轄権を行使することは妨げられないと主張する 7 人の裁判官による共同反対意見（para. 31）等、批判も少なくない。他方で、続く**エンリカ・レクシエ号事件【591】**において、仲裁裁判所もこの立場を形式的には踏襲しており、現在、この旗国管轄権の排他性をめぐっては不透明な状態にあるといえる。

【164】

ローチュス号事件

エンリカ・レクシエ号事件

▶ **判例事例研究** ▶ **ノースター号事件**

本事件は、現在の船舶ビジネスがもつ複雑性・国際性を含んだ事件である。まず、事件の主役ともいえるノースター号は、パナマ籍の石油タンカーである。**船主**（船舶所有者）は、ノルウェー法人の Inter Marine 社であり、事件発生当時に船舶を借りていた**傭船者**（ようせんしゃ）（charterer）はマルタ法人の Nor Maritime Bunker 社である。ノースター号には、イタリア領域内において購入された燃料油が積み込まれていたが、それらの燃料油は、イタリア国外で消費するという虚偽申告により、免税されたものであった。そうして購入した燃料油を、ノースター号はイタリア領海外へと持ち出し、公海上でプレジャーボートにバンカリングを行う。そして、バンカリングを受けたボートは税の支払いを行っていない燃料油を申告せずにイタリア領域内に持ち込み販売した。ノースター号はこうした犯罪に用いられたことから、**罪体**（ざいたい）（corpus delicti）として、イタリアから差押命令が出され、それを受け、当時ノースター号が停泊していたスペインが、1959 年の司法共助条約上の義務に基づき差し押さえた。こうした経緯において、旗国のパナマがイタリアによる公海自由の原則（87 条 1 項）違反などを追及したのが本事件である。本文で述べたとおり、ITLOS は、旗国主義原則を広く解釈し、イタリアによる 87 条 1 項の違反を認めた。

【165】
ノースター号事件

▶第3節 領域主権の及ばない水域　　55

（3）旗国主義原則の例外

[166]　また、公海で航行の自由が侵害される場合は、主として**旗国以外の国家（非旗国）**により臨検やそれに続き拿捕などが行われる場合が想定される。この点については、**第11章**で詳述するが、海洋法条約では、以下の2つの例外を設けている。第1に、海洋法条約110条において規定される、**海賊行為**、奴隷貿易、無許可放送などを行った船舶に対する臨検である【568】。この中でも海賊に対しては、臨検の後に拿捕・逮捕・訴追などをすることも認められている（105条）。

[167]　第2に、沿岸国が**追跡権**【561】を行使する場合である。追跡権に基づけば、沿岸国は自国水域で外国船による法令違反を発見した場合に、当該水域から船舶を継続して追跡している場合に限り、公海上でも臨検・拿捕することができる（111条）。領海から追跡を行う場合には、自国法令の違反全般を根拠として追跡権を行使できるが、接続水域やEEZ等、沿岸国の権限が限定的である水域からの追跡は、それらの水域に沿岸国に認められた権限の侵害となる違反があった場合に限り、追跡権の行使が認められる。

【 主要参考文献 】

兼原敦子監修／公益財団法人日本海事センター編『海洋法と船舶の通航〔増補2訂版〕』（成山堂書店、2023年）

西本健太郎「海洋管轄権の歴史的展開（一）（二）（三）（四）（五）（六・完）」国家学会雑誌125巻5・6号、7・8号、9・10号、11・12号（2012年）、126巻1・2号、3・4号（2013年）

Clive R. Symmons, *Historic Waters and Historic Rights in the Law of the Sea：A Modern Reappraisal*, 2nd ed.(Brill, 2019).

Hugo Caminos and Vincent P. Cogliati-Bantz, *The Legal Regime of Straits：Contemporary Challenges and Solutions*（CUP, 2014）.

Philipp Wendel, *State Responsibility for Interferences with the Freedom of Navigation in Public International Law*（Springer, 2007）.

第4章 非生物資源の開発と海底の水域区分

　船舶や潜水艇の航行が大きな問題となる海面・水柱と異なり、海底においてはその資源、特に非生物資源をめぐって国家間の利害や権益が激しく衝突する。海底ケーブルやパイプラインといった他の関心事項もあるものの【526】、基本的には、海底の水域区分は資源配分のバランスをとる形で制度化されてきた。具体的にどのような資源かといえば、石油や天然ガスといった炭化水素資源（hydrocarbon resources）にはじまり、**国際海底機構(ISA)** が規則を制定している**鉱物資源**、さらに、日本が開発をリードしている**メタンハイドレートやレアアース泥（REY (rare-earth elements and yttrium)-rich mud）** などもある。【168】

　そのため本章は、**経済産業省・資源エネルギー庁**はもとより、実際に開発を行う石油会社や鉱山会社、さらには、新たな海底資源の開発を目指すベンチャー企業や研究者など、多様なアクターに関連する。また、海底の資源開発は環境への影響とどのようにバランスをとるかといった点が課題となることが少なくない。そのため、海洋の環境問題に関心を有する者にとっても重要となる。【169】

　本章では、海洋法においては海底がどのように区分されているか（図1-2）、特に非生物資源の開発と結び付けて学ぶ。そのために、非生物資源を含む資源概念全般について概説し（第1節）、その後に、大陸棚（第2節）および深海底（第3節）がどのように管理されることを想定しているかに加え、現在問題となっている点を説明する。【170】

▶ 第1節　資源概念の展開

　海洋法条約において、**資源（resource）** という用語は頻繁に現れるものの、この用語についての定義があるわけではない（第11部に限定した狭義の定義は133条に設けられている）。他方で、資源という用語の前に**生物**という用語が加えられることがあり、つまるところ資源とは、この**生物資源（living resource）** と**非生物資源（non-living resource）** の2つに大別できる。【171】

▶第1節 資源概念の展開　　57

前者については第7章で扱うが、ここではまず資源概念の展開について確認し、その後に、海底の非生物資源についてどのような規則が設けられているかを概観する。

第1項 —— 資源概念の拡張

（1）遺伝資源

[172]　国家管轄権外区域の生物多様性（BBNJ）協定において、**海洋遺伝資源（MGR）** とは「遺伝の機能的な単位を有する海洋の植物、動物、微生物、その他に由来する素材のうち、現実の、又は潜在的な価値を持つもの」と定義されており、本章で扱う非生物資源ではなく、**第11章**で扱う生物資源に包含される。同資源については、BBNJ協定で定義されたことからもわかるように、そもそも海洋法条約締結時においては具体的な規定が設けられていたわけではなく、その後の、**生物多様性条約**（1992年）とそのもとでの**名古屋議定書**（2010年）の枠組みで発展してきた。そして、**BBNJ協定**（2023年）の採択により、海洋法にも組み込まれたといえる**【432】**。このように、そもそもの出発点が海洋法条約にあるとはいえないものの、海洋法条約における「資源」概念は、現在では遺伝資源も含むと解することができる。

（2）海砂

[173]　世界規模での沿岸地域における人口増加やインフラ整備の需要増もあり、鉱物資源の1つで重要な建設資材と考えられる海砂（かいさ）の需要はますます高まっている。陸上における河川敷や山を切り崩しての砂採取は、環境問題もあって今後は見込むことができない状況にある。そのため、海砂という資源をめぐる獲得競争がすでに始まっている。特にアジアの海では、**浚渫（しゅんせつ）船**で砂浜や海底から砂を集め、それを、都市再開発や人工島の建設、埋立による土地の拡張に用いるケースが目立つ。このような海砂の利用は、周囲の海洋環境に悪影響を及ぼすだけでなく、安全保障とも密接にかかわるとされる。たとえば、中国船舶は台湾の馬祖島周辺で多数の船舶による大規模な浚渫作業を行っており（図4-1）、これは、武力行使とはいえないものの、実力をもって自国の主張を通そうとする、いわゆる**グレーゾーン**【618】の戦略とも評価されている。

58　第4章┃非生物資源の開発と海底の水域区分

図4-1 ■ 台湾の馬祖島沖で活動を行う中国船団
出典：Aya Liu/ロイター/アフロ

（3）海洋空間

　科学技術が発展し、海洋の利用形態が増加するにつれて、生物でも非生物でもなく、海洋空間そのものを資源と捉える考え方も現れつつある。現在、海洋を利用した再生可能エネルギーの創出は注目を集めており、発電に限っても、波力、潮力、海流・潮流、潮汐、**洋上風力**（offshore wind）など、複数の利用形態があり、これらの研究と実用化が進められている。これらいずれも、海洋が有している自然のエネルギーを利用するものであり、海洋の中でもどの空間を用いるかでエネルギー生産量が変わる。【174】

　たとえば、風の強いところに設置した方が、当然、洋上風力はより効率的にエネルギーを創出する。そのため、空間そのものがエネルギーを創出する資源、のように観念することにつながる。空間はまた、**二酸化炭素回収・貯留**（Carbon dioxide Capture and Storage, CCS）の文脈においても重要となる。CCSとは、火力発電所などから放出された二酸化炭素を、大気中の他の気体から分離・回収し、貯留することをいう。これ自体がエネルギーを生産するわけではないが、気候変動対策として注目されており、貯留にふさわしい海底の空間も、資源とみなされる可能性がある。【175】

第2項 ── 海洋鉱物資源

（1）海洋鉱物資源の定義

　海洋法条約の採択当時、非生物資源として最も各国が念頭に置いていた資源は、石油や天然ガスであった。しかしながら、これら2つを明示する【176】

▶第1節　資源概念の展開　　59

ような直接的な規定は、海洋法条約には存在しない。他方で、これら２つを含むと思われる**鉱物資源**という用語が海洋法条約に規定されており、第11部に限定すれば、資源＝鉱物資源、とすると規定されている（133条）。

【177】　「鉱物」という用語の意味として、天然に生じる均質な無機物という理解が一般的であることから、このような用語の通常の意味に従えば、鉱物資源は石油や天然ガスを含むものと考えられる。日本の鉱業法３条は、「鉱物」が石油や天然ガスを含むと明示的に規定している。他方で、深海底の鉱物資源を所掌する ISA は、これまでのところ、鉱物資源を**マンガン団塊（多金属団塊、polymetallic nodule）**（国際的には多金属団塊と訳すべき“polyme-tallic nodule”が用いられているが、これはニッケル、銅、コバルトなどを含有するものの、マンガンの含有率が一番高いので、日本ではマンガン団塊という名称が広く使われている）、**コバルトリッチ・クラスト（cobalt-rich ferromanga-nese crusts）**、**海底熱水鉱床（polymetallic sulfides）**の３つに分類し、それらについてのみ探査や開発のための規則を設ける活動を進めており（第３節）、流体系エネルギー資源である石油や天然ガスについては取り扱っていない。そのため、鉱物資源は、固体としての鉱物のみを意味し、石油や天然ガスを含まない、という解釈もないわけではない。日本では鉱業法の文脈を離れると、石油・天然ガスを含む場合は、「エネルギー・鉱物資源」という用語を用いるのが一般的である。

【178】　また、2000年代に入ってからその存在や有用性が広く知られるようになったレアアース泥は、再生可能エネルギーや電気自動車等の電池を生産する際に必要なレアアースを含んでいることから、今後より重要になると考えられている。レアアースとは、31鉱種あるレアメタルの中のスカンジウム、イットリウムなど17種類の希土類の総称である。**南鳥島**周辺 EEZ の南半分の海底にレアアース泥の濃集帯があるといわれており、レアアース泥についてはこれまで、日本を中心に探査や開発技術の研究が行われている。しかしながら、ISA ではこれに対応した規則が設けられ始めているわけではない。今後も未知の鉱物資源が発見される可能性はあり、そうした資源の探査や開発に関し、国際法の規律が整備されていく可能性は十分にある。

（2）海洋鉱物資源の開発プロセス

【179】　海洋鉱物資源の開発プロセスは、鉱物資源ごとに異なる部分も少なくな

60　　第４章▎非生物資源の開発と海底の水域区分

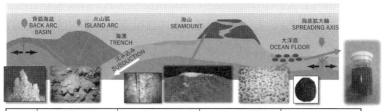

図4-2 ■ 海洋鉱物資源とその特徴
出典：資源エネルギー庁（https://www.enecho.meti.go.jp/about/special/shared/img/pxne-2b8rp2uu.png）を一部改変

　い。たとえば、液体や気体である石油や天然ガスに関しては、資源が眠る鉱床が存在する海底を掘削して、油・ガス田に当たれば、これらの資源は自噴するため、海中に拡散しないように気を付ける必要はあるものの、一定の生産施設を建設すれば、資源を海底面下からくみ出す作業をせずとも回収することが可能である。これに対し、固体で海底面上に石を転がしたように存在するマンガン団塊は、集鉱機（collector）を用いて回収し、それを海面上の母船まで汲み上げる必要がある。物質が個体、液体、気体のいずれの状態で存在するか、さらに、資源の眠る場所が海底面上か海底面下か、など、様々な要因を考慮して開発プロセスは決まる（図4-2）。

　他方で、広大な海洋から資源を見つけ出し、それを商業的に利益の出る形で生産するまでの流れは、共通している。ISAによる深海底開発のための規定を設けた海洋法条約附属書Ⅲは、**概要調査（概査、prospecting）**、**探査（exploration）**、**開発（exploitation）**の3つに分類して、それぞれの条件を定めている【205】。概査と探査をどこで峻別するかなど、整理によって異なる点もあるが、概査→探査→開発、の流れとなることは、大陸棚で行われる石油や天然ガスの開発と同様である。また、探査が物理探査だけでなく試掘を含むことや、開発に生産が含まれることも共通しているといえる（図4-3）。

【180】

図4-3 ■ 開発手順
出典：中西彩香「国連海洋法条約第82条の意義-日本における海底鉱物資源の開発に向けて-」地域文化研究17号（2016年）149頁の図を参考に筆者作成

▶第2節　大陸棚における非生物資源の開発

第1項 ── 大陸棚制度の形成と展開

（1）法的大陸棚制度の形成

[181]　大陸棚については、1945年の米国大統領による**トルーマン宣言**を機に国際法制度が構築されていった。実のところ、米国が大陸棚を設定した当時は、条約上の大陸棚制度などが設けられていなかったことに鑑みると、この**トルーマン宣言**は、第二次世界大戦直後に、自国の領海を超えた公海海底たる大陸棚の海底石油資源を戦略物資として米国の管轄下に置こうとした、自国の権益を不法に主張するものであり、公海自由の原則【161】に違反していた可能性が高い。しかし、同宣言の影響は大きく、同様の宣言を中南米諸国が次々と発していった。米国同様、それらの資源開発を行いたい国家は同宣言を支持したわけである。そうした経緯もあって、国際的にも大陸棚制度の整備が必要となり、**大陸棚条約**【22】が締結されたことで、海洋法が発展したといえる。

[182]　同条約1条によれば、大陸棚は水深200メートルまでの海底か、200メートルを越えても、その資源の開発が可能な限度までの海底、と定義されている。この後半部の定義によれば、開発技術が発展して開発可能な範囲が拡大すればするほど大陸棚の範囲は広がる。仮に、地球のあらゆる海底が開発可能なほどに技術が発展した場合、領海外のあらゆる海底がどこかの国の大陸棚とみなされることとなる（実際、現在、水深2000m級の深海からの石油開発はメキシコ湾西部やブラジル沖ですでに商業的に実現している）。定義上、このような問題点があったこと、また、**排他的経済水域**（EEZ）が導入さ

れたことにより、大陸棚は海洋法条約においては大きく異なる形で定義されることとなった。

(2) 海洋法条約における大陸棚

海洋法条約は第6部において大陸棚制度を規定している。同部の最初の条文となる76条1項によれば、大陸棚は、**基線**から200海里までの海底、または、海底地形上、領土からの「自然の延長をたどって**大陸縁辺部の外縁**（outer edge）に至るまでの」海底となる。そして、この「大陸縁辺部の外縁」については、同条4項において以下の2つの形で規定される。第1に、大陸斜面の基部において勾配が最も変化する点である**大陸斜面脚部**（foot of the continental slope）から60海里まで、とする形である。

[183]

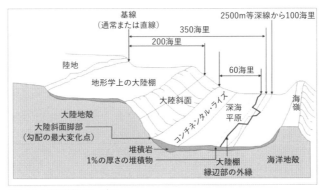

図4-4 ■ 大陸棚外縁イメージ図
出典：The United States Announcement on Extended Continental Shelf Outer Limits： Implications for the Asia-Pacific? in：Asia-Pacific Journal of Ocean Law and Policy, Volume 9 Issue 1（2024）（brill.com）をもとに、海洋政策研究財団ウェブサイト内「国連海洋法条約における『大陸棚』の定義」も参考にして作成

そして第2に、**堆積岩**（sedimentary rocks）の厚さが大陸斜面脚部からの距離の1%となる地点まで、とする形である。ただし、いずれの場合であっても、基線から350海里を越えたり、2500メートルの等深線（2500メートルの推進を結ぶ線）から100海里を越えることは認められない（76条5項）（図4-4）。また、この外縁については、沿岸国からの申請に基づき、**大陸棚限界委員会（CLCS）**が海洋法条約、および自ら採択した「科学的・技術的ガイドライン」に従って検討し、勧告を出すこととなっている【106】。CLCSについては、海洋法条約の附属書Ⅱにおいて規定されており、地質

[184]

学、地球物理学または水路学の専門家として個人の資格で職務を担う21人の委員から構成される。CLCSの勧告に基づいて沿岸国が設定した大陸棚は、**最終的かつ拘束力をもつ**とされる（同条8項）【259】。大陸棚は陸地の延長として位置づけられていることもあり、EEZとは異なり、沿岸国が設定するか否かに関係なく、沿岸国に認められる水域となっている（77条3項）。

第2項 —— 大陸棚における沿岸国の権利義務

（1）沿岸国の主権的権利

【185】　海洋法条約上、沿岸国が大陸棚に対して有するのは**主権的権利**【23】であり、主権そのものや**管轄権**ではない。沿岸国は、大陸棚を探査し、その天然資源を開発するためにこのような権利をもつとされている（77条1項）。ここで天然資源という用語が用いられていることからも明らかなように、大陸棚制度は、そもそもは石油や天然ガスといった非生物資源を利用するための主張に基づき構築された経緯があるものの、沿岸国は定着性種族に属する生物に対しても主権的権利を有する（同条4項）。この定着性種族の範囲について、真珠貝のような本当に張り付いたものを含むことには争いはなく、ある程度移動をする可能性がある甲殻類などについては、含まないとする主張もある【324】。また、天然資源は、人工的な難破船などを含むわけではない。

【186】　海洋法条約は、このような資源を開発するための具体的な権利をさらに細かく規定している。たとえば、石油や天然ガスの開発において必要不可欠な**掘削**についても、沿岸国はあらゆる目的のために、これを許可・規制する**排他的権利**（exclusive right）を有するとされる（81条）。

【187】　このように具体的に規定される権利のほか、主権的権利は、次の黙示的に認められる権利にも結び付く。たとえば、大陸棚資源の**情報へのアクセス**に関する沿岸国の権利は、ITLOSの**ガーナ＝コートジボワール海洋境界画定事件**において認められている（暫定措置 para. 94）。さらに、沿岸国がどのような形で権利を行使することができるかについて、海洋法条約は具体的に規定しているわけではないが、立法・執行に関する幅広い権限が認められるとされる。大陸棚の試掘作業の請負によって得た収益に対する沿岸国の課税権が問題となった**オデコ・ニホン・SA事件**において、東京高等裁判所は、沿岸国が課税権を有すると判断している。

ガーナ＝コートジボワール海洋境界画定事件

64　　第4章▮非生物資源の開発と海底の水域区分

（2）沿岸国の管轄権

　海底から石油や天然ガスを掘削したとして、それを陸地までパイプラインなどで運ぶ必要があるが、海洋法条約79条は、そのような海底パイプラインや海底ケーブルについての沿岸国の管轄権、たとえば、パイプラインの経路設定については沿岸国の同意を要することなどを規定している（同条3項）【526】。　　　　　　　　　　　　　　　　　　　　　　　　　【188】

　さらに、石油や天然ガスを開発する際には、海洋にプラットフォームを設置することが少なくない。そのようなプラットフォームについては、EEZでの人工島、施設、構築物について規定した海洋法条約60条を、大陸棚においても準用することを80条において規定している。60条によれば、これら人工島を建設し、その後運用する排他的権利を沿岸国は有している。上述の81条と60条はともに排他的権利という用語を用いており、主権的権利や管轄権（jurisdiction）という用語が用いられているわけではない。しかしながら、EEZの沿岸国の権利を定めた56条1項(b)(i)が、主権的権利と区別する形でプラットフォームへの権限を管轄権と規定していることに鑑みれば【159】、60条および80条で定める権利は管轄権と解するのが自然な読み方と思われる。反対に、上述の81条上の排他的権利は、大陸棚の資源や空間の利用そのものであることから、主権的権利に包含されるものと解されよう。　　　　　　　　　　　　　　　　　　　　　　　　　【189】

　大陸棚制度を規定した第6部を離れ、海洋科学調査（MSR）を規定する第13部において、沿岸国は大陸棚における海洋科学調査について管轄権を有するとされる。この管轄権を行使する形で、沿岸国はMSRを規制、許可、実施することができる【508】。　　　　　　　　　　　　　　　　　　【190】

（3）沿岸国権限の制限

　このように大陸棚の探査とその資源の開発に関する範囲においては、沿岸国は広範な権利をもっていると考えられるものの、沿岸国はそのような権利を無制限に行使できるわけではない。主たる制限として、56条2項は、他国の権利義務に妥当な考慮を払わなければならないとしている。大陸棚の上部水域は、EEZか公海であり、したがって航行の自由を含む公海の自由があらゆる国に保障されており、そのような非沿岸国の権利に配慮する必要がある。したがって、航行を過度に妨げるような形でプラットフォームを設置して開発を行うことなどは認められない可能性がある。　　　　　【191】

▶第2節　大陸棚における非生物資源の開発　　65

【192】　また、大陸棚において自国法に違反する行為が行われた場合、沿岸国は法執行を行うことができるが（ほぼすべての場合、法執行自体は海底ではなくその上部水域たるEEZで行われることとなろう）、そのような法執行を行うに際しても、銃火器の利用は必要最小限度にとどめるなど、慣習法上の制限を受けることになる【576】。さらに、海洋環境の保護・保全について規定した第12部は、海域に関係なく適用されることとされている。海底からの石油や天然ガスの開発は重大な海洋環境汚染を引き起こすこともあることから（たとえば、2010年のメキシコ湾における生産プラットフォームの火災事故（図4-5））、第12部の遵守はこうした活動においてとりわけ重要である。

図4-5 ■ 2010年メキシコ湾での生産プラットフォーム火災事故
出典：アフロ

【193】　日本でも岩船沖にガス田プラットフォームを設置しているが（図4-6）、たとえば、自国の大陸棚内において**環境影響評価（EIA）**を行わずに大規模な石油や天然ガスの開発を行った場合、海洋法条約206条の違反を構成する可能性がある【483】。また、沿岸国海底での活動からの汚染について規定した208条は、少なくとも「国際的な規則及び基準並びに勧告される方式及び手続」（国際基準）と同内容の国内法制度を設けて環境を保護することを要求している。石油や天然ガスの開発において、こうした国際基準はいまだ確立していないといわれているが、環境への配慮を著しく欠いている場合、こうした環境保護・保全義務に違反すると判断される可能性もあろう【395】。

図4-6 ■ 新潟県岩船沖油ガス田プラットフォーム
出典：アフロ

第3項 —— 200 海里以遠の大陸棚（延長大陸棚）

（1）延長大陸棚の法的性質

　EEZ の海底にあたる 200 海里までを大陸棚として認めたとしても、その　【194】
200 海里を越えての大陸棚の拡張については、**内陸国**を中心に、地理的に
不利益を被る国家からは、**人類の共通遺産**（Common Heritage of Man-
kind, CHM）【28】として国際的に管理される深海底が縮小することへの反
対が根強かった。そのような反対と、地理的形状に基づいて大陸棚の外縁
は画定されるべきとする国家との妥協案として、200 海里以遠についても
大陸棚として沿岸国の権利を認める一方で、当該水域からの開発について
は、海洋法条約 82 条において特殊な枠組みが設けられた。

　さらに、82 条とは関係なく、延長大陸棚は上部水域が公海となることが、　【195】
その特徴の１つである。沿岸国は、延長大陸棚の海底部については主権的
権利や管轄権を有するものの、上部水域については基本的に**公海の自由**と
して認められる権利しか行使できないこととなる（日本の場合、図5-3）。海
底資源を探査・開発する場合においても、上部水域の利用は必要不可欠で
あることから、その利用方法には注意が必要である。特に、海底資源の開
発に伴い上部水域への環境汚染が生じる場合などは、BBNJ 協定で定めら
れる EIA を行う必要性が生じるなど【485】、海洋環境の保護・保全義務は
より強く求められよう。

（2）延長大陸棚における利益配分

　海洋法条約 82 条は、まず１項において、延長大陸棚の開発に関して、沿　【196】
岸国が金銭の支払または現物の拠出を行うことを規定している。そのよう
な支払と拠出は、開発を開始して６年目から始まり、６年目は生産額・量
の 1%、その後、12 年目まで毎年 1%ずつ増加し、7%で固定される（2項）。
そして、このような支払・拠出は、ISA を通じて行われ、ISA は、「開発途
上国、特に後発開発途上国及び内陸国である開発途上国の利益及びニー
ズ」を考慮したうえで、これらを衡平に配分するとされている。このよう
に、地理的に不利な国家や途上国への格別な配慮が規定されるようになっ
た背景には、沿岸国の水域たる大陸棚に、CHM の影響が及んだ帰結とい
えよう。

　さらに、同条４項の規定に鑑みると、200 海里以遠の大陸棚の開発にお　【197】

▶第2節 大陸棚における非生物資源の開発　　67

いて ISA は、資源から得られる利益や資源そのものを収集して配分する、という国の政府と類似した役割を担うこととなる。具体的には、生産額・量に税やロイヤリティを課す方式について、国家は様々な方式を採用しているため、各国が納得のいくような方法を構築するための規則を設ける必要がある。たとえば、この延長大陸棚の特別な負担について、ニュージーランドは国家が負担する方向を示しているのに対し、ノルウェーは開発事業者に負担を求めるなど、国家ごとに異なる対応をしている。

【198】 これまでのところ、この 82 条に関連して ISA は 3 つの**技術研究**(technical studies) **レポート**を発表しているが、依然としてどのような形で収集と配分を行うかは定まっていない。実のところ、この分野において最も先行するカナダは、200 海里以遠の大陸棚において試掘許可を出し、近く開発が始まることが見込まれており、ISA は早々に規則の制定をする必要がある。こうした 82 条の運用における問題のほか、たとえば、延長大陸棚と深海底にまたがる形で鉱床があるような場合にどのようにするのか、さらに、カナダ同様、開発の可能性が高いが海洋法条約に入っていない米国に対してどのように対応するのか、といったように、延長大陸棚での開発を推進していくうえでは、国際法上の課題が依然として山積している。

▶第3節　深海底における非生物資源の開発

第1項 ── 海洋法条約における国際海底機構（ISA）の建付け

（1）ISA の構成

【199】 自由が原則とされた公海とは対照的に、CHM 原則が適用される深海底は、全人類の発展のために ISA により管理される（137 条）。この海洋法条約の深海底の規定をめぐっては、強制的な技術移転（144 条）や高額なライセンス料が求められたことなどから、先進国の不満が残り批准が進まなかった。その状態を解決するために、**第 11 部実施協定**が採択され、強制的な技術移転義務の免除（実施協定附属書第 5 節）や商業的な開発が実施されるまでの鉱区料免除（同附属書第 1 節 6）を設けることで、先進国の参加を促すことに成功した【28】。実施協定と海洋法条約第 11 部は、基本的に単一の文書としてセットで解釈・適用されるものの、両者に抵触がある場

68　第 4 章∥非生物資源の開発と海底の水域区分

合は実施協定が優先されるため（実施協定 2 条）、第 11 部の一部が実質的に改正されることとなった。

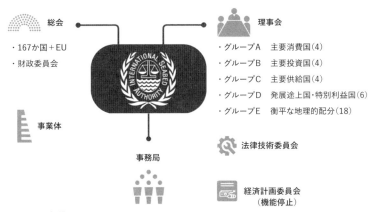

図4-7 ■ ISA組織図
出典：ISA ウェブページ（https://www.isa.org.jm/organs/）をもとに筆者が邦訳付加等、一部改変

　ジャマイカのキングストンに設立された ISA は、すべての構成国から成る**総会**、36 か国が参加する**理事会**、そして**事務局**の 3 つを主要機関としている。加えて、総会のもとで財務を規律する**財政委員会**（実施協定附属書第 9 節）、理事会のもとで深海底活動の業務計画の検討、同活動が環境に及ぼす影響の評価、同活動の規則策定等に従事する**法律・技術委員会**（LTC）（165 条）、さらに開発を行う**事業体**（enterprise）が設置されている（170 条）（図 4-7）。海洋法条約においては、総会の権限が強かったものの、第 11 部実施協定では、理事会の権限がより強化されている。総会と比べると、理事会の構成国は少数であり、開発に従事している先進国の割合が大きくなることから、この理事会の強化も第 11 部実施協定が先進国にとって受け入れやすかった理由の 1 つといえる。 【200】

(2) ISA の役割

　深海底の開発を具体的にどのように進めるかについて、第三次国連海洋法会議では 2 つの主張が対立した。開発能力をもたない国家が ISA による**直接開発方式**を主張したのに対し、先進国は、企業などの私人が ISA からライセンスを取得して開発をする**ライセンス方式**を主張した。最終的には、 【201】

▶第3節　深海底における非生物資源の開発　69

ISA が設置する**事業体（enterprise）**による直接開発方式（170条）とライセンス方式の両方を組み込む**パラレル方式**が採用されることとなる（153条2項）。ライセンス方式の場合、国家は自ら開発を行うこともできるが、私人が開発を行う場合には、いずれかの締約国から保証を受ける必要がある。換言すれば、締約国は**保証国（sponsoring State）**として、保証した私人の活動について一定程度の責任を負うことが、ITLOS の保証国勧告的意見で確認された。なお、ISA からライセンスを取得した国家や私人は**契約者（contractor）**と呼ばれる。

【202】

保証国勧告
的意見

▶ 判例事例研究 ▶ **保証国勧告的意見**

本勧告的意見は、2008年4月に、ナウル国により保証された**ナウル海洋資源会社**（Nauru Ocean Resources, Inc., NORI）らが探査の業務計画を申請したことに端を発する。ナウルは、この探査活動の手続を進めると同時に、保証国の責任について、ITLOS に対して勧告的意見を要請するように、ISA 事務局長に提案した。ISA は理事会でこの問題を議論し、2010年に理事会として ITLOS に対し勧告的意見を要請し、2011年に ITLOS **海底紛争裁判部**（裁判部）が回答した。同勧告的意見は、**予防的アプローチ**や EIA【477】といった、国際環境法の原則や義務への言及のほか、「**相当の注意（due diligence）**」についての言及が注目を集める。上述のとおり、深海底の開発を行ううえで、国家からの保証は私企業にとって必要不可欠である。つまり、私企業の活動に対して国家はお墨付きを与えるわけであるため、その責任を負う必要がある。裁判部は、このような責任は、保証している契約者が定められた規則等を遵守することへの「相当の注意」義務を国家が怠った場合にのみ発生するとした（para. 110）。裁判部はまた、「相当の注意」は、科学技術の発展等により**変化する概念**であり、その基準は、活動が危険になるにつれ厳しくなるとした。そのため、深海底における活動に関しては、一般的には開発、探査、概要調査の順に危険であり、採掘する物質によっても基準が異なる（para. 117）。義務内容としては、保証国が自国法制度において「**合理的に適切（reasonably appropriate）**」な措置を講じることであるとした（para. 119）。

第2項 —— 国際海底機構（ISA）の活動

【203】　このように、深海底を開発するための制度は海洋法条約および第11部実施協定により設けられたものの、深海底資源の開発は依然として進んでいないのが現状であるが、2024年9月時点で、カナダに本社を置く The Met-

70　　第4章┃非生物資源の開発と海底の水域区分

als Company が **CCZ 海域**（クラリオン・クリッパートン海域）での集鉱実験を済ませて開発への移行を表明している。上述の NORI は同社の完全子会社である。なお、この間、ISA が活動をしていないわけではない。本項ではここまでの ISA の活動およびそこでの議論を概観する。

（1）概査・開発規則の策定

ISA はこれまでに、概査・探査に関する 3 つの**鉱業規則**（mining codes）を採択している。まずはじめに、マンガン団塊についての規則が 2000 年に採択され、同規則は 2013 年に改正されている。初めの採択から少し時間をおき、海底熱水鉱床についての規則が 2010 年に、そして、コバルトリッチ・クラストの規則が 2012 年に採択されている。

【204】

これらの規則は、概査、探査、開発の各活動の範囲をより詳細に規定している【180】。概査は対象となる鉱物資源の鉱床を、排他的権利を有することなく探索すること（対象となる鉱物の鉱床の構成、規模および分布ならびにその経済的価値の見積りを含む）。探査は、対象となる鉱物資源の鉱床を排他的権利に基づき探索し、そのような鉱床を分析し、開発を見越して環境、技術、経済、商業および他の適切な研究をすること、などである。そして開発は、商業目的で対象となる鉱物を回収し、資源の生産と販売のために掘削（採鉱）、回収（揚鉱）、陸上の製錬施設への海上輸送、製錬所での鉱物の精製という一連の活動をすることとされる。これら規則は、概査・探査に従事する国や契約者が ISA と契約するために必要な手続や義務が規定されている。また、これらの鉱業規則に関しては、民間の任意団体である**海洋資源・産業ラウンドテーブル**が会員向けに邦訳を行っており、日本語でもアクセスすることができる（https://www.oceanmining-roundtable.com/参照）。

【205】

また、これら概査・探査に続き、法律・技術委員会は 2014 年より**開発規則**（exploitation regulation）の策定に着手している。同委員会は、専門家を招いたワークショップを開催したり、また、起草案を発表して**ステークホルダー**にコメントを求めるなど、透明性の高い手続を確保しながら、起草作業を進めた。そして最終的に 2019 年には、全 13 部、107 条から成る本体に、10 の附属書、4 の補遺および 1 の別表を加えた、詳細な条文草案が作成された。この段階からの大きな変更はあまり見込まれないとはされているものの、同草案については、2024 年 9 月現在も、依然として理事会において審理が継続しており、最終的な規則制定には至っていない。

【206】

▶第3節 深海底における非生物資源の開発　　71

(2) 鉱区の割り当て

[207]　上述の概査・探査の鉱業規則に基づき、これまで、マンガン団塊については19の契約者が、海底熱水鉱床については7の契約者が、コバルトリッチ・クラストについては5の契約者がISAから許可を得て、鉱区を取得している。日本が保証する契約者として、マンガン団塊については、**深海資源開発株式会社（DORD）**【105】が、コバルトリッチ・クラストについては、**エネルギー・金属鉱物資源機構（JOGMEC）**【91】が鉱区を取得している。資源の賦存している場所が限られている可能性もあるが、これまでのところ、**CCZ海域**のように、一部の水域に多数の契約者が集まる傾向にある（図4-8）。

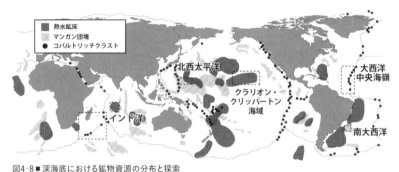

図4-8 ■ 深海底における鉱物資源の分布と探索
出典：ISA（https://www.isa.org.jm/exploration-contracts/exploration-areas/）をもとに筆者が邦訳付加等、一部改変

(3) 環境規制

[208]　ISAは全人類のために深海底の鉱物資源を開発することを主要な任務としているが、海洋法条約145条は、深海底活動から生じる有害な影響から海洋環境を保護するために必要な措置をとると規定している。つまり、海洋環境に配慮しながら開発を進めることを、海洋法条約は求めているのである。そのため、ISAはこれまで、複数の環境保護に関する規則を策定したり、措置を講じたりしてきた。

[209]　たとえば、2013年には、3種の鉱物資源の概査・探査についての鉱業規則を設けたことを背景として、法律・技術委員会は「深海底における海洋鉱物探査より生じる可能性のある環境影響の評価に関する契約者のための指針の勧告」を採択した。同指針は、3種を対象としたEIAに関する発展

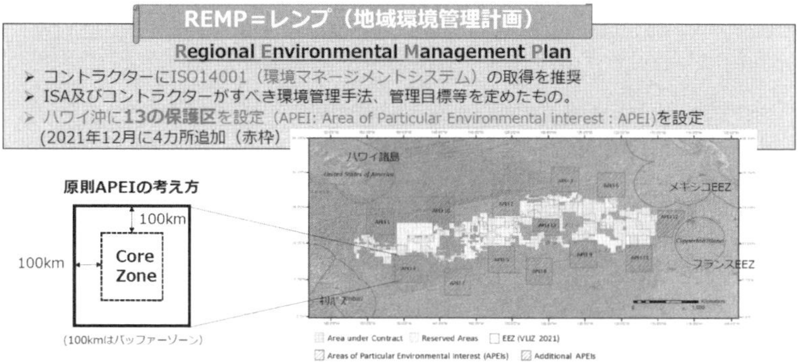

図4-9 ■ 地域環境管理計画（Regional Environment Management Plan, REMP）
出典：深海資源開発株式会社作成資料より

かつ統合した規則として、**環境ベースライン**調査についての詳細な規定を
設けている。より具体的には、EIA を行うに際し、**影響指標区域（Impact
Reference Zone, IRZ）**と**保存指標区域（Preservation Reference Zone,
PRZ）**とを設置したうえで、それぞれのベースラインデータを詳述し、鉱
物資源を探査する際の EIA の基準とすることを契約者に求めている。ただ
し、この IRZ および PRZ の設置要件などが明らかでなく、その点に関して
2017 年にワークショップを開催する運びとなった。そして、ワークショッ
プの結果や、他の問題についての改正を含む形で、2020 年に、同一の名称
（ISBA/25/LTC/6/Rev.1）で改定したものを新たに採択している。

　また、環境保全措置としては、LTC が策定した「CCZ のための環境管理　【210】
計画」に基づき、同海域内で「**特別環境利益区域（Areas of Particular
Environmental Interest, APEI)**」を設置したことなどが挙げられよう。
APEI は CCZ の生物群集および生息地を保存するために、海底活動を制限
する区域とされ、いわば**海洋保護区**のように位置づけられている（図4-9）。
この APEI については、ISA 総会は、「**地域環境管理計画（Regional Envi-
ronment Management Plan, REMP）**」の形で、CCZ 以外でも、活動が活
性化する海域において設置していく方針を示している。

（4）モラトリアム導入の議論

　（3）で確認した環境規制は、あくまでも、開発を進めることを前提に、そ　【211】
の際にどうしていくか、という議論であった。しかしながら、2022 年 11 月
に開催された気候変動枠組条約（1992 年）の第 27 回締約国会議（COP27）に

▶第3節 深海底における非生物資源の開発　　73

おいて、フランスは、海洋環境を保全する観点から、深海底資源の採掘禁止を要求した。こうした主張の背景には、マンガン団塊の開発は、海底面を集鉱機で掃除機のように作動していく際に堆積物の**プルーム**（plume, 水中に浮遊する粒子）を巻き起こし、海洋環境へ与える負荷が大きくなることが想定されること、また、海底の生態系については一般的に科学的知見が乏しく、他方で、環境の変化に脆弱であることなどが挙げられる。

【212】 　COP27 におけるフランスの立場は極端であり、同国内でも意見が分かれており、これをそのまま支持する声が強いわけではない。しかしながら、海底の生態系やそれに対し開発活動が与える影響が科学的に明らかとなるまでは、一時的に開発を慎むべきという、**モラトリアム（moratorium）**の導入を支持する声は、太平洋島嶼国、中南米、欧州で徐々に高まっている。そのため、これまでの開発に配慮しつつも開発を進めるという方針から、環境を保全するために開発を停止、という方向へと舵がきられる可能性も完全には否定できない。

【 主要参考文献 】

田中則夫『国際海洋法の現代的形成』（東信堂、2015 年）

Alfonso Ascencio-Herrera and Myron H. Nordquist（eds.）, *The United Nations Convention on the Law of the Sea, Part XI Regime and the International Seabed Authority : A Twenty-Five Year Journey*（Brill, 2022）.

Aline L. Jaeckel, *The International Seabed Authority and the Precautionary Principle : Balancing Deep Seabed Mineral Mining and Marine Environmental Protection*（Brill, 2017）.

Catherine Banet（ed.）, *The Law of the Seabed Access, Uses, and Protection of Seabed Resources*（Brill, 2020）.

Joanna Mossop, *The Continental Shelf Beyond 200 Nautical Miles : Rights and Responsibilities*（OUP, 2016）

‖第5章‖ 沿岸国水域の画定

　前の2つの章において、水域ごとの航行規則や、非生物資源の利用における、沿岸国や旗国が有する権利・義務が異なることを確認した。そのため、「海洋のどの場所がどの水域となるのか」「公海なのか**排他的経済水域 (EEZ)** なのか」「EEZ だとしたら、どの国の EEZ なのか」——これらの事実はいずれの国の法がどのように適用されるかを決定するため、海で活動する者にとって必要不可欠な知識といえる。また、国家の視点に立てば、どこまでが自国の海洋なのかを知る／決めることは、安全保障やそこに眠る資源の利用の観点からも、非常に重要である。本章は、海洋のどの場所がどの水域となるか、という水域を画定する国際法について学ぶ。 【213】

　本章では、国家権限の及ぶ射程について学ぶため、海洋について規制を行う省庁はおしなべて関係する。特に、海洋境界の画定は日本が近隣諸国との間で解決すべき課題であることから、外務省職員や将来的にそこで働くことを希望する者にとって非常に重要である。他方で、境界や未画定水域がどのように扱われるか。そこにどのようなリスクがあるかなどは、資源開発や漁業を行う企業にとっても重要である。 【214】

　本章ではまず、水域を区分する基準となる**基線 (baseline)** について学び（第1節）、陸地の性格に対応する水域のあり方を概観する（第2節）。そして、海洋法における大きな論点の1つである海洋境界の画定方法について確認する（第3節）。こうした境界画定について定める一方で、海洋法はまた、画定がなされるまでの間、すなわち、**未画定水域 (undelimited maritime areas)** における権利義務を規定していることからこれを概観し（第4節）、未画定水域の管理にも用いられる**共同開発 (joint development)** について学ぶ（第5節）。そして最後に、大陸棚がどこまで延びるかという、大陸棚の**外縁画定 (delineation)** について確認する（第6節）。 【215】

75

▶第1節　基線の法規則

第1項 ── 基線の引き方

【216】　**基線**は沿岸国の水域を決定する重要な線である。基線の内側であれば内水となり、外側12海里までは領海を設定することができる。この基線は原則として、海水面が最も低くなったときの陸地と海水面との境界である海岸の**低潮線**（low-water line）に沿って引かれなければならず、このように陸地に沿って引かれる基線を**通常基線**（normal baseline）と呼ぶ（海洋法条約5条）。これに加え、海岸線が著しく曲折していたり、海岸近くに島があるなどして地形が複雑な場合には、地形の主要な地点を結ぶ**直線基線**も引くことができる（7条1項）。この直線基線については、「海岸の全般的な方向から著しく離れて引いてはならない」し、また、基線の内側が内水となることから、陸地と当該水域の間には密接な連関がある必要がある（同条3項）（図5-1）。

【217】　こうした直線基線の採用は、これまで領海であった水域を内水とすることを認めることとなる。そこで、直線基線によって、それまでは基線の外

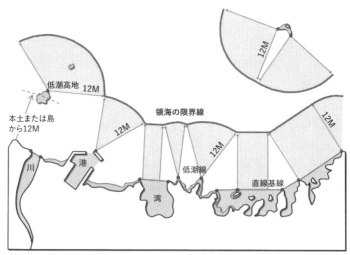

図5-1 ■基線の引き方（概念図）
出典：海上保安庁（https://www1.kaiho.mlit.go.jp/ryokai/keika.html）

であった水域が内水となる場合には、当該内水での**無害通航権【143】**は引き続き認められる（8条2項）。また、陸地に囲まれかつ明白に陸地に入り込む水域は湾と定義される。湾入口の両端の距離が24海里以内の場合は両端を結ぶ閉鎖線の内側の水域が内水となり、また、両端が24海里を超える場合には湾の途中に24海里の基線を引く形となる（10条）。

第2項 ── 基線に関する争点

海洋法条約は基線の引き方に詳細な規則を定め、直線基線を記載した海図を国連事務総長に寄託する必要はあるものの（16条）、その引き方を審査する制度が確立しているわけではない。そのため、多くの国家が他の国家から批判されうる引き方をしているのが実情である。理論的には、基線の引き方をめぐり裁判となることもありえ、実際、海洋法条約締結以前には、ノルウェーの直線基線に関して英国が訴訟を起こした**ノルウェー漁業事件**もあるが、同事件を除き、基線への異論が訴訟にまで至った事例は確認されない。

【218】

ノルウェー
漁業事件

基線の引き方が国際法の定める形から逸脱している場合、その帰結として、沿岸国は本来であれば自国水域でない水域を自国のものと主張する、いうならば、**過度な水域の主張**（excessive maritime claims）をすることとなる。このような主張に対し抗議の意味を込め、米国は自らが過度な主張とみなした対象に対し、「**航行の自由作戦**（FONOP, freedom of navigation operation）」を展開している。日本で最も広く知られるFONOPとして、中国の九段線【672】に対するものが挙げられるが、実のところ、このFONOPは日本の基線の引き方に対しても行われており、具体的には、九州周辺の直線基線が海洋法に則していないとされる（図5-2）。

【219】

基線は、原則が海岸の低潮線とされていることもあり、仮に浸食などにより低潮線の変更がある場合には、新たな低潮線に合わせて引き直すものと考えられてきた。直線基線について規定した7条2項において、三角州などのために海岸線が非常に不安定な場所では、低潮線上で最も海に向かって外側となっている点を結び、かつ、当該基線を変更するまで維持することが認められているが、これはむしろ、低潮線が自然に変更したとしても、例外的に基線を維持することができる場合として規定されているにすぎない。そのため、海洋法条約の原則論でいえば、深刻な問題となって

【220】

▶第1節 基線の法規則　　77

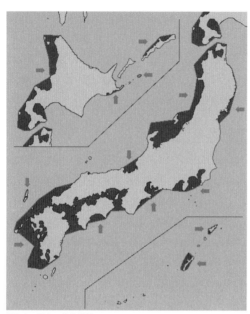

図5-2 ■ 日本の直線基線
出典：海上保安庁（https://www1.kaiho.mlit.go.jp/ryokai/kakudai/itiran.html）より

いる気候変動からの**海面上昇**（sea level rise）により島が沈む、換言すれば海面の上昇により低潮線が後退する場合などは、当該島を有する国の水域も後退することとなる。しかしながら、太平洋島嶼国を中心に行われた主張を受け、現在では、海面上昇の前に引かれた基線をベースとして水域を主張することは認められるべきとの見解が国際社会で共有されつつある。

▶第2節　大陸以外の陸地の位置づけ

第1項── 低潮高地・島・岩・人工島

【221】　基線をもとに沿岸国の水域は決まるが、その際には、陸地すべてが同じように扱われるわけではない（表5-1）。まず、陸地と呼べるかの疑問もある、低潮時にのみ海面上に現れる**低潮高地**（low-tide elevation）については、他の陸地からの領海内に位置する場合には基線を引くことができるが、そうでない場合は基線を引くことはできない（海洋法条約13条）。

【222】　これに対し、**島**（island）については、121条でより細かな規定が設けられている。まず、同条1項は、島を「自然に形成された陸地であって、水に囲まれ、高潮時においても水面上にあるもの」と定義する。そのうえで2項は、「島」が領海だけでなく、EEZや大陸棚を有することができると規

表5-1 ■ 陸地と水域の関係

陸地	水域
低潮高地	条件を満たした場合に基線を引くことができる
島（121条2項）	EEZ・大陸棚
岩（島）（121条3項）	12海里までの領海
人工島	自国水域内に位置するものに限り、500mの安全水域

出典：筆者作成

定する。他方で、3項は、「人間の居住又は独自の経済的生活を維持することのできない**岩（rock）**」は大陸棚とEEZはもてない——すなわち領海しかもてない——旨規定している。

また、EEZや大陸棚を主張するためには「島」に手を加えてはならない　【223】
とされているが、他方で、**人工島**を作ることは、沿岸国が自国水域において行うことはもちろん（60条・80条）【189】、公海上であっても認められる（87条1項(d)）。人工島は、EEZや大陸棚を有することはないが、自国水域内にある人工島の周囲に、500m以内の**安全水域**を設置することができる。現在では、船舶の速度が向上していることもあり、この500mという距離で安全を保つことは難しく、その適切性については異論も唱えられている。

第2項 ── 「島」の解釈

（1）島と岩の二分論

121条をめぐっては、様々な解釈が提起されてきている。日本にとって　【224】
は、いわゆる国境離島である**沖ノ鳥島**や**南鳥島**がEEZや大陸棚を有することができるのか（図5-3）、という観点から同条の解釈は非常に重要となる。特に、沖ノ鳥島に関しては、日本が同島周辺に大陸棚等を設置して以来、当該大陸棚の適法性については異論が唱えられ、なかでも、日本が**大陸棚限界委員会（CLCS）**に大陸棚の延長を申請した際に、中国・韓国は島でない沖ノ鳥島に基づく大陸棚の主張は認められない、と正面から異を唱えている。

中韓が正面から反対する前の段階でも、日本の国会において海洋法条約　【225】
121条の解釈は議論され、同条3項は、あくまでも「岩」について規定したものであり、「島」である沖ノ鳥島とは関係がない、との理解を日本政府は示している。確かに、「島」の定義は1項でされており、沖ノ鳥島はぎりぎりその条件を満たすといえるかもしれない。人の居住や独自の経済的生活が問題となるのは「岩」の話で、「岩」についての定義は海洋法条約では

▶第2節　大陸以外の陸地の位置づけ　　79

図5-3■日本およびその周辺水域
出典：外務省・内閣府のウェブページをもとに筆者作成

されていないことから、沖ノ鳥島をそのような「岩」と位置づける必要はなく、条件を満たす「島」とみなすとの立場である。このような理解は、「島」と「岩」は相互排他的な概念であることを前提にしているといえよう。

(2)「島」の解釈に関する先例

【226】

領土及び海洋紛争事件

しかしながら、このような解釈は、ICJ の**領土及び海洋紛争事件**や**南シナ海事件**【672】において正面から否定されることとなる。特に、121 条を具体的に解釈・適用した後者は、121 条という条文においては、岩は島のカテゴリーの1つであるとした。そして、「岩」か否かの判断において、問題となる陸地が砂、泥、砂利、サンゴのような、何によって構成されてい

80　第 5 章 ▍沿岸国水域の画定

るかという地質学的な要素、さらには、そのような陸地について、島、岩、礁などの名称がつけられるが、そうした要素や名称は、陸地の位置づけとは関係がないとした（本案 paras. 481-482）。

　つまり、「島」か「岩」かといった二分法が存在するわけではなく、大事なのは、問題となる陸地において、人の居住や独自の経済的生活が維持可能か否かという点である。この点についても、仲裁裁判所は解釈を行い、居住の要件を満たすためには、一過性でなく、人が移住したり定住可能であることが求められるとした。また、独自の経済的生活の要件は、居住と結びつき、その地の人々が自分たちの生活をその陸地のみで維持できることを求める。つまり、外部から水や食料といった物資を運ぶことによってのみ成り立つ生活は、この要件を満たさないこととなる。さらに、121 条 3 項の「維持することのできない」という文言は、人の手を入れることにより維持することができるようになることを認めず、問題となる陸地の自然の状態をもとに判断されるとした（paras. 483-503）。【227】

　このように仲裁裁判所は、その陸地に住む人々が海での経済活動により【228】

（東小島　昭和62年10月撮影）

（北小島　昭和62年10月撮影）

（東小島　護岸工の設置）

（北小島　護岸工の設置）

図5-4 ■沖ノ鳥島
出典：海上保安庁（https://www.mlit.go.jp/common/000027934.pdf）より

▶第2節　大陸以外の陸地の位置づけ　　81

自分たちの生活をより豊かにするために、EEZや大陸棚は認められるといった立場に立ち、両者を有することができる「島」を厳格に解釈した。このような解釈に基づけば、従来より異論が唱えられている沖ノ鳥島（図5-4）はもちろん、近年、その周辺水域での資源が注目される南鳥島も、EEZや大陸棚を保持することができる「島」とは認められなくなる可能性がある。他方で、同裁判の解釈については厳しすぎて国家実行に則していないといった批判も数多く、その解釈がどこまで定着するかについては、注視していく必要があろう。

▶第3節　海洋境界の画定

第1項 —— 権原と領域主権

【229】　沿岸国が領海を12海里まで、EEZを200海里までもつことができるとはいえ、すべての国がそのように主張すると、当然、地理的な位置関係から、複数の国家が同一の水域を自国水域と主張することが考えられる。そのような場合には、水域がいずれの国に帰属するかを決めるための**海洋境界画定（maritime delimitation）**が必要となる。海洋においても国家ごとの境界線を定めるのは、安全保障の観点からそれが求められたことが伝統的にはある。現在でも、領海に関しては、そのような安全保障の観点も考慮して境界画定の議論はなされる。他方で、EEZおよび大陸棚の場合、海洋境界の画定は、資源の配分または獲得競争としての側面がより強調される。

【230】　このような観点から行われる海洋境界の画定に際して重要となるのが、水域を主張する根拠となる**権原（entitlement）**という概念である。そもそも、「**海は陸を支配する（the land dominates the sea）**」という**北海大陸棚事件**（para. 96）の考えのもと、国家は陸地なくして水域を主張することはできない。陸地をもとに基線を引き、領海の場合はそこから12海里までの距離が、そしてEEZの場合も200海里までの距離が、それぞれ権原となっているが、それで自動的にその国の水域がすべて決まるわけではない。専門用語を用いるならば、境界画定とは、この権原が重複する水域に線を引き、水域の帰属を決める作業となる。権原の有無の確認と境界の画定は、2つの異なる作業であるが、境界線をどのように引くかについて、権原と関連づけられる傾向にある【236】。

北海大陸棚
事件

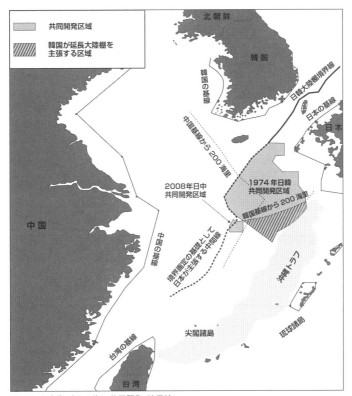

図5-5 ■ 日本海・東シナ海の共同開発・境界線
出典：外務省・笹川平和財団のウェブページをもとに筆者作成

　また、権原の有無は、島の領域主権をめぐる紛争と往々にして結びつくが、海洋境界の画定と領域主権をめぐる紛争とは区別される。日本を例にするとわかりやすいが、日本はこれまで、権原が重複する中国、韓国、ロシアといった国々とは、韓国との一部の大陸棚を除き、海洋境界を画定することができずにいる。その背景には、尖閣諸島、竹島、北方領土、といった領域主権をめぐる紛争が存在する。図5-5は、尖閣諸島が日本の島であることを前提に線が引かれているが、仮に同諸島が中国に帰属するとした場合、日本が有する権原の範囲も変わり、その結果、中間線の位置は東側に動くこととなる。他方で、島の帰属の問題が解決しなければ、海洋境界を画定することが不可能かというと、そうとは限らない。たとえば日中の

【231】

▶第3節　海洋境界の画定　83

場合、尖閣諸島は南部に位置することから、東シナ海のより北部の水域については、尖閣諸島の領域主権についての問題を棚上げにし、部分的に線を引く、ということも理論的には可能である。

第2項 ── 境界画定方法

(1)領海の境界画定

【232】　海洋境界の画定方法について、海洋法条約はそれぞれの水域ごとに条文を設けている。領海については 15 条で「両国間に別段の合意がない限り、いずれの点をとっても両国の領海の幅を測定するための基線上の最も近い点から等しい距離にある**中間線**を越えてその領海を拡張することができない。ただし、この規定は、これと異なる方法で両国の領海の境界を定めることが歴史的権原その他特別の事情により必要であるときは、適用しない。」と規定している。境界画定は、基本的には権原が重複する当事国間での解決が重要となるため、二国間ごとに合意が得られれば問題なく、合意がある場合には当該合意が優先されることを規定している。そのうえで、第2文で例外は認めつつも、領海の画定においては中間線を原則とすることが規定されている。

(2)海洋法条約における EEZ および大陸棚の境界画定に関する規定

【233】　これに対し、EEZ と大陸棚はほぼ同一の文言、具体的には、権原が重複する国家間の「境界画定は、**衡平**な解決を達成するために、ICJ 規程 38 条に規定する**国際法に基づいて合意により行う。**」とそれぞれ 74 条 1 項および 83 条 1 項に規定されている。領海の規定が原則として**中間線**を軸としたのに比べると、指針として、**衡平**な解決を挙げるにとどまるなど、これらの条文はその内容が明らかとはいい難い。特に大陸棚の場合、大陸棚条約【23】6 条 1 項は、原則として合意により境界を画定し、「合意がないときは、特別の事情により他の境界線が正当と認められない限り、その境界は、いずれの点をとつてもそれらの国の領海の幅を測定するための基線上の最も近い点から**等しい距離にある中間線**とする。」と**中間線**（median line）を境界とするように定めている。この事実に鑑みると、海洋法条約の規定ぶりは、大陸棚条約よりさらに曖昧なものとなったといえる。なお、**等距離線**（equidistance line）と中間線は、等距離・中間線と表記される場合もあり、境界画定をする当事国の基点と基点の真ん中の線、という点におい

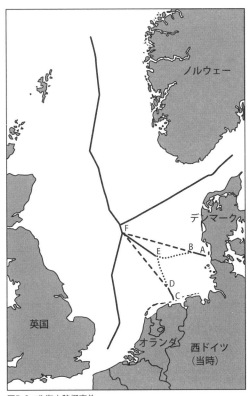

図5-6 ■ 北海大陸棚事件
出典：ICJ判決の地図をもとに筆者作成

て両者は同一の意味を有するが、隣接する国家間の境界画定の場合には等距離線、向かい合う国家間の場合には中間線、と使い分けられる。

　海洋法条約の規定がこのようになった背景には、まず、ICJの**北海大陸棚事件**があり、続いて、海洋法条約によりEEZが正式に導入され、それと関連し、大陸棚の概念が大きく変わったこと、が大きく挙げられる。1969年という、大陸棚条約が発効しており、第三次国連海洋法会議が始まる前のタイミングで、ICJは初めて大陸棚の境界画定についての判断を求められた。紛争の形としては、西ドイツがオランダ・デンマークを相手に裁判を行った形となっている。大陸棚条約締約国であったオランダ・デンマークは、図5-6のABEDCをつなぐ等距離線が境界となるべきと主張したの

【234】

▶第3節 海洋境界の画定　85

に対し、非締約国である西ドイツは、等距離線は慣習法となっていないため本件には適用されず、衡平な解決を達成するために、海岸線の長さなどに鑑み、ABFDCとすべきと主張した。このような議論を受けICJは、衡平原則を適用し、大陸棚の地質的形状や大陸棚面積と海岸線の長さの合理的均等を考慮して境界画定をするとした。

【235】　この事件を受け、境界画定においては等距離・中間線を原則としても不衡平な帰結となる場合がある、との認識が共有された。他方で、大陸棚条約においては、深度および開発可能性が大陸棚の権原となっていたのに対し、海洋法条約では、距離および地理的形状が大陸棚の権原となっている【183】。特に、海洋法条約において距離が権原となった背景には、EEZが導入され、200海里までは沿岸国が資源についての権限を有するようになったことが大きく影響している。権原と境界画定は別の話ではあるが、このように距離が権原となったことで、距離に基づく境界画定、すなわち、中間線を境界線とすべきとの主張も、依然として存在していた。こうした背景があり、中間線を境界線とすることも否定せず、単に、衡平性を強調するという非常にあいまいな規定ぶりとなったのである。

(3) 海洋法条約体制下における大陸棚の境界画定

【236】　このような曖昧な規定となったため、それをどのように解釈・適用していくかは、国際裁判所や国家に委ねられることとなる。この点に関して1985年、ICJは**リビア＝マルタ大陸棚事件**において、向かい合う国同士の大陸棚の境界画定につき――海洋法条約の発効する前ではあるが――同条約に大きく依拠しつつ判断を下した。同事件において、リビアは海岸線の長さや海底のトラフなどの地理

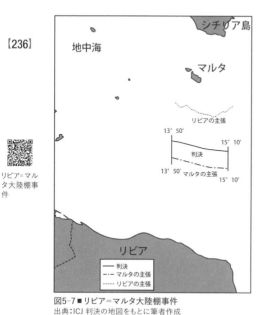

図5-7 ■ リビア＝マルタ大陸棚事件
出典：ICJ判決の地図をもとに筆者作成

リビア＝マルタ大陸棚事件

的形状を強調し境界線を主張したのに対し、マルタは中間線を軸とすべきと主張した。両国が海洋法条約に署名し、同条約の規則が慣習国際法という認識を示したこともあり、海洋法条約の規定に基づき、衡平な解決のためにICJは、暫定的に中間線を引いたうえで、**関連事情**として海岸線の長さを考慮し、マルタ側に線を修正する、というアプローチをとった（図5-7）。ICJが暫定的に中間線を引き、これを強調した理由として、EEZの導入とともに200海里までという距離が大陸棚の権原として認められるようになったことを挙げている。

　この等距離・中間線を軸としてのEEZ・大陸棚の境界画定は、2009年のICJ **黒海大陸棚事件**でさらに発展し、アプローチが確立する。**三段階アプローチ**とも呼ばれる同アプローチは、①暫定的な等距離・中間線を引く、②衡平な結果を達成するために①を修正する事情（関連事情）があるか否かを検討し、関連事情がある場合には適宜修正する、③関連する海岸の長さと、暫定線で配分される水域（**関連水域、relevant area**）の面積とで著しい不均衡がないかを確認し、不均衡がある場合には適宜修正する、というものである（図5-8）。この三段階アプローチは、その後のICJ、ITLOS、仲裁裁判所の判断において踏襲され、なかでも、2017年のスロベニア＝クロアチア仲裁裁定のように、領海の境界画定においてもこのアプローチを踏襲した事例もある。

　黒海大陸棚事件においてはまた、ルーマニアとウクライナとでは、サーペント島が境界画定に与える影響について見解が分かれた。サーペント島の位置を考慮して等距離

【237】

黒海大陸棚事件

【238】

スロベニア＝クロアチア仲裁裁定

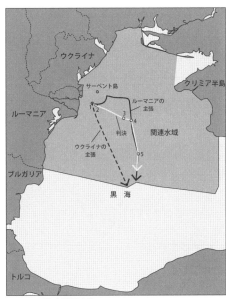

図5-8 ■ 黒海大陸棚事件
出典：ICJ判決の地図をもとに筆者作成

線が引かれるべきとするウクライナに対し、ルーマニアは、同島を等距離線の基点とせず、領域の境界線を軸として境界画定がなされるべきと主張した。ICJ はルーマニアの立場を基本的に受け入れ、サーペント島は基点を置ける「海岸」を構成しないため等距離線の基点としなかった (para. 149)。このように、境界画定において、島の果たす役割は限定的となることも少なくない。

（4）延長大陸棚の境界画定とグレーエリア

【239】 EEZ と大陸棚とが重複する範囲を越えた、基線から 200 海里以遠の大陸棚（延長大陸棚）の境界画定においても、2012 年の ITLOS による**バングラデシュ＝ミャンマー海洋境界画定事件**を皮切りに、三段階アプローチによる境界画定が採用されてきている。しかしながら、距離が権原となる 200 海里までと異なり、200 海里以遠においては地理的形状が権原となることから、リビア＝マルタ大陸棚事件において、権原が境界画定方法に影響を与えていることなどに鑑み、地理的形状をより重視して境界画定をすべきであるとの批判もある。

【240】 また、このように境界画定を行うと、EEZ と大陸棚の沿岸国が異なる、いわゆる**グレーエリア**（grey area）が創出されることもある。実際、ITLOS の事件においては、バングラデシュの延長大陸棚かつミャンマーの EEZ という水域が設けられたのである。ベンガル湾では、ITLOS の判決に続き、2014 年に**バングラデシュ＝インド海洋境界画定**が仲裁裁判所により行われた。同事件も基本的に ITLOS の立場を踏襲し、バングラデシュの延長大陸棚であるがインドの EEZ というグレーエリアを創出した。さらに、そのようなグレーエリアが、バングラデシュ＝ミャンマーのグレーエ

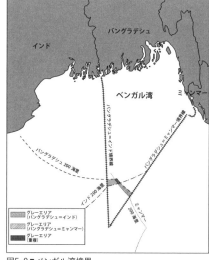

図5-9 ■ ベンガル湾境界
出典：ITLOS 判決・仲裁裁判所裁定の地図をもとに筆者作成

リアと重複することから、ベンガル湾の一部は非常に複雑な状態となっている（図5-9）。

EEZと大陸棚は異なる概念であり、また、両者の境界画定方法も、文言は同一とはいえ異なる条文に規定されており、峻別可能であることに鑑みれば、このような状態それ自体は海洋法条約も想定しているものといえる。実際、延長大陸棚ではなくとも、インドネシアとオーストラリアのように、EEZと大陸棚の境界線が異なる事例もある。他方で、大陸棚資源を利用するに際し、上部水域に影響を与えないことは不可避であることから、境界画定をしても、グレーエリアができた場合、大陸棚沿岸国が資源を利用とする場合には、EEZ沿岸国との間でさらなる調整が必要となる。

【241】

(5) 日本の境界画定

日本が位置する北東アジアでは、これまで境界画定がほとんど行われていない。その背景の1つとして、海洋境界と密接にかかわる島の領域主権の問題がある。これまで日本が唯一締結した境界画定に関する条約として、韓国と、北緯32度57分＝東経127度41.1分以北に対馬と韓国の中間線に沿う形で境界線を規定した**北部協定**（1974年）があるが（図5-5）、同協定も両国の間で帰属について議論のある竹島周辺海域を除外している。

【242】

また、韓国・中国とは、とるべき大陸棚の境界画定方法をめぐり、立場に大きな隔たりがある。境界線は中間線を基礎として引かれるべき、という日本に対し、海底の地理的形状に鑑み、200海里を越えて**沖縄トラフ**までが自国の大陸棚であると韓国・中国は主張している（図5-5）。海洋法条約において、大陸棚の権原として、距離と地理的形状の2つが並列的に規定されていることに鑑みれば、沖縄トラフまでを自国のものとする両国の主張に理がないわけではない。しかしながら、2023年にICJが判示した**ニカラグアとコロンビアの間の200海里以遠の大陸棚境界画定問題事件**において、沿岸国は、他国の基線から200海里以内に含まれる水域において、自国の基線から200海里を越えての大陸棚の権原は有さない、とされた（para. 79）。

【243】

ニカラグアとコロンビアの間の200海里以遠の大陸棚境界画定問題事件

この判決に基づけば、200海里を越えての両国の主張は国際法的に強固なものではあるといえず、裁判となった場合に、そのような主張が否定される可能性は高まったといえる。他方で、これまでの先例に照らせば、境界画定において等距離中間線の次に重要となるのが、リビア＝マルタ大陸

【244】

▶第3節 海洋境界の画定　89

棚事件がそうであるように、**海岸線**の長さである。中国との関係でいえば、大陸である中国の海岸線が、島で構成される日本のそれに比べ長くなることに鑑みれば、裁判所が最終的に境界を画定する場合、判例に沿うならば、中間線よりは東側に線が引かれることが見込まれよう。

第3項 ── 境界の紛争解決

（1）司法手続による境界画定

【245】　このように、判例法の蓄積により、国際裁判となった場合に境界がどのように画定されるのかは明確になってきたといえる。しかしながら、境界画定はあくまでも当事国の合意によってなされ、両当事者が衡平と考えるのであれば、裁判所の判例法と合致していなくとも境界の画定はなされる。換言すれば、裁判手続に付すことができない場合、裁判手続における境界の画定方法は限定的な意味しかもたないといえる。他方で、海洋法条約74条および83条の共通2項は、「関係国は、合理的な期間内に合意に達することができない場合には」、紛争解決について規定した「第15部に定める手続に付する。」と規定している。第15部において海洋法条約裁判所の強制管轄権【675】が規定されていることに鑑みれば、海洋法条約は境界画定について裁判での解決を求めているとの解釈もありうるかもしれない。

【246】　しかしながら、ITLOSをはじめとする海洋法条約裁判所の強制管轄権には例外があり、298条1項(a)(i)は、「海洋の境界画定に関する第15条、第74条及び第83条の規定の解釈若しくは適用に関する紛争」については、締約国が宣言した場合には強制管轄権から除外できるとしている【68】。実のところ、中国、韓国、ロシアのいずれもがこの条項に基づき、海洋境界の画定を強制管轄権から除外しているため、日本はこれらの国に対し、海洋境界の画定を一方的に裁判所に付託することはできない。

（2）調停手続による境界画定

【247】　だからといって、宣言をした場合に第15部の手続がまったく使えなくなるわけではなく、298条1項(a)(i)の第2文は「ただし、宣言を行った国は、このような紛争がこの条約の効力発生の後に生じ、かつ、紛争当事者間の交渉によって合理的な期間内に合意が得られない場合には、いずれかの紛争当事者の要請により、この問題を附属書V第2節に定める**調停**に付することを受け入れる。もっとも、大陸又は島の領土に対する**主権その他の権**

利に関する未解決の紛争についての検討が必要となる紛争については、当該調停に付さない。」と規定している。つまり、海洋境界の画定を強制調停に付すことは可能である【662】。

しかしながら、この強制調停にも例外があり、領域主権の紛争がある場合、調停に付すことはできないとされている。このような規定ぶりは日本政府にとっては非常に悩ましいものといえる。というのも、日本政府は、尖閣諸島に関しては、中国の主張は歴史や法に基づかないものであり、そもそも紛争が存在しない、というスタンスをとっているからである。そのため、もし仮に日本が日中の海洋境界の画定を目指し強制調停の手続を一方的に開始したとして、考えられる最悪のシナリオは、尖閣諸島に関しては領域主権の紛争があるため、境界画定の調停はできない、という結論が**調停委員会**から下されることである。自ら開始した手続で、領域主権の紛争の存在の確認という、自らに不利な結論だけがもたらされる可能性があるのである。

▶第4節　未画定水域の権利義務

第1項 ── 海洋法条約における未画定水域の位置づけ

海洋法条約が発効して30年になろうとしているが、日本だけでなく、依然として多くの国が未画定の水域を抱えるのが現状であり、境界画定には多くの時間がかかるのが一般的である。このように時間がかかる理由として、日本と近隣諸国がそうであるように領域主権の問題と密接にかかわることや、ある水域が自国水域となるか否かで、その海の資源を恒久的に利用できるか否かが決まることとなるなど、国家に与える影響が非常に大きいことなどが考えられる。

このように境界画定が難航する事態も想定し、海洋法条約74条・83条の共通3項では、それぞれEEZと大陸棚が未画定の場合の義務について、「関係国は、一の合意に達するまでの間、理解及び協力の精神により、実際的な性質を有する暫定的な取極を締結するため及びそのような過渡的期間において最終的な合意への到達を危うくし又は妨げないためにあらゆる努力を払う。」と規定している。同条文は大きく、2つの努力義務、すなわち、第1に、境界画定につながるための暫定的な取極を締結するための義務、

【248】

【249】

【250】

▶第4節　未画定水域の権利義務　　**91**

第2に、最終的な合意への到達を危うくしまたは妨げないための義務から成るとされる。

第2項 ── 未画定水域における国家の権利義務

【251】　第1の**暫定的な取極**（arrangement）とは、未画定であるがゆえに両国がともに取締りを行い、その結果生じる問題などを避けるために必要な取極である。取極という用語が用いられていることから、法的拘束力の有無にかかわらず、国家間の幅広い合意が含まれると考えられる。たとえば、2008年に東シナ海の天然ガスの開発について日中は法的拘束力をもたない**了解**を締結しているが【258】、そうした文書も、この共通3項の取極には含まれると考えられる。

【252】　また、こうした取極は、石油や天然ガスの開発に関するものに限定されるわけではない。日本の場合には、条約の形で漁業協定を中国、韓国、ロシアといった近隣諸国と締結しており（台湾とは条約の形ではないが、類似の協定を締結している）、未画定の水域の**漁業活動**を規律するそれらの条約【368】もこの取極に含まれるものといえよう。また、未画定水域において、**捜索救助**についての条約を締結することもあるが【287】、そうした条約も取極に含まれうる。漁業活動に関する条約の場合は、資源管理を協働する水域であったり、捜索救助協定の場合は、各国が捜索救助を担当する水域が定められるなど、ある種、境界画定と似た水域の配分が行われることがある。そのためこれらの条約は、境界画定における締約国の立場等に影響を及ぼさないとの規定が設けられることも少なくない。

【253】　第2の「最終的な合意への到達を危うくし又は妨げない」義務も抽象的ではあるが、判例法の積み重ねにより明らかになってきた部分もある。まず、同義務について初めて判断を下した**ガイアナ＝スリナム海洋境界画定事件**において、仲裁裁判所は、海洋環境に物理的変更をもたらす活動は、現状を変えることで最終的な合意を妨げると判示した（para. 470）。さらに、**ガーナ＝コートジボワール海洋境界画定事件**においてITLOSもこの義務についての判断を下したが、コートジボワールが境界画定後に自国水域となる水域での活動のみを問題としたことから、同義務について詳細な検討が行われたわけではない。ただし、ペク判事はその個別意見において、この義務の違反か否かの判断基準は1つに決まるわけではなく、活動の種類、

ガイアナ＝スリナム海洋境界画定事件

ガーナ＝コートジボワール海洋境界画定事件（ペク判事個別意見）

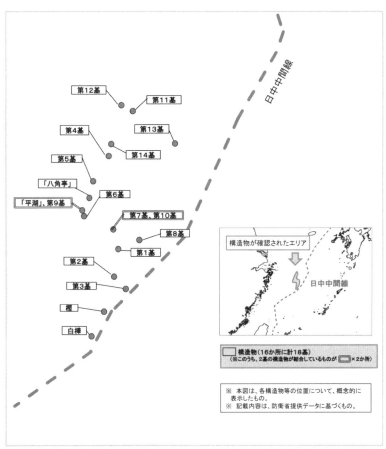

図5-10 ■ 中国による東シナ海のガス田開発
出典：外務省ウェブページを一部改変

性質、場所、時間、方法を考慮し、関係国間の関係に照らして判断することが重要としている（para.10）。現在、東シナ海の未画定水域において中国が一方的に開発を続けており、これに対し日本政府は抗議を行っている。すでに天然ガスの生産段階に入っているため、これらの活動が物理的変更を伴っていることは間違いないが、活動場所は中間線より西（中国）側であることから（図5-10）、当該活動がこの義務に違反するかどうかの判断は難しい。

▶第4節 未画定水域の権利義務

▶第5節 炭化水素資源の共同開発

第1項 —— 共同開発協定の分類と機能

【254】　　共同開発とは、二以上の国家により、資源を共に開発し、そこから得られる利益を配分することをいう。理論的には二国間以上での共同開発もありうるが、基本的に、境界画定と関連して行われることが多いことから、二国間の枠組みが一般的である。二国間で締結する文書としては、条約として法的拘束力のある形をとる場合もあれば、そうでない場合もある。共同開発協定は主として、①境界画定が難航したために、暫定的に共同開発水域を設ける協定、②境界画定の合意に際し同時に共同開発の枠組みを設ける協定、③画定した境界線をまたがって賦存する鉱床を開発するための協定、の3パターンに分けられる。人が住むことができない海洋では、主としてそこに眠る資源をめぐり、境界画定が難航する傾向にある。そのため、資源配分につながる共同開発と境界画定とは密接な関係にある。

【255】　　このような文脈において締結される共同開発協定は、協定ごとに規定内容は異なる。ただし、**共同開発水域**を明確に定めること、開発に際しいずれの国あるいは両方の国の法をどのように適用するか、紛争が発生した場合の解決方法、費用負担および得られた収益の配分方法、などを規定することが一般的である。多くの国家において、実際に資源開発を行うのは私企業となることから、そうした私企業の声を踏まえて二国間協定が締結されることも少なくない。また、モーリシャスとセイシェルの延長大陸棚の共同開発に関し、**国連開発計画（UNDP）**が参加して枠組みの構築に貢献したように、両当事者以外の外部の者が入ることもある。

第2項 —— 日本による共同開発の実行

【256】　　日本はこれまで、韓国および中国とそれぞれ、二国間の枠組みで共同開発に関する合意をしている。韓国との間では、上述した**北部協定**の南端である北緯32度57分＝東経127度41.1分以南では、境界画定を棚上げし、共同開発についての**南部協定**（1974年）が採択された（南部協定28条）。同協定は、中間線から日本側の海域を共同開発区域として設定し（同協定2条。図5-5)、同区域での探査・開発を行うための詳細な規則を設けている。同

94　第5章┃沿岸国水域の画定

協定の特徴の1つに、両当事国がそれぞれ認可する**開発権者**の役割が非常に大きいという点が挙げられる。開発についてはもとより、その前段階の探査から、開発権者が協同して行うことを想定している（同協定5条1項）。そのため、開発権者が決まらなければ条約に基づいた探査・開発ができなくなる建付けとなっている。

この点、両当事国は開発権者を認可する義務（shall authorize）を負っている（同協定4条1項）。しかしながら、韓国が積極的に認可を行う一方で、日本は当初より一部の認可しか行っておらず、2010年以降は、いかなる開発権者も認可していない。両国の姿勢の背景には、石油開発を行う事業者による資源量の見積もりが異なることがある。商業的な開発が可能とする韓国側に対し、日本側は、十分な資源量がなく利益を得ることは難しいとの立場をとる。他方で、上述した南部協定における開発権者の役割の重要性に鑑みると、日本の不認可は、条約法条約（1969年）60条1項に基づき、韓国が条約を一方的に終了させることを許容する、**重大な違反**（material breach）に該当するとの指摘もある。いずれにせよ、南部協定は2028年で一段落するため、なんらかの対応が求められることになろう。【257】

中国との間には、2008年に、法的拘束力を有さない形ではあるが、2つの了解を締結し、共同プレス発表が行われている。第1に、「日中間の東シナ海における共同開発についての了解」であり、韓国との共同開発の南西部に共同開発区域を設け（図5-5）、共同開発を推進していくことを規定している。同了解はまた、「東シナ海のその他の海域における共同開発をできるだけ早く実現する」ために協議を継続するとしている。第2の「白樺（中国名：「春暁」）油ガス田開発についての了解」は、中国がすでに開発に着手している白樺について、中国法が適用されるとしつつ、日本企業が参加することを規定したものである。しかしながら、これらの了解に基づく共同開発は実現せず、中国が一方的に開発を継続しているとして日本が抗議していることは上述のとおりである【253】。【258】

▶第6節　大陸棚の外縁画定

第1項 ── 大陸棚限界委員会の手続

境界画定とは別に、200海里を越えての大陸棚を主張する場合、地理的【259】

形状が重要となり、地理的条件を満たして沿岸国の大陸棚と認められるかは**大陸棚限界委員会（CLCS）【106】の勧告**により決まる（海洋法条約76条8項）。他方で、同条10項は、76条の規定が「大陸棚の境界画定の問題に影響を及ぼすものではない。」としており、外縁の画定は境界の画定に影響しないとしている。このことは、CLCSについて規定した海洋法条約の附属書Ⅱ、第9条においてより具体的に、「委員会（CLCS）の行為」が境界画定に影響を及ぼさない、と規定されている。確かに、沿岸国の大陸棚の外縁がどことなるかにより、権原が重複するかが決まり、その意味で外縁の画定は境界画定と関係はする。しかしながら、境界画定にはそれ独自の手続があり、外縁画定と境界画定は手続としては異なるため影響し合うわけではない、というのが海洋法条約の想定といえよう。

【260】　このような制度に基づき、締約国と意見交換をしつつCLCSは、自らの**手続規則**を策定した。その規則46は、境界画定や未解決の領土または海洋に関する**紛争（dispute）**がある場合に、CLCSへの申請は手続規則の附属書Ⅰに従って検討されると規定している。そして、附属書Ⅰの第5段落(a)は、「領土又は海洋**紛争**が存在する場合」、CLCSは紛争当事国の事前の同意がない限り、申請を検討したり認めたりしてはならないとしている。そのため、紛争という概念が重要となるが、ここでの紛争は、裁判手続における**紛争概念【670】**に比べ、非常に広範なものとなっている。ある国が異議を申し立てた場合、当該申立てが紛争に該当するか否か、といった判断をすることなく、基本的に当該異義を認め、CLCSは判断を先送りするようになっている。つまり、全加盟国がある意味、CLCSの手続について拒否権をもつような状態となっている。

第2項 ── 日本の延長大陸棚

【261】　日本政府は、CLCSに7つの海域を延長大陸棚として申請した。その中でも問題となったのが沖ノ鳥島から延びる延長大陸棚の申請である。中国・韓国は、同島に関連して領域主権や境界を争っているわけではないが、沖ノ鳥島は大陸棚の権原を有する「島」とはみなされないとして【228】、CLCSに判断しないように要請したためである。そして、CLCSはこれを受け入れる形で**九州・パラオ海嶺南部海域**については勧告を行わずに先送りした。この実行は、異議を唱えさえすれば手続が止まることとなり、外縁

の外側の深海底を管理する**国際海底機構 (ISA)** の所掌する範囲も決まらなくなるため望ましくないとの批判もされている。また、CLCSは地質学、地球物理学または水路学の専門家から構成され、法学的な見地などがないことから、権原に関する法的問題の判断は難しい。CLCS については、こういった委員の構成や、活動の透明性の観点も含め批判が少なくない。

　上述の九州・パラオ海嶺南部海域を除く 6 海域についての勧告を得て、【262】それに基づき、大陸棚の権原の重複がありうる米国と調整しつつ政令の制定を行っている（図5-3）。また、沖ノ鳥島から延びた**四国海盆海域**の一部水域への延長申請が認められているようにみえることから、日本政府はCLCS が沖ノ鳥島の大陸棚の権原を認めたかのように主張している。しかしながら、上述のとおり、中韓の異議を受け、九州・パラオ海嶺南部海域における意見は先送りにしており、CLCS が沖ノ鳥島の大陸棚への権原を認めたと解している点については批判もある。

【 主要参考文献 】

村瀬信也＝江藤淳一編『海洋境界画定の国際法』（東信堂、2008 年）
Massimo Lando, *Maritime Delimitation as a Judicial Process*（CUP, 2019）.
Øystein Jensen, *The Commission on the Limits of the Continental Shelf：Law and Legitimacy*（Brill, 2014）.
Stephen Fietta and Robin Cleverly, *A Practitioner's Guide to Maritime Boundary Delimitation*（OUP, 2016）.
Sun Pyo Kim, *Maritime Delimitation and Interim Arrangements in North East Asia*（Brill, 2004）.
Yoshifumi Tanaka, *Predictability and Flexibility in the Law of Maritime Delimitation*, 2nd ed.（Hart, 2019）.

第6章 海上における人・船舶の規律

　水中において呼吸ができない人間は、基本的に海洋を常居所とすることはなく、あくまでも海は、船員を中心に、一時的に活用されるにとどまる。そうはいえども、太平洋のような広大な海を横断したり、遠洋漁業に従事する場合など、長期にわたり船上で生活することもある。しかし、基本的に人の生存を許さない海洋では、天候の影響や人の過失により事故が生じれば、簡単に人の生命が奪われる。また、海洋において人は基本的に船舶を用いるが、船舶という密閉された空間においては、公的機関の目が届きにくく、過酷な環境となりやすい。こういった特殊な事情から、海上において人を保護するために、船舶の安全基準などを通じ、人一般の生命などを保護するための条約と、船員についての規律が海洋法において発展してきた。また、前者についていえば、海洋法だけではなく、武力紛争時に適用される武力紛争法や、第二次世界大戦後に急速に発展している国際人権法の影響も強く及ぶようになってきている。 【263】

　なお、本書（というより海洋の分野）では、**安全 (safety)** や**安全保障 (security)** といった用語を何度か用いるが、この２つの概念は基本的に峻別して理解する必要がある。前者は、主として海洋という自然、あるいは他者の意図しない過失により生じた事態などからの脅威に対し、人の生命などを守るために用いる概念である。沈没しにくい船舶を作る、というのはまさに安全の問題である。他方で、安全保障は主に、他者、伝統的には他国、最近では非国家アクターを含む他者が意図的に何かを行うことに対して自国の利益を守る観点から、用いられる概念である。外国による自国排他的経済水域 (EEZ) へのミサイルの打ち上げなどは伝統的に安全保障の問題と考えられ、最近は、犯罪組織による IUU 漁業なども安全保障の枠組みに組み込む向きもある。ただ、本章で焦点を当てるのは、あくまで前者の安全であり、安全保障は、**第12章**がより密接にかかわる。 【264】

　海上における人・船舶の規律は多様なアクターに関係する。まず、船舶の管理責任を国際的に負う旗国政府の省庁、たとえば、国土交通省や農林 【265】

99

水産省、さらに労働関係を扱う厚生労働省などは、本章で説明する規則について把握し、それに合致する形で政策決定やその実施を行う必要があろう。また、海運会社や水産会社は、そうした規則を遵守する必要があることから、当然、こうした知識は必要不可欠である。さらに、実際に船上で働く船員、漁業従事者、加えて、船舶を交通手段としてあるいは、余暇に用いる私人も、本章で述べる知識は自らを守るために用いることができる。ただし、各国国内法の内容は、独自の規則がある場合もあり、注意が必要である。

[266]　　本章はまず、船舶設備、航行規則、捜索救助遭難など、海上での人一般にかかわる安全・権利保障について概説する（第1節）。そのうえで、船員に焦点を当て、その規律および保護する規則を確認する（第2節）。

▶第1節　海上での人の安全・権利保障

[267]　　海上での人の安全を保障するために最も重要な要素は、船舶として安全に航行できる性能を有するか否かの基準である堪航性（seaworthiness）をはじめとする、船舶設備の問題が真っ先に挙げられ、続いて、船舶が海上を安全に航行するための航行規則が重要となる。また、一度事故が発生した場合には、誰がどのように捜索・救助するのかも重要な問題となる。加えて、近年は、人や船舶の安全と環境保護の両方の目的をもつ条約が締結される。さらに、海上での権利侵害を防止するためには、人権条約の果たす役割も重要なものとなる。

第1項 ── 船舶設備

（1）1974年海上人命安全（SOLAS）条約の形成

[268]　　海上で活動するに際し、船舶が安全に航行可能なことは必要不可欠な条件である。従来、船舶の安全基準などは国ごとに規律していたが、船舶技術の発達とともに国家間の船舶の往来が増加し、1912年に発生したタイタニック号沈没事故によりおよそ1500人の死者が発生したことを契機として（図6-1）、海上人命安全条約が1914年に採択された。タイタニック号の事故では救命艇が乗員総数のおよそ半数の分しか備えつけられていなかったことや、同船からのSOS信号の確認が遅れたことが、同事故における犠牲者数を増加させた原因と考えられた。そこで、1914年海上人命安全条約

では、乗員全員が乗船可能な数の**救命艇**を備えつけることや、船舶が**無線**を受信する体制を整えることなどが規定された。

しかしながら、同条約は第一次世界大戦の影響もあり発効には至らなかった。同条約の発効は、1929年の改正を経

図6-1 ■ タイタニック号
出典：GRANGER.COM/アフロ

た後となる。1914年以降の船舶技術の発達に対応する形で改正された海上人命安全条約は、国際航行を行う旅客船および1600総トン以上の貨物船に適用されることとなった。**総トン数**（Gross Tonnage, GT）は船舶全体の容積から決まる単位であり、総トン数の測り方も**1969年船舶トン数測度条約**により国際的に定められている。そして、総トン数の合計を**船腹量**という。海上人命安全条約はその後、1948年改正により防火構造の要件が強化され、1960年改正により原子力船の規定が設けられるなど、新たな技術の発達や環境の変化に応じて改正を繰り返し、現在の1974年海上人命安全条約に至る。

(2) 1974年海上人命安全（SOLAS）条約の概要

1974年の改正として最も重要な点は、**改正手続**を改正した点にある。1974年海上人命安全条約8条によれば、条約本文および附属書の第Ⅰ章を改正するためには、従来の改正手続と同様に、全締約国の3分の2以上が明示的に受諾する必要がある。他方で、第Ⅰ章以外の附属書については、締約国に送付されてから2年あるいは、IMOの**拡大海上安全委員会(MSC)**により決定された期間（1年以上でなければならない）に世界の商船船腹量の50％以上となる締約国または3分の1以上の締約国から異議がない限り、改正は受諾したものとみなされる。

また、1974年の改正により、火災試験方法（FTP）コードや国際救命設備（LSA）コードといったIMOの策定する**コード（code）**を附属書に組み込むようになった。海上人命安全条約それ自体は、締約国のあらゆる船舶に適用されるとされているが、実のところ、船舶については、漁船や貨物船といった種類に加え、船舶全体の容積から決まる総トン数により運用方

法が大きく異なる。そのため、章・コードごとに適用対象が決められ、多くの規則が国際航海に従事する旅客船やそれ以外の総トン数500トン以上の船舶に適用される一方で、附属書の第V章を除き、漁船には適用されない。

[272]　この1974年の改正手続の改正以降、条約本文の大きな見直しはなく、現在に至る。その一方で、議定書の採択や附属書の改正は行われ、その射程する範囲はより広くなっている。たとえば、1974年改正から比較的近く採択された1978年議定書は、相次ぐタンカー事故を受け、海洋環境の汚染を考慮し、タンカーの安全性を向上させることを主目的として採択された。また、2001年の9.11同時多発テロの影響から、港湾施設での対テロ対策の重要性が高まると、IMOにおいて**国際船舶及び港湾施設保安（ISPS）コード**が附属書第XI-2章のもとに策定された。こうした社会的背景のほか、科学技術の進展によりなされる改正もある。たとえば、海図については従来よりその保持が義務づけられていたものの、2009年には、**電子海図表示情報装置（ECDIS）**の搭載が義務づけられた（図6-2）。

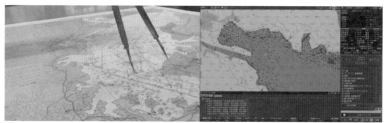

図6-2 ■ 紙面の海図(左)とECDIS(右)
出典：国土交通省（https://www.magazine.mlit.go.jp/discover/d006/）より

（3）IMO 諸条約の遵守確保

[273]　このような実体的な規則の拡充とともに、規則を守らせるための手続も、他の条約と共に発展してきている。海上人命安全条約だけでなく、**MARPOL 73/78**【405】や**1966年満載喫水線（LL）条約**は、船舶が条約に実体的規則を遵守していることを証明する**証書**を備え付けることを求めているが、証書の有効期間や検査間隔が異なるがゆえに効率的な検査を行うことができていなかった。この点を調整するために、IMOに「**検査と証書の調和システム（HSSC）**」が設けられ、これは、1988年に海上人命安全条

約議定書の形で結実した（MARPOL 73/78 については、海洋環境保護委員会（MEPC）【108】で1990年に採択された決議39(29)により導入されている）。また、この証書の詳細な発給要件やその検査については、**認定機関（RO）**に任せることが可能で（附属書Ⅰ第6規則）、多くの国家において、**船級協会（classification society）**がROとしての役割を果たしている【121】。

（4）漁船に関する規則

　漁船については海上人命安全条約の多くの規則が適用されないため、1977年に**トレモリノス条約**が採択された。しかしながら、漁船の長さごとに適用範囲や規則を決める同条約は、長さの割に幅が狭く容積の小さいアジア諸国の漁船にとっては厳しい規定となった。そのため、同条約は十分な締約国の参加を得ることができず発効しなかった。同条約の発効を目指し、1993年にトレモリノス議定書が採択されたものの、同議定書も長さのみを適用基準としたため、同様に発効しなかった。その後、2012年にはトレモリノス条約・議定書を踏まえ**ケープタウン協定**が採択された。同協定は、長さを総トン数に読み替えることを可能とすることで、アジア諸国にとっても参加しやすくなった。そのため、日本も2023年に加入するなど、加盟国数要件は満たしたが、もう1つの要件である対象漁船隻数が足りず、同協定も依然として発効には至っていない。【274】

（5）海洋法条約と海上人命安全条約の関係

　海上での人命を守るための船舶設備についての規則は、海洋法条約が採択、発効する前より条約により規律されていた。他方、海洋法条約においては、94条1項において、旗国に対し自国籍船に関する「行政上、技術上及び社会上の事項について有効に管轄権を行使し及び有効に規制を行う」ことを義務づけている。この、行政・技術・社会上の事項については、続く3項においてより具体的に規定している。たとえば、同項(a)は船舶の構造、設備および堪航性、(c)は通信の維持などを海上での安全確保のために規制することを求めており、さらに具体的に、4項(a)は、海図等を船内に備え付けることなどを規定している。そして、続く5項は、3項・4項に基づき措置を講じる際には、「一般的に受け入れられている国際的な規則、手続及び慣行」に合致する形で行うという、いわゆる**参照規則（rules of reference）**となっている。参照規則とは、**外部規則（external rules）**を参照することを定めた**海洋法条約**上の規則である。【275】

▶第1節　海上での人の安全・権利保障　　103

【276】

図6-3 ■ 潜水艇タイタン
出典：OceanGate Expeditions/Best Image/アフロ

　参照規則により海洋法条約から参照される側の外部規則については、条文ごとに若干の違いはあるが、「一般的に受け入れられている国際的な規則又は基準」の英語表現、Generally Accepted International Rules and Standards から、GAIRS（ゲアーズ）という用語でまとめて表現されることもある。ただし、海洋法条約上の表現として GAIRS に限定されないことから、本書ではより広範かつ端的な、外部規則という用語を用いる【386】。

【277】　94条5項は、3項・4項のいずれの規定に対して、何が外部規則にあたるかを明確にしているわけではない。しかし、船舶の構造（3項(a)）や通信（3項(c)）に関する外部規則は海上人命安全条約、労働条件（3項(b)）は**海事労働条約**（2006年）【312】、乗組員の資格（4項(b)）・能力（4項(c)）は**船員訓練資格条約**（1978年）【303】と、対応関係は相当程度決まっている。

【278】　最近の海難の事例として、海に沈むタイタニック号の見学ツアーを敢行した潜水艇**タイタン**の沈没事故（2023年6月）が記憶に新しい（図6-3）。潜水艇については、建造が可能な国家が少数にとどまることもあり、海上人命安全条約やケープタウン協定のような船舶設備について規定した条約は、これまでのところ存在しない。そのため、同事故を受けて、潜水艇についての同様の条約の必要性を指摘する専門家もいる。

第2項 ── 航行規則

（1）海上衝突予防

【279】　どんなに船舶を強固なものにしようとしたとしても限界があり、衝突事故等が発生した場合には死者が出ることも避け難い。陸地であれば、日本なら道交法によりそういった事故を防ごうとしているわけであるが、広大な海洋についても、衝突事故を防止するための航行規則を定める動きが19世紀末から始まっている。1889年にワシントンで開催された国際海事会議において、**海上衝突予防規則**が採択されたが、これは紳士協定にすぎず、

法的拘束力を伴うものではなかった。第二次世界大戦後、1948年、1960年と海上人命安全条約の改正とともに、海上衝突予防規則も改正され、同条約に組み込むべきとの主張もあったが、非拘束的な規範の位置にとどまり続けた。

最終的にこの海上衝突予防規則を条約化したのが、1972年に採択された**海上衝突予防（COLREG）条約**である。同条約の条約自体は9か条から成る短いものであるが、A–Dの4部から成る規則と4つの附属書を条約と一体のものとしている。その規則A部1条(a)において、公海だけでなく「海上航行船舶が航行することができるすべての水域」と、領海や内水にまで、さらに、IMO諸条約としては珍しく、「すべての船舶」と民間船舶だけでなく公船や軍艦にも、同条約は適用される。 【280】

海洋法条約94条3項(c)は、衝突の予防についても規律しているが、南シナ海事件【672】において仲裁裁判所は、海上衝突予防条約を同条5項で参照するGAIRSと位置づけ、中国政府の海上法執行船が安全な距離を保ったり速度を落とす義務を怠ったことから、中国が同条約および94条に違反したとした（本案para. 1109）。実のところ、自国籍の民間船舶がこのような違反をしたとしても、違反をした私人の責任が追及されるのみで、旗国が責任を問われることはあまりないと思われる。公船が直接違反する、あるいは軍艦や公船の眼前で民間船舶が違反行為を繰り返したがそれへの取締りの対応がないといった場合などにのみ、旗国の責任が追及されよう。 【281】

(2) 海難事故に対する管轄権

一度衝突が起きてしまった場合、いずれの国が管轄権を行使するかは、**ローチュス号事件**が示すように、ときに国家間の対立の火種となる。仏籍船ローチュス号とトルコ籍船ボズ・クルト号事件の公海上での衝突に関し、1927年に判示された同事件においてPCIJは、トルコによる刑事管轄権の行使を禁止する法規則がないことを理由に、その管轄権行使を国際法違反とは認定しなかった。この判決に従えば、船員は旗国の法を遵守していたとしても、事故が発生すれば非旗国により自分たちはなじみのないその国の法で裁かれるリスクを負うこととなる。そのため、PCIJ内でも反対意見が多数述べられ、外部からの批判も少なくなかった。こうしたことから、1952年に締結された**ブリュッセル条約**では、衝突などの場合には、旗国または船員の国籍国のみが刑事責任の追及や船舶資格に関する懲戒手続をと 【282】

▶第1節　海上での人の安全・権利保障　　105

ることができるとされ、この内容は、公海条約 11 条を経て、海洋法条約 97 条にも継承されている。

[283]

ローチュス号事件

▶判例事例研究 ▶ ローチュス号事件

本事件は、管轄権は禁止規範が存在しない限り許容されるという考え方（**主権内在説**）と、それとは反対の管轄権の行使には許容規則による正当化が必要であるという考え方（**特定権限説**）の対立という国際法学の大きなテーマの端緒となった事件として、海洋法の枠を越え、国際法一般において重要な先例である。紛争当事国であるフランスとトルコの立場を確認すると、フランスは、刑事法が有する属地主義の原則的性格から、領域外で発生した事案については、仮に当該事案の犯人が領域内に来るなどしても、例外的な許容規則がない限り、領域国は管轄権を行使することはできない、と主張した。これに対しトルコは、国際法による制限がない限り、領域外で発生した事案であっても、領域内での管轄権の行使は妨げられないとした。そして PCIJ は、裁判官による投票が 6 対 6 と見解が真っ二つに分かれるなか、裁判長の決定投票によりトルコの主張を受け入れた。この事件におけるフランスの立場が特定権限説、そして、トルコ・PCIJ の立場が主権内在説の源流となったのである。そのため、後者は英語では **Lotus Principle** などとも呼ばれる。実のところ、この事件においては、犯罪の帰結がトルコ籍船内で発生しており、**旗国主義** [62] に基づいても、トルコ側が管轄権を行使することは可能であり、ローチュス号事件がもつ先例的意義は限定的な部分もある。しかし、主権内在説と特定権限説との考え方の相違は依然として続いている。多くの国が基本的には属地主義、国籍主義、保護主義、普遍主義といった根拠に基づいて管轄権を設定していることに鑑みれば、特定権限説を支持する声の方が比較的一般的といえるかもしれない。

第3項 ── 捜索・救助・遭難

(1) 捜索救助 (SAR) に関する国際枠組み

[284] 　海上で活動する際に事故はつきものであるため、海において人は、相互に助け合う慣習を伝統的に共有してきた。特に、船舶が沈没する場合など、乗船していた者を**捜索し救助する** (search and rescue) ことなどは、戦時であっても状況が許す範囲で行ってきた。このことは現代の武力紛争法でも規定されており、たとえば、**ジュネーヴ第 2 条約** (1949 年) 【601】18 条では、交戦後には、傷病者や遭難者といった生存者だけではなく、死者についても捜索することを求めている。これは、海を舞台として軍事活動

を行う海軍同士での古き慣行と位置づけられる。そのため、**サンレモ・マニュアル**（1994年）111条では、遭難信号や救命ボートなどを用いて欺く行為は禁止されている【642】。

もちろん、捜索・救助義務が課されるのは武力紛争時だけではない。海洋法条約は、海上で生命の危機に瀕しているものを援助したり、援助要請を受けた場合に遭難者の救助に向かったりすることなどを、自国籍船の**船長**に要求することを国家に義務づける（98条1項）。国家はまた、実効的な捜索や救助を行うために、隣接国と地域的な取極を締結することが求められている（同条2項）。しかし、この98条はあくまでも抽象的な義務を定めたにすぎず、より具体的な義務は、1979年に採択された**海上捜索救助（SAR）条約**において規定されている。 【285】

同条約も条約の条文自体は8か条から成る短いものであるが、不可分の附属書が備え付けられている（1条）。近年重要になった条項として、附属書第1章の定めるいくつかの定義が挙げられよう。たとえば、「遭難（distress）」そのものについての定義はないものの、遭難段階（distress phase）として、船舶またはその乗船者が重大かつ急迫な危険にさらされ、即時の援助を必要とする段階としている。また、1998年に附属書を改正した際に、「救助」についても、遭難している人を回収し、物資を提供し、「**安全な場所（safe place）**」まで連れていくことと定義した。この遭難については、COVID-19の感染が広まった2020年には、ダイヤモンド・プリンセス号のように感染者が見つかった船舶について、遭難しているとみなされるのか、さらに、救助義務はそのような船舶を受け入れることを求めているか、といった点が議論された。その背景には、イタリアが感染者の増加を理由として自国の港は「安全な場所」ではないとし、遭難者であっても受入を拒む方針を示したことなどがある。 【286】

（2）捜索救助（SAR）の実施体制

ただし、このSAR条約も普遍的な条約であることもあり、どの水域の捜索救助をどの国が担当するか、という**捜索救助区域**について詳細に規定しているわけではなく、その点については別途、地域・二国間で調整し、いわゆるSAR協定を締結することを求めている（附属書2.1.3-2.1.5）。日本も、1956年に当時のソ連と、1986年に米国と、1990年に韓国と、それぞれ二国間SAR協定を締結している。2018年には、長年の交渉を経て、ついに中 【287】

▶第1節 海上での人の安全・権利保障　　107

国との間にもSAR協定を締結し、少なくとも捜索・救助の分野においては、近隣諸国との協力体制を整えている。

【288】　このようなSAR協定の中でも、それぞれの捜索救助区域を定める場合は、警察活動を行う水域の割り当てということで、人命救助という本来の目的から離れ政治的になりやすい側面がある。そのためSAR協定においては、海洋境界に影響を与えることはない、という趣旨の規定が含まれることが少なくない【252】。

第4項 ── 安全・環境の両方にかかわる規則

【289】　海難事故が発生した場合、多かれ少なかれ、海洋環境の汚染を引き起こす。そのため、船舶の安全性の確保は、人命の安全のみならず、海洋環境の保全につながることも少なくない。ここでは、そうした、人と環境の両方の保護を条約の目的とする2つの条約について概観する。

（1）難破物除去ナイロビ条約

【290】　船舶が大型化し、貨物量が増大するにつれ、海難事故により発生する**難破物（wreck）**が沿岸国や海洋環境に与える影響は深刻化している。難破物は航行の安全を損ない、人命を危険にさらすと同時に、海洋環境を汚染し、船舶に有害物質が積まれていた場合など、そうした汚染が長く続くこともある。そのため、難破物の速やかな除去は、船舶の安全および海洋環境の保全にとって重要である。

【291】　しかしながら、その作業には多額の費用を要し、本来であれば責任を負って除去費用を負担するはずの船主が責任を負えない、あるいは負わない場合がある。そうなると、難破物の除去には時間を要するし、場合によってはそのまま放置されることもある。たとえば、2016年に兵庫県淡路島にタイ籍船のネプチューン号が座礁した事件においては、船主が、出国前に保険会社の検査において指摘された事項の修理を行わずに船舶を運航していたため、保険契約違反を理由に保険会社は免責を主張し、保険金が支払われなかった。また、船主も除去費用を負担せずネプチューン号はそのまま放置され、最終的には兵庫県が費用を負担し撤去を実施することとなった。こうした事態を防ぐべく、2007年に採択されたのが**難破物除去ナイロビ条約**である。

【292】　同条約は、締約国のEEZを**条約水域（convention area）**とすると同時

に（1条1項）、締約国が希望（オプトイン）する場合には、領海や内水を条約水域に含むこともできる（3条2項）。この条約水域において、締約国は「危険 (hazard)」をもたらす難破物を除去することができる（2条1項）。ここでいう危険が、航行上の危険が含まれているため（1条5項）、難破物ナイロビ条約は、EEZ において航行の安全を確保するための措置、すなわち、海洋法条約で規定されている主権的権利や管轄権を越えた措置を許容するものと評価されている。

　また、難破物除去ナイロビ条約は**1969 年民事責任条約【425】**を参考に、除去費用が確実に支払われる枠組みを設けている。まず、難破物の除去に関係する費用については、戦争などの一部の例外を除き、船主が**無過失責任**を負うと規定する（10条）。そのため、難破した原因が船員の不注意などであったとしても、責任を負うのは船主となる。そして、船主からの支払を確実なものとするために、300 総トン以上の船舶の船主は**強制的に保険**に加入しなければならず、また、締約国はその保険が確実なものであることを確保する必要がある。そして、さらに、除去費用の迅速な請求ができるようにするために、保険者に対し費用の支払を直接請求できることとなっている（12条）。　　　　　　　　　　　　　　　　　　　【293】

（2）シップリサイクル条約

　老朽船舶には有害物質が残っていることもあり、その**解体（シップリサイクル）**は、時に人体や環境に悪影響を及ぼす。特に、1990 年代以降、インド、パキスタン、バングラデシュといった南アジアの国々が設備の整っていない場所で解体作業を始めると、そうした影響がより顕著にみられるようになった。そのため、**国際労働機関（ILO）【109】**や**バーゼル条約**（1989年）の締約国会議などでも、シップリサイクルに関する国際的な規制は議論されたものの、法的拘束力のある規則を作成するまでには至らなかった。　　【294】

　そのような中、2005 年より IMO は MEPC を中心にシップリサイクル条約の締結に向けて動き始め、2009 年に無事採択された。同条約は、条約の実効性を担保するために、発効要件として、15 か国という締約国数のほか、締結国の**商船船腹量【269】**の合計が 40％以上であることおよび締結国の直近 10 年における最大の年間解体船腹量の合計が締結国の商船船腹量の 3％以上であることを規定し、要件を満たした 2 年後に発効するとしている（17条）。2023 年 6 月に、高い船腹量を有するリベリアおよび高い年間解体船腹　　【295】

▶第1節 海上での人の安全・権利保障　　109

図6-4 ■ 地中海を横断しようとする人々
出典：ロイター／アフロ

量を誇るバングラデシュが条約に締結したことで、2025年6月に発効する予定である。

[296]　同条約は、500総トン以上のすべての船舶に、船舶内の有害物質の種類や量等を記載した一覧表を作成し、その一覧表に関する国際証書を備え付けることを義務づけている（8条）。そして、そうした証書をもとに寄港国は、船舶の検査を行い、違反を発見した場合には船舶の抑留等の措置をとるとされている（9条）。また、船舶だけでなく、**リサイクル施設（Ship Recycling Facility）**についても条約附属書の定める規則・基準と適合することを求め（4条）、締約国は条件を満たした施設を承認する（6条）。そして、締約国が承認した施設以外での船舶のリサイクルは認められず、必ず、条約の基準を満たす施設によるリサイクルを行わせる制度となっている（附属書規則8）。

第5項 —— 人権条約の適用

(1) 海上への人権条約の適用

[297]　近年では、海上での問題に人権条約が適用されるケースもみられる。上述の捜索・救助【284】に係る事例として、中東・アフリカ地域から地中海を経由して欧州を目指す人々が、堪航能力が不十分な船舶を用いることで、結果として海難事件を引き起こす際の人権条約の適用がある（図6-4）。こ

れは、人権条約の適用範囲の問題であり、たとえば、日本も締約国である**自由権規約**（1966 年）の場合、自国の「**領域**内にあり、かつ（and）、その**管轄**（jurisdiction）の下にあるすべての個人」の権利を保障することを求めている（2 条 1 項）。他方で、**欧州人権条約**（1950 年）の場合、「その管轄内にあるすべての者」の権利を認めるとしており（1 条）、条文の文言からは、領域内という条件のある自由権規約が狭いように見える。

しかしながら、自由権規約委員会や ICJ が、自由権規約 2 条 1 項の「かつ」は「または」の意味であるとし、実質的には領域内でなくとも、締約国の管轄下にある場合、締約国が人権を保障する義務があると判断し、現在はこれが広く受け入れられている。そのため、海上避難民が自国の管轄下にある場合、自由権規約であれ欧州人権条約であれ、締約国は、生命の権利を含む彼らの権利を保障する必要がある。この点、**AS 他対イタリア事件**において自由権規約委員会は、地中海の SAR 協定上はイタリアではなくマルタが担当する捜索救助区域において転覆した船舶に関し、イタリアが無線での遭難信号を受け取ったにもかかわらず適切に対応しなかったことから、イタリアは彼らの生命の権利を保障する義務に違反すると判断した。

【298】

AS 他対イタリア事件

(2) 海上における個別の権利の保障

海上においては、生命の権利以外の権利も問題となる。たとえば、2010 年の**メドヴェージェフ他対フランス事件**では、身体の自由を規定した、欧州人権条約 5 条が問題となった。同事件においては、フランス海軍が公海上でカンボジア籍船ウィナー号を麻薬密売の疑いで臨検し、その後、メドヴェージェフらを拘束したうえで 13 日間かけて同船をフランスまで曳航したことが 5 条に違反すると申し立てられたのである。この点、欧州人権裁判所は、フランスはメドヴェージェフらの権利を保障する義務を負うとしたうえで、身柄の拘束は身体の自由を規定する欧州人権条約 5 条 1 項に違反するとした一方で（para. 103）、長期にわたり船上で拘束されていたとしても、現場からの距離や状況に鑑みると、速やかに司法当局へと引き渡すことを規定した同条 3 項には違反しないとした（para. 134）。

【299】

メドヴェージェフ他対フランス事件

また、海洋法条約に基づく仲裁裁判所が審理した**アークティック・サンライズ号事件**と同一の内容を扱った欧州人権裁判所の**ブライアン他対ロシア事件**（2023 年）においては、**表現の自由**（freedom of expression）が問

【300】

ブライアン他対ロシア事件

▶第 1 節 海上での人の安全・権利保障　111

題となった。原告であるブライアン他は、ロシアが原告らを逮捕・拘禁して彼らの抗議活動を妨げたことは、身体の自由を保障した欧州人権条約5条1項および、表現の自由を規定した同条約10条の違反を構成すると主張した。欧州人権裁判所はまず、ロシア国内の手続上、**非公認の抑留**（unacknowledged detention）が行われたことなどから5条1項の違反を認めた（paras. 72–77）。プリラズロームヤナでの抗議活動は10条上の意見の表明にあたり、原告らを捕らえたことは表現の自由への干渉となり、干渉は恣意的であって正当化することもできないことから、10条違反を構成するとした（paras. 96–98）。

【301】

アークティック・サンライズ号事件

▶**判例事例研究** ▶**アークティック・サンライズ号事件**

本事件は、国際環境NGO**グリーンピース**が運航するオランダ籍船アークティック・サンライズ号が、ペチョラ海のロシアのEEZ内にある、沖合石油プラットフォーム、プリラズロームナヤにおいて2013年9月に**抗議活動**を行ったことに端を発する。アークティック・サンライズ号はロシア法で航行が禁止されているプリラズロームナヤ周辺を航行し、同船の乗組員が同プラットフォームに乗り込むなどしたため、ロシアは同船を追跡・拿捕、また、その乗組員を逮捕し、両者ともに抑留・拘禁した。これに対しオランダは、ロシアがアークティック・サンライズ号への乗船等により、旗国としてのオランダの権利や、個人の身体の自由を規定した自由権規約9条などにより保障される同船乗組員の権利を侵害したとして、海洋法条約に基づき、仲裁裁判所に付託した。仲裁裁判所は、自由権規約は自らの「強制レジーム（enforcement regime）」を有しており、海洋法条約に基づき管轄権を行使する仲裁裁判所は、同レジームを代替するものではないとして（para. 197）、人権条約を直接適用して違反を認定する管轄権を有さないとした。本事件で抗議活動に使われたアークティック・サンライズ号は、その後もグリーンピースの抗議活動に用いられる。グリーンピースは深海底の鉱物資源の開発に反対する活動の一環として【211】、2023年には、ナウル海洋資源会社の活動を妨害し、再び、海洋法・人権法の観点からの問題を提起している。

▶第2節　船員の規律および保護

【302】　第1節では海上での人間一般の保護について解説したが、本節では、その中でも船員に焦点を当てる。船員については、その資格についての規律と、海上での労働者として保護されるという二点が重要である。

第1項 ── 船員資格

(1)船員訓練資格（STCW）条約の形成と概要

　激しく変わる気候や波など、海洋は過酷な環境ではある。しかし、およ 【303】
そ7～8割の海難事故が、見張り不十分や不適切な操船といった**ヒューマン
エラー**に起因する。2022年に発生した知床遊覧船の事故の原因は複数指摘
されているが、船舶の整備を十分に行っていなかった点や、悪天候が予想
されるなかでの出航判断など、ヒューマンエラーも複数指摘される。本事
故のように、船舶を運航する船員がどのように仕事をするかは、自分たち
はもちろん、旅客船の場合には旅客の命にも影響を与える。

　従来、**船員資格**（日本では**海技士資格**という）については各国ごとに制度が 【304】
設けられており、基本的にはどのような船舶にどのような船員の配置（**配
乗 (manning)**）を求めるかは、旗国の裁量と考えられていた。海洋法条約
94条3項(b)は乗組員の適切な配乗の確保を、さらに、4項(b)は乗組員に
よる適切な資格の保持を旗国の義務として定めている。そして、これらの
義務について、5項の参照規則の規定するGAIRSとして認められるのは、
1978年に採択された**船員訓練資格（STCW）条約**である。同条約は、1967
年当時に、未曾有の海洋環境汚染を引き起こした**トリー・キャニオン号事
件【416】**の原因の1つが未熟な船員によるヒューマンエラーと考えられた
ため、船員資格の最低基準を定めるべくIMOにおいて採択されたものであ
る。

　同条約は17か条から成り、加えて、全6章から成る附属書が不可分のも 【305】
のとして位置づけられている（1条）。その適用範囲は、基本的に商船を想
定しており、軍艦や漁船、プレジャーボートなどは明示的に除外されてい
る（3条）。船員は気象や潮流の知識を用い航行の指揮をとる**航海士 (offi-
cer)** と船舶のエンジンやプロペラといった危機の点検や整備を行う**機関士
(engineer)** に大別できるが、船員訓練資格条約は、附属書の第2章で「船
長及び甲板部」と題し航海士について、第3章において「機関部」として
機関士の資格についての規則を定めている。また、国際航行においてとり
わけ重要となる無線通信については第4章において規定している。

(2)船員訓練資格（STCW）条約の見直しと実施

　しかし、同条約の採択・発効後も海難事故は減少せず、その包括的な見 【306】

▶第2節 船員の規律および保護　　**113**

直しが求められることとなる。そこで行われた1995年改正においては、附属書に新たに2つの章が追加された。第6章として非常時における生存・対応能力を高めるための基本訓練の義務化等が規定され、また、第7章として設けられた選択的資格証明制度において、外国政府が発給する**海技免状**（海技士としての免許証）を承認する際には協定を締結することなどが規定された。この第7章の新設を受け、日本の場合、パナマやリベリアといっ

図6-5 ■ 商船三井がフィリピンに設立した商船大学の施設
出典：JETRO（https://www.jetro.go.jp/biz/areareports/2019/78c5eeab630dc56c.html）より

たいわゆる**オープンレジストリー国**とは、自国船員の配乗を可能とする協定を、他方で、フィリピンやインドといった**船員供給国**とは、彼らの海技免状を日本籍船に認める協定を締結している。また、日本の海運会社の日本郵船や商船三井は、フィリピンにいわゆる**商船大学**を設け、教育訓練から雇用につなげている（図6-5）。

【307】　さらに、附属書規則を補足するために付録や決議が加えられるなど、わかりにくかった関係を整理し、附属書規則の技術的な詳細や内容を補足するものとしてSTCWコードを設けた。同コードは、強制要件として課されるA部と各国が条約を統一的に運用するための指針となるB部の2つから成る。また、さらなる包括的見直しを踏まえ2010年に行われた改正においては、第6章での基本訓練を、5年ごとに行い、能力を維持していることの証明が必要となった。2010年改正ではまた、2009年の**海上人命安全条約**附属書の改正によりECDIS【272】が船舶に備え付けられるようになったことを踏まえ、ECDISの取扱訓練も義務化されることとなった。

【308】　また、船員訓練資格条約においては、資格を取得した船員は資格証書を保持しなければならず、海上人命安全条約と同様に、寄港国による検査が行われる。船員訓練資格条約は形式的にHSSC【273】の枠組みに組み込まれているわけではないが、実務的には、海上人命安全条約等と同様に**寄港国管理（PSC）**の一環として行われることが少なくない【78】。また、この船員訓練資格条約と海上人命安全条約を含むいくつかの条約は、**自動運航船**には独自の規則が適用される必要があるとして、現在IMOにおいて検討

が行われている。一定の自動運航船には、船外から船舶を運航する、**遠隔操船所**（remote operation center）が設けられる予定であるが、そうした遠隔操船の資格などを船員訓練資格条約の枠組み内で、新たに検討していく必要があるのである。

(3) 漁船に関する規則

漁船が船員訓練資格条約の適用対象とならないことは上述したとおりであり、その背景には、商船と漁船とでは乗組員に求められる資格は異なるべき、との考え方がある（日本は商船と漁船とで、海技資格に大きな区分を設けておらず、その意味では、独特の制度を有する）。他方で、漁船においても、乗組員の技術不足から発生する事故が後を絶たず、国際的に統一された規則が希求され、**トレモリノス条約**【274】採択に向けた会議などで議論されてきたが、最終的には船員訓練資格条約の初めての包括的改正がされた1995年に、**STCW-F 条約**が採択された。

【309】

同条約は、15か条から成り、不可分とされる附属書も全4章にとどまり、船員訓練資格条約そのものに比べれば、詳細な規定は少ない。その背景としては、漁船の方が各国の事情から国家の裁量に委ねざるを得ない部分が多いことが挙げられよう。また、無線資格など、類似の規定がある要件についても、商船のそれに比べ緩やかな要件となっているものもある。同条約は、ケープタウン協定とは異なり、すでに2012年に発効しており、2024年現在、船員訓練資格条約と同様に包括的見直し作業が行われている。

【310】

第2項 ── 労働条件

(1) 海事労働条約（MLC）の形成

船員の労働環境は様々な意味で特殊性を有する。まず、外航海運の場合には、時に船舶という密閉空間で長期にわたり限られた同僚と暮らさなければならない点が挙げられる。そして、その同僚が、多国籍から成り文化や慣習を共有できない場合もある。こうした事情により、人間関係の悪化から船員同士でのトラブルが発生した際に、警察や救急車を呼ぶこともできず、自分たちで解決をする必要がある。そのため、**船長**は**司法警察員**として、犯罪の捜査や犯人の逮捕などを行う権限を有している。また、古くは恒常的に、そして現代でも続く問題として、閉鎖環境を利用して船員の労働を搾取するケースもある。

【311】

▶第2節 船員の規律および保護　　115

【312】　この船員の労働環境については、IMO ではなく ILO【109】が伝統的に取り扱っている。ILO は 1919 年に設立されているが、翌 20 年に締結した船員の最低年齢にかかわる 7 号条約を皮切りに、多数の船員の労働環境を規律する条約を採択している。そのような中、それまでの 68 の条約・決議を整理、統合、修正する形で 2006 年に**海事労働条約（MLC）**が採択された。

（2）海事労働条約（MLC）の概要

【313】　同条約は、ILO で採択されたものであるがその構造は IMO の 95 年船員訓練資格条約と類似する形をとっており、条約本文に加え、規則（regulation）とコード（code）を設けている。コードの A 部が強制的な基準（standard）である一方で、B 部は遵守はあくまでも任意的な指針（guideline）にすぎない点も 95 年船員訓練資格条約と同様である（条約 6 条 1-2 項）。ただし、労働関係法制については各国それぞれの制度を有していることに鑑み、海事労働条約も ILO において用いられてきた**実質的同等性**をコード A に導入している（6 条 3 項）。実質的同等性とは、締約国が条約の規定する形そのままに遵守できておらずとも、自国の国内法や他の措置を通じ、規定の目標を十分に達成すればよいとするもので、国内法の改正をせずとも条約の批准ができるように設けられている。

【314】　同条約は、規則ごとに適用範囲を変える部分もあるが、原則として適用対象を商船とし、軍艦への適用を明示的に除外している（2 条 4 項）。最低年齢を 16 歳としたり（第 1.1 規則）、給与を定期的に支払うこと（第 2.2 規則）、労働時間は 1 日最長で 14 時間、1 週間で 72 時間までとするなど（コード A.2.3 基準）、基本的な労働条件を定めている。また、条約規定を遵守していることを確認したことを証明する海事労働証書を旗国が発給し、それを寄港国が検査するなど、PSC が行われ（規則 5.1.1 および 5.1.3）、その際に RO を用いることができるなど（規則 5.1.2）、IMO の経験を十分に活かす建付けとなっている。こうした背景もあってか、条約改正の議論なども基本的に ILO で行われているにもかかわらず、海事労働条約は IMO の 4 本の柱の 1 つとして位置づけられている（他の 3 つは海上人命安全条約、船員訓練資格条約、MARPOL 73/78【405】である）。

（3）漁船に関する規則

【315】　また、漁船については、商船以上に長期にわたり海上で活動を行うことがあるから、場合によってはより搾取が行われやすい環境といえる。実際、

現代においても、IUU 漁業を行う漁船において、乗組員が奴隷のような待遇で働かされている実態も確認されている。海事労働条約が漁船への適用を除外していることから、漁業従事者に国際的に保護を与えるために、すでに ILO で締結されていた 4 つの条約を改正・統合する形で 2007 年に**漁業労働条約**を採択した。

同条約は、商業的漁獲に従事する者や船舶に対して用いる漁船のサイズ等に関係なく包括的に適用されることとなり（2 条 1 項）、海洋だけではなく、河川や湖などの内水での活動も含む（1 条(a)）。条約としては IMO 関係の条約と異なり、9 部から構成される本体が 54 か条からと、本章で扱った他の条約と比べ長めの構成をとり、比較的短めの 3 つの附属書が加えられている。商船との大きな違いとして、附属書Ⅲにおいて、詳細な居住設備の条件が定められている点が挙げられよう。また、大型の漁船や国際漁業に従事する漁船の場合、遵守を促すための手続として、旗国が証書を発給し PSC が行われる点は、本章で扱ってきた他の条約と同様である。

【316】

【 主要参考文献 】

逸見　真『船長のための海洋関係法―海洋の自由と法秩序』（海文堂、2023 年）
Irini Papanicolopulu, *International Law and the Protection of People at Sea*（OUP, 2018）.
Moira McConnell, Dominick Devlin, and Cleopatra Doumbia-Henry, *The Maritime Labour Convention, 2006：A Legal Primer to an Emerging International Regime*（Brill, 2011）.
Simon Baughen, *Shipping Law*, 8th ed.(Routledge, 2023).
Yvonne Baatz（ed.）, *Maritime Law*, 5th ed.(Routledge, 2021).

第7章 生物資源

　海洋の生物資源に関する国際法は、その管理を所管する**農林水産省**（と　【317】
りわけ**水産庁**）や地方公共団体、水産業に携わる者、さらに、生物多様性（第
9章）の問題との関係から、環境に関心を有する者にとっても重要である。
海洋の生物資源、とりわけ魚類を国家間で配分したり、保存管理したりす
るための国際法が生成・発展してきたのは、こうした資源が歴史的に、た
びたび国家間紛争の原因となってきたからである。さらに、科学技術が発
展し、**底引網漁**や**巻網漁**といった大規模な漁業【7】が行われるようになり
（図7-1）、漁業に対する国際法の規制もより一層求められるようになってい
る。以前は、漁業の問題は単に生物資源という資源の配分をめぐる紛争と
いえたものの、生物多様性の保全が国際社会の関心を集めるようになると、
漁業に関する規則も、単に資源を配分するためのものを超えて、生態系シ
ステムの中で魚類の果たす役割も踏まえ、生物多様性を守るための国際法
の及ぼす影響が強くなってきている。魚の需要が少なくない日本は、日本
の海を越えて幅広く遠洋漁業を行っており、このような海洋法規則の遵守
を強く意識する必要がある。

　また、本章で示されるように、海洋法条約は、地域（regional）や小地域　【318】
（sub-regional）の機関・協定・取極についてたびたび言及しており、同条約

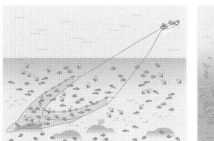 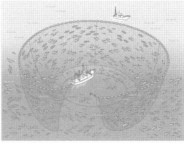

図7-1 ■ 底引網漁・巻網漁のイラスト
出典：農林水産省「漁業種類イラスト集」より

のもとで採択された公海漁業実施協定【29】はこれら地域的機関の役割を
強調している。同協定においては、**地域漁業管理機関**（Regional Fishery
Management Organizations, RFMO）または枠組み（RFM Arrangements,
RFMA）と２つが並列されている。両者の違いは、前者が常設の事務局を
有するのに対し後者は有さない、という点である。そうはいえど、RFMA
の枠組み内でも保存管理措置についてのさらに詳細な決定がなされるなど、
両者に大きな違いはない。そのため、条約がRFMOと明示的に規定してい
る場合などを除き、本書では両者を包摂する**地域漁業体**（RFB）という用
語を主として用いる。また、地域と小地域について、相対的に規模の違い
はあるものの、必ずしも明確な線引きがあるわけではないことから、本書
は両者についても区分せず基本的には地域（regional）の単位を用いる。

【319】　こうした流れの中にある生物資源に関する国際法について、まずはその
歴史的展開を確認する（第１節）。そのうえで、海洋法条約を中心に制度設
計がされている魚種別の規制に関し、普遍的な規則を中心に概観し（第２
節）、現在、最先端の実行が蓄積しており注目を集めるRFBの活動を確認
する（第３節）。そして最後に、四面を海に囲まれているにもかかわらず、
ごく一部を除き境界画定ができていない日本（第５章）にとって重要な、未
画定水域における保存管理措置について確認する（第４節）。

▶第1節　生物資源に関する海洋法の展開

第1項 ── 海洋法条約以前

（1）ベーリング海オットセイ事件

【320】　**グロティウス**は魚を無尽蔵な資源とみなしていた。そうした理解もあり、
領海・公海での区分による影響は受けつつも、国際法による魚獲の規律は
あまり想定されなかった。しかし、人類の海洋進出が進み漁獲技術が発展
するにつれ、無尽蔵な資源という理解は適切ではないという認識が定着し、
生物資源をめぐる国際的な紛争が生じるようになる。

【321】　国際法による解決が試みられた古典的な紛争として、英米間の**ベーリン
グ海オットセイ事件**が挙げられる。同事件は、1867年に米国がロシアより
アラスカを購入したことに端を発する。米国は、３海里の領海内でのオッ
トセイの捕獲を禁止すると同時に、捕獲の際の条件を定めるなど、オット

ベーリング
海オットセ
イ事件

120　　第7章┃生物資源

セイ保護のための国内法を導入した。そのような中、1868 年 8 月より、米
国は公海上においてオットセイ漁を行っていた英国（当時はカナダを含む）の
漁船を拿捕し、その乗組員を処罰しはじめた。英米は交渉を行ったものの
解決せず、紛争を仲裁裁判に付すこととなった。米国は、オットセイが自
国沿岸を拠点とすることからその**所有権（right of property）**を有し、ま
た、オットセイ産業の**保護権**は領海を越えて行使することができるといっ
た主張を展開したものの、1893 年に、仲裁裁判所はこれらの主張は受け入
れられず、米国の措置は国際法に違反すると判示した（p.269（RIAA））。

(2) ジュネーヴ海洋法 4 条約

　このように、時に国際裁判にいたるような紛争となったものの、世界の
海に普遍的に適用される漁業規則の登場は、第二次世界大戦後まで待たね
ばならない。**ジュネーヴ海洋法 4 条約**（1958 年）の 1 つである**公海生物資
源保存条約【22】**の採択である。同条約は、公海自由の原則に漁業の自由
が含まれることを前提として、人間の食糧確保のために、生物資源を持続
的に生産可能とするための保存措置を規定している。公海上、自国民が事
実上排他的に漁業を行っている水域においては、その国籍国（**漁業国**）が保
存措置をとる義務を負う（3 条）。複数の国の国民が漁業を行う公海上の水
域において保存措置を講じる場合には、交渉して措置を決定する必要があ
る（4 条 1 項）。交渉において話がまとまらない場合には、9 条に従い、5 人
の委員より成る特別委員会などに問題を付託することも可能である（2 項）。

　また、領海に**隣接**する公海（当時は**排他的経済水域（EEZ）**が存在しない）に
ついては、領海沿岸国が**特別の利益（special interest）**を有するとして、
沿岸国の保存措置と合致しない保存措置を他の国家が講じることはできず、
保存措置に関して合意ができない場合には、特別委員会に問題を付託する
ことが可能とされた（6 条）。同条約には、日本を含む多くの遠洋漁業国が
参加せず、締約国数は比較的少数にとどまったものの、6 条において領海
を越えての漁業に関し沿岸国に一定程度の地位を認めたことが、EEZ の形
成につながっていくこととなる。

　同じジュネーヴ海洋法 4 条約の 1 つである大陸棚条約は、2 条 1 項にお
いて大陸棚天然資源への主権的権利を規定し、同条 4 項において天然資源
が鉱物資源だけでなく**定着性種族（sedentary species）**、「すなわち、採
捕に適した段階において海底面若しくはその下で静止しており又は絶えず

【322】

【323】

【324】

▶第1節 生物資源に関する海洋法の展開　　**121**

海底に接触していなければ動くことができない生物」をも含むとしている。この規定があったため、オーストラリアとの間に真珠貝、また、米国との間にベーリング海のカニ漁業をめぐって懸案事項があった日本は、大陸棚条約に参加しなかった。なお、貝やサンゴがこの中に含まれることに異論はないが、エビやカニがその中に含まれることについては、否定する見解もあった。

第2項 —— 海洋法条約

（1）EEZ の導入と利用

【325】　海洋法条約上、領海を中心とした沿岸国の主権が及ぶ水域において、第12部の環境規制が影響を与える場合はあるものの、基本的に沿岸国が自国の裁量で生物資源の保存管理を行うことができる。また、大陸棚に関しては、その権原が変わったことに伴い物理的範囲が変わるものの、生物資源への主権的権利については、定着性種族の定義を含む海洋法条約77条4項の規定ぶりは、大陸棚条約2条4項と同一である。

【326】　生物資源に関して海洋法条約がもたらした最も大きな影響は EEZ の導入である。同条約の第5部に規定される EEZ の制度は、元々は特別の法制度として設けられたものの（55条）、現在では慣習法に基づき沿岸国が設定できるものと考えられている。同条約によれば、沿岸国が EEZ 内の生物資源を含む天然資源に対して**主権的権利**（sovereign rights）を有し（56条1項(a)）【159】、また、海洋環境の保護および保全等に**管轄権**（jurisdiction）を有する（56条1項(b)）。そのため、EEZ 内の生物資源の管理に関し、沿岸国が大きな裁量を有するようになった。

【327】　ただし、これらの主権的権利および管轄権に基づき、沿岸国が漁業活動を規制するのは問題ないとして、他のどういった活動までを規制できるかについては必ずしも明らかではない。また、56条2項は沿岸国が権利を行使するに際しては、他の国家の権利義務に**妥当な考慮**（due regard）を払わなければいけないとする。沿岸国が主権的権利を有するとはいえ、天然資源等の限られた事項以外は、基本的に公海の規則、すなわち、自由の原則が準用され（58条1項・2項）、非沿岸国も航行をはじめとする活動を自由に行うことができる。ただし、58条3項によれば、非沿岸国が EEZ を利用する場合には沿岸国に妥当な考慮を払う必要がある。つまり、EEZ にお

122　第7章┃生物資源

いて沿岸国と非沿岸国は相互に妥当な考慮の義務を負っているため、同概念は利益調整の機能を有すると評価されている。

　沿岸国の主権的権利がどこまで及ぶか、裏を返せば、非沿岸国はどのような活動まで他国のEEZで行うことが可能かといった問題として、漁業活動を支援する洋上での**給油活動（バンカリング）**を沿岸国が規制できるかが、これまでの複数の事件で争点となってきた。**国際海洋法裁判所（ITLOS）**に初めて付託された**サイガ号事件**【66】は、セントビンセントおよびグレナディーン（SVG）諸島籍の石油タンカーであるサイガ号がギニアのEEZで漁船に洋上バンカリングを行った際、関税法・密輸禁止法違反を理由にギニアにより拿捕され、船舶および積荷が没収された事件である。SVGがギニアによる関税法の適用が主権的権利の範囲を越え、海洋法条約に違反すると主張したところ、1999年の本案判決においてITLOSは基本的にこの主張を認めている（para. 131）。【328】

　他方で、パナマ籍石油タンカーのヴァージニアG号が、ギニアビサウのEEZにおいて漁船に給油をした際、ギニアビサウが漁業関係法違反を根拠に同船を拿捕し、船舶・積荷を没収した**ヴァージニアG号事件**において、ITLOSはサイガ号事件（No. 2）とは異なる判断を下しているようにみえる。同事件においてITLOSは、バンカリングは漁業活動と密接に関連するとして、沿岸国が漁業資源の保存と管理に対する主権的権利に基づき規制を行うことができるとしたのである（para. 217）【581】。**暫定措置命令**【682】後に取り下げられ、本案判決に至っていないものの、**サン・パドレ・ピオ号事件**においても、ITLOSは、洋上バンカリングを発端にした沿岸国の主権的権利について取り扱っている（paras. 107-108）。【329】

ヴァージニアG号事件

サン・パドレ・ピオ号事件

　また、**チャゴス諸島海洋保護区事件**において英国は、**海洋保護区**を設置する際にモーリシャスの権利および利益に対して「妥当な考慮」を払わなかったため、56条2項に違反するとされた（para. 536）【467】。加えて、沿岸国が有するのは主権的権利であって主権そのものではないために、EEZ内での取締りについては、73条を中心に様々な制約が設けられている【554】。【330】

チャゴス諸島海洋保護区事件

(2) EEZにおける生物資源の管理・配分

　海洋法条約は、EEZにおける生物資源を管理・配分する際の規則を詳細に設けている。その中でも特に重要なのが、61条2項で規定される、「生【331】

▶第1節　生物資源に関する海洋法の展開　　123

物資源の維持が過度の開発によって脅かされないことを」科学的証拠に基づく措置を講じて確保する義務である。そしてこの義務を遵守するうえで鍵となるのが、**漁獲可能量**(total allowable catch, TAC)と**最大持続生産量**(maximum sustainable yield, MSY)という2つの概念である。一般に、資源の回復量が最大となる場合とは、生物資源の資源量が多すぎも少なすぎもしないベストな量の場合である。このことを前提とし、資源の回復量が最大値となる状態を維持するための生産量がMSYである。そして、このMSYを維持するために漁獲量をコントロールする必要があり、漁獲量に設ける上限がTACとなる。

【332】　沿岸国は61条1項に基づきこのTACを定めると同時に、62条2項に基づき、自国の漁獲可能量についても決定する義務を負う。そして、自国EEZでのTACと自国の漁獲可能量に差がある場合、いうならば、余剰分がある場合には、その分を他の国が漁獲することを認めることができる。その場合、EEZ沿岸国と漁業国は入漁の時期といった漁業の条件や漁業国から沿岸国に支払われるアクセス料等を調整し、条約や民間協定を締結する。海洋法条約はまた、こうした形で生物資源の管理を行うに際しては、普遍的、地域的とを問わず、国際機関と協力したり、国際基準を考慮したりすることなどを求めている(61条2項・3項)。他方、EEZを導入していることから、海洋法条約は公海資源保存条約で認められていたような隣接沿岸国の特別の利益などは規定していない。

(3)公海上での漁業

【333】　海洋法条約は、漁業の自由も公海の自由に含まれるとしている(87条1項(e))。ただし、その自由は無制限なものではなく、いくつかの制限が課される。まず、公海の自由一般に内在する、他の国の利益への**妥当な考慮**を払う義務が課される(87条2項)。加えて、海洋法条約第7章2節においていくつかの具体的な制限が課されている。116条(a)によれば、自国民が公海で漁業を行う際に、条約上の義務を考慮して措置を講じることなどが求められる。さらに、自国民への措置を講じたり、資源管理をしたりする際には他の国家と協力し、適当な場合には漁業機関設立のために協力することを求めている(117条・118条)。

第3項 ── 海洋法条約採択後の流れ

(1) 公海漁業実施協定

　海洋法条約の採択によりEEZが導入され、これまで公海として漁業が許されていた水域のうちかなりの範囲で漁業を継続することができなくなった（少なくとも同様には行えなくなった）。その結果、遠洋漁業が公海に集中することとなり、国際社会にとって公海漁業資源の保存と管理の問題に取り組むことが急務となった。他方で、海洋法条約上、公海においては依然として旗国の排他的管轄権が認められることから、旗国の責任を強める動きが高まった。

【334】

　こうした背景において、海洋法条約発効前の1993年に**コンプライアンス協定**が採択された。同協定によれば、締約国は国際的な保存管理措置の効果を自国漁船が損なわないようにする義務を負い、過去にRFBの定める保存管理措置に違反した自国船舶に対し、旗国は公海での漁業を原則として許可してはならない（3条）。しかしながら、このように旗国の責任を強化したことで、かえって、RFBに参加していなかったり、規制が緩い国への船籍変更を促す結果となり、フリーライダーを許容することとなってしまった。

【335】

　海洋法条約における旗国主義の強固性がさらに問題視されたのがカナダ＝スペイン間で争われた**エスタイ号事件**である。カナダのニューファウンドランド州沖合はカラスガレイの好漁場であるが、同魚が季節によっては公海へと移動し、その際にスペイン漁船が濫獲した。これに対し、カナダは1994年に沿岸漁業保護法を制定し、同法に基づきエスタイ号を拿捕した。スペインからすれば、当該拿捕がEEZを越えて行われたことから、同国の旗国としての管轄権を侵害するものであった。スペインは事件をICJに付託したものの、1995年にICJは、カナダが**選択条項受諾宣言**に付した**留保（reservation）**を根拠に、自身は管轄権を有さないと判示した。そのため、最終的にこの紛争自体はカナダとEUの前身である**欧州共同体（EC）**との交渉で解決されることとなる。同事件のような問題に対処すべく、カラスガレイのようなストラドリング魚種や高度回遊性魚種に関する関係国の権利義務をより明確にするために、**公海漁業実施協定**が海洋法条約の2つ目の実施協定として1995年に採択された【29】。

【336】

エスタイ号
事件

▶第1節 生物資源に関する海洋法の展開　　125

【337】　おおよそ同時期に、1992 年のリオ会議などを中心に、国際環境法の発展が著しく進んでおり、その視点は海洋にも取り入れられるべきとの声が強まっていた。そのため、公海漁業実施協定は、まずその前文第 7 段落において海洋生態系の元の状態が重要であると強調し、**生態系アプローチ**を採用している。同アプローチによれば、漁獲対象となる種と同じ生態系に属する他の生物種へ配慮しなければならない。加えて 6 条は、ストラドリング魚種および高度回遊性魚種を保存したり利用したりする際、情報が科学的に不確実であったとしても、入手可能な最良の科学的情報に基づいて保存管理措置をとる**予防的アプローチ**の適用を規定している。

（2）IUU 漁業対策

【338】　公海漁業実施協定の採択以後、国際的に関心が高まり、現在に至るまで大きな問題となっているのが、**違法（illegal）・無報告（unreported）・無規制（unregulated）漁業（3 つをあわせて IUU 漁業と総称する）**である。IUU漁業は、漁獲対象の資源量の減少を招き海の生態系を脅かすといった直接的な影響のほか、漁業から得られるデータの歪曲や、水産業の公正な競争の阻害といった、多くの問題を引き起こすといわれている。さらに近年では、IUU 漁業が犯罪者集団の金銭源となっていたり、強制労働の舞台となったりするといったように、漁業を離れた文脈においても注目を集める。

【339】　IUU 漁業の用語は、**南極生物資源保存委員会（CCAMLR）**において 1997年から用いられ始め、2001 年には**国連食糧農業機関（FAO）**が「**IUU 漁業の防止、抑止及び撲滅に関する行動計画（IPOA-IUU）**」を採択すると、一気に定着する。IPOA-IUU によれば、違法漁業とは RFB の定める規制や沿岸国の国内法に違反する漁業、無報告漁業とは関係する沿岸国や RFB に報告せずに行われる漁業、無規制漁業とは RFB 不参加国の船舶を利用したりあるいは RFB 対象外の水域・魚種を狙ったりする漁業と、それぞれ定義される。実のところ、IUU 漁業のこのような定義に関しては意見の不一致が一定程度残ったままであった。そのような状態で文書が採択された背景には、IPOA-IUU には法的拘束力がないこと、そして、ここでの IUU の定義の用途が限定的であることを前提としていたことが挙げられる。

【340】　そうであるにもかかわらず、この IUU 漁業の定義は FAO 総会が 2009 年に採択した**寄港国措置協定**といった法的文書にも用いられることとなる。同協定は、自国の港に漁船や漁獲関連活動を行う船舶が入港する際、船舶

図7-2 ■ SDG　目標14
出典：外務省（https://www.mofa.go.jp/mofaj/gaiko/oda/sdgs/statistics/goal14.html）より

登録、漁獲・転載許可、漁獲物等に関する情報の事前提供を求めることを締約国に義務づけ（8条）、提出された情報等に基づいて入港の可否を決定する（9条）。同協定はまた、自国のEEZ外で違法漁業を行った個人の訴追・処罰までを認めているわけではなく（18条）、その意味で、船舶起因汚染に比べ旗国を尊重しているといえる【421】。IUU漁業については、FAO以外、たとえば、国連総会においても関心事項となり、SDGsのターゲット14.4では、IUU漁業を終わらせることが目標として掲げられている（図7-2）。さらに、SDGsを受け議論が加速化した結果、**世界貿易機関（WTO）** で2022年に採択された**漁業補助金協定**は、IPOA-IUUの定義に基づき、IUU漁業につながる補助金を禁止している（3条）。

また、生物資源の管理について直接的に規定した条約ではないものの、**BBNJ協定**【431】も、生物資源の管理に大きな影響を与える。特に、同協定に基づき設置されることが想定される**海洋保護区（MPA）**【464】は、禁漁区の設置や海域へのアクセス制限といった措置を含むこともあり、場合によっては漁業に大きな影響を与える。そうした背景から、MPAの設置・運用に関してBBNJ協定は、**隣接沿岸国への配慮**を一定程度規定している（19条4項(h)および21条2項）。

【341】

▶第2節　魚種別の規制

海洋法条約はまた、EEZにおける生物資源の持続可能な利用についての責任を魚種ごとに分類して規定している。具体的には、ストラドリング魚種（63条）・高度回遊性魚種（64条）・海洋哺乳類（65条）・溯河性魚類（さくか）（66条）・降河性魚類（こうか）（67条）ごとに分かれている。

【342】

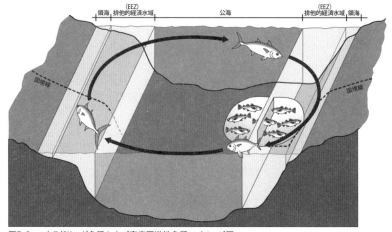

図7-3 ■ ストラドリング魚種および高度回遊性魚種のイメージ図
出典：FAO ウェブページ（http://www.fao.org/3/a0653e/a0653e04.htm）をもとに筆者作成

第1項 ── ストラドリング魚種・高度回遊性魚種

（1）海洋法条約の枠組み

【343】　「境界をまたぐ」ことを意味する straddling を冠する**ストラドリング魚種**は、2か国以上の EEZ、または、ある国の EEZ と隣接する公海にまたがって分布する魚種のことである。スケトウダラやカラスガレイなどがその例である。海洋を広く行き来する**高度回遊性魚種**については、カツオ、マグロ、サンマといった種が海洋法条約の附属書Ⅰにおいて具体的に列挙されている（図7-3）。これら２つの種の保全や持続可能な利用にあたっては、沿岸国が漁業国と協力して保存管理措置を講じる必要があるが、そうした協力は、RFB を介しての場合もあれば直接的に協力する場合もある（63条・64条）。

（2）公海漁業実施協定による発展

【344】　これらの魚種については公海漁業実施協定においてより詳細な規定が設けられたことは上述したとおりであるが【334】、同協定が新たに導入したのがいわゆる「**一貫性（compatibility）の原則**」である。同原則によれば、沿岸国水域における保存管理措置と公海上の保存管理措置が一貫していなければならない。協定の起草過程においては、沿岸国が主導し、沿岸国の

とる措置を公海上でも行うべきという主張（カナダ等）と、別途決められた公海上の措置を EEZ 内にも導入すべきとする主張（スペイン等）が対立したが【336】、7条2項の条文は特にいずれかの立場を支持するわけではない。あくまでも同項は、沿岸国と漁業国の双方に対して、RFMO と漁業国が採択する措置等をそれぞれ勘案して措置を講じることを求め、それにより、両者の措置の一貫性を担保しようとしている。

　公海漁業実施協定はまた、保存管理措置の遵守を確保するために、非旗国による公海上での**乗船検査**についての規定を設けている（21条）。非旗国が従わなければならない、乗船検査の具体的な手続は、各 RFB の定めるところによる（同条2項）。ただし、同協定採択から2年経っても RFB が手続を定めない場合には、21条・22条の規定する形で乗船検査を行うこととなる（3項）。同条5項に基づけば、検査国ができるのはあくまでも旗国への証拠の提出までであり、海賊等とは異なり【570】、訴追や処罰といったところまで、非旗国が旗国の同意なしで行うことができるとするものではない。【345】

第2項 ── 海洋哺乳類

　クジラやオットセイなどの**海洋哺乳類**に関して、海洋法条約は EEZ（65条）と公海（120条）の両水域に規則を設けている。ただし、120条は65条を公海にも適用すると規定するのみであることから、重要なのは65条となる。同条は、締約国は海洋哺乳類保存のために協力する義務──特に鯨類の保存、管理、研究に際しては、適当な国際機関を通じて活動する必要がある──と規定する。実のところ、鯨類に関する国際機関については、海洋法条約が締結された1982年当時にはすでに、**国際捕鯨委員会（IWC）**が設立されていた。そのため、ここでいう適当な国際機関は主として IWC を想定しているといえる。【346】

　同委員会は、1946年に、①鯨類の保護と、②捕鯨産業の持続的発展、の2つを目的として締結された「**国際捕鯨取締条約（ICRW）**」により設置された。そのため、IWC は、これら2つの目的のために機能することが期待されるが、時間の経過とともに、2つの目的のうち、①のみが強調されていくこととなる。その端緒となったのが、1972年の**国連人間環境会議**である。同会議において米国が商業捕鯨の**モラトリアム**（一時停止）を提唱した。【347】

▶第2節 魚種別の規制　　129

そして、この商業捕鯨モラトリアムは10年後の1982年にIWCで採択され、1986/87年漁期より実施された。その後、モラトリアムが継続するなか、商業捕鯨の再開を目指す日本をはじめとする捕鯨国と、モラトリアム維持の反捕鯨国との対立構造ができあがったのである。

【348】　そもそもモラトリアムが導入されたのは、鯨類資源の管理方式に科学的疑義が呈されたからである。この管理方式や鯨類の資源量については、当時より国家間での見解は一致していなかったため、鯨類資源の管理方式についての科学的知見を蓄積するため、というモラトリアム導入の理由づけは、ICRWの2つの目的に合致したものであったといえる。このことは、捕鯨国にとっては、より科学的な管理方法と資源量が十分であることを示せば、商業捕鯨の再開が認められることを意味していた。事実、モラトリアムは1990年までに再考される予定であった。しかしながら、その後、再考されることなくモラトリアムが長期化していくなかで、商業捕鯨を禁じる理由づけも変わり、鯨類を特別視するがゆえに商業捕鯨の禁止を唱える声が強まると、もはや、捕鯨自体が禁止されるべき行為とみなされ、目的②についての科学的根拠に基づいた建設的な議論は困難となっていく。

【349】　日本も、1951年にICRWを批准し、モラトリアムに服することとなった。同モラトリアムの枠組みの中でも、科学的調査のための捕鯨は許されているため、日本は南極海において捕鯨を継続した。しかし、これがオーストラリア等により批判され、2012年にはICJより、日本の捕鯨は科学的研究のためとはいえないと判示された【351】。2019年に日本はICRWを脱退したことから、日本は現在、ICRWに拘束されることはない。他方で、依然として海洋法条約上の義務を負うため、日本はIWCにオブザーバーとして参加することで、国際機関を通じて鯨類を管理しているとの立場をとる。

【350】　また、鯨類に限らず、海洋生物の中でもとりわけ海洋哺乳類への配慮が必要なものとして、水中騒音の問題が挙げられる。たとえば、洋上風力のための風車を設置するために、杭を海底に打ち付けると、その際に発生する騒音が海洋哺乳類へのダメージとなりうる。水中騒音を規制する場合、多くの活動が制限されることとなることから、あらゆる水域に適用され規制を設けるのは容易ではなく【384】、MPAの設置などの**区域型管理手法**【461】による対応も選択肢の1つとして考えられている。

130　第7章▪生物資源

▶ **判例事例研究** ▶ **南極海捕鯨事件（2014年）** 【351】

本事件は、日本が科学目的のために行う第二期南極海鯨類捕獲調査（JAR-PAII）について、オーストラリアが実質的には商業捕鯨でありICRW違反を構成するとして、ICJ規程36条2項に基づき、ICJに一方的に付託した事件である。なお、ニュージーランドは第三国として訴訟に参加した。本件において主たる争点となったのは、JARPAIIが、ICRW8条1項において認められる「科学的研究のため」の捕鯨といえるか否かであった。この点についてICJは、JARPA IIは広義には科学的研究としての特徴を有するものの、その内容と実施が研究目的との関係において合理的なものと認めるだけの証拠は提示されていないとして、JARPA IIは「科学的研究のため」ではないと判示した（para. 227）。こうした判断は、ICJが従来とってきた立証責任に関するアプローチとは異なるものとして注目を集める。従来の裁判では、違法性を主張する原告たるオーストラリアが、JARPA IIが「科学的研究のため」ではないことを立証しなければならないのに対し、ICJの判決は、日本側が受け入れたこともあり、日本側が「科学的研究のため」と立証しきれていないがゆえに、そのようにICJが判断しなかったと読めるからである。本件はまた、南極海の公海上で行われた捕鯨についての申し立てであったことから、オーストラリアが個別に被害を受けているわけではない。ジェノサイドの問題などについて、近年では、非被害国によるICJでの責任追及が目立つようになってきたものの、本件は、海洋生物資源についても、同様に非被害国による責任追及が行われた先例としての評価もある。ただし、この点については日本が先決的抗弁を提起したわけではなく、本件の先例的意義についての見解は分かれる。

南極海捕鯨
事件

第3項 ── 溯河性魚類・降河性魚類

（1）溯河性魚類

溯河性魚類（anadromous species）とは、淡水の河川で産まれ、一度 【352】
海洋に出てから産卵のために河川に戻る魚であり、サケやマスがその中に含まれる（日本のサケについて、図7-4）。海洋法条約66条1項は、同種が産まれる河川を有する国（**母川国**）が第一義的利益と責任を有すると規定する。しかし、問題となる溯河性魚類が海洋に出る際に、自国EEZを越えて移動する場合、母川国のみで同種を保存管理することは難しく、他の関係国と協議してTAC【331】を決めたり（同条2項）、また、RFBを設立したりすることなども想定されている（同条5項）。

▶第2節 魚種別の規制　**131**

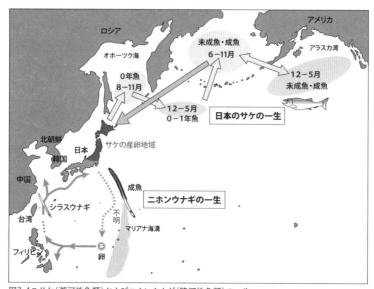

図7-4 ■ サケ(溯河性魚類)およびニホンウナギ(降河性魚類)の一生
出典:水産総合研究センター (https://www.fra.go.jp/home/kenkyushokai/book/franews/files/fnews16.pdf) および水産庁 (https://www.jfa.maff.go.jp/j/saibai/pdf/meguru.pdf) をもとに筆者作成

【353】　日本が関係する溯河性魚類のRFBとして、**NPAFC条約**(1992年)が挙げられる。同条約によれば、条約水域として設定される北緯33度以北の北太平洋公海においては、科学的調査目的を除いては、サケ・マス類をはじめとする溯河性魚類の漁獲が禁止されている(3条1項)。さらに、条約締約国間であれば非旗国であっても条約水域においては乗船検査を行い、場合によっては船舶の拿捕および違反者の逮捕を行うことを認めている(5条2項・3項)。加えて、北大西洋では**NASCO条約**(1982年)においても、条約水域内であって、領海外となる水域でのサケの漁獲が原則として禁止されている(2条1項)。

【354】　また、日本が二国間の枠組みとしてロシアと締結している**日ソ漁業協力協定**(1985年)においても、溯河性魚類の取り扱いが規定されている。同協定は、海洋法条約と同様に母川国主義を採用しており(2条1項)、母川国は、サケ・マス類を含む溯河性資源の保存のために、相手方と協議し、EEZと公海におけるTACを決めることができる(同条2項)。加えて、溯河性資源の漁獲は原則としてEEZ内でのみ許され、例外的に公海で行われるロシアを母川国とする資源の日本漁船による漁獲については、両国で協

議により条件を定めるための協議を行う（同条3項）。

（2）降河性魚類

　溯河性魚類とは反対に、海で産まれ河川で育った後に海で産卵するウナ [355]
ギなどの**降河性魚類**（catadromous species）は、同種がその大部分を過
ごす水域の所在する沿岸国がその管理について責任を有する（海洋法条約67
条1項）。同魚類の漁獲はEEZより陸地側でのみ行われるとされ（2項）、同
魚類が他の国のEEZも回遊する場合、責任を有する沿岸国と当該EEZの
沿岸国との間での合意に基づき管理が行われる（3項）。

　ニホンウナギの回遊ルートについては長らく不明な点も多いとされてき [356]
たが、**マリアナ海溝**周辺海域で生まれた後、西進してフィリピン沿岸に至り、
その後、北上して台湾沿岸を経由し日本に至るとされる（図7-4）。同種の
稚魚（シラスウナギ）は養殖用種苗として利用価値が高く、ニホンウナギの
資源量が減少し続けたことから資源管理の対応を迫られることとなった。
漁獲を行う日中韓台で2012年より非公式協議の会合を継続して行い、2014
年には、中華人民共和国漁業部、日本国水産庁、大韓民国海洋漁業省およ
びチャイニーズ・タイペイ漁業署により、**ニホンウナギ声明**が採択された。

　同声明の参加主体が各国政府の一部の部署となっているのは、国家とし [357]
て承認されていない台湾が参加する際の工夫であり、同声明は基本的に政
府間の合意と位置づけられる。同声明は、養殖池に入れる種苗の量を制限
したり、輸出入量のデータを取ったりするなど、ニホンウナギの資源を保
存管理するための措置を定めているものの（第1段落）、法的拘束力を有す
るわけではなく、将来的には拘束を有する枠組みを設立することも想定し
ている（第4段落）。他方で、同声明参加国は、同声明に基づき国内法を制
定するなどして、その定める内容を遵守している。そのため、法的拘束力
のない文書ではあるが、同声明はニホンウナギの資源量回復につながって
いるとの評価もある。

▶第3節　地域漁業体（RFB）による規制

第1項 —— 地域漁業体の設立状況

（1）地域漁業体の共通点

　これまでみてきたように、RFBは海洋法条約や公海漁業実施協定におい [358]

▶第3節 地域漁業体（RFB）による規制　　**133**

て役割が与えられているものの、それぞれが設立条約に基づき設立されているため、基本的には別個独立した組織である。他方で、次項で詳述するIUU漁船リスト【366】のように、RFB間での協力も進み、成果を上げている。それぞれの経験を共有してベスト・プラクティスを模索するという観点からもRFB間のコミュニケーションは重要である。現在、そうした連携やコミュニケーションを促進するために、国連食糧農業機関、とりわけ、その技術委員の1つである**水産委員会（COFI）**がRFBの活動の取りまとめを行っている。

【359】　設立条約が異なり、また、設立された時期も一様ではないため、RFBの組織構造などはそれぞれ異なる。ただし、一般的な傾向としては、全締約国から構成される各種委員会があり、同委員会において、TACの設定であったり、新たな保存管理措置の導入であったりといった重要事項が決められる。多くの場合、保存管理措置の導入はコンセンサスで決められ、原則として全締約国を法的に拘束する一方で、異議を申し立てた締約国はそれらの拘束から免れることもできる（**オプト・アウト方式**）。委員会の判断を支援するために、専門家から成る**科学技術委員会**が設置され、科学的な見地からの、あるいは技術の問題についての情報を提供し、資源量の見積もりなどに貢献する。また、RFB締約国がRFBの定めた保存管理措置を実施しているかを確認する**遵守委員会**が設けられる場合もある。加えて近年では、プライベートアクターの参加などを許容し、その知見を包摂する傾向にある。

（2）地域漁業体の具体例

【360】　RFBは、管轄水域だけでなく、対象とする魚種によっても異なる。たとえば、高度回遊性魚種の代表として、非常に広範な水域を移動するまぐろ（厳密にいえば、まぐろは、くろまぐろ・みなみまぐろ、のようにさらに詳細に分けられている）とかつおについては、大西洋まぐろ類保存国際委員会（ICCAT）、中西部太平洋まぐろ類委員会（WCPFC）、インド洋まぐろ類委員会（IOTC）、全米熱帯まぐろ類委員会（IATTC）、**みなみまぐろ保存委員会（CCSBT）**の5つがあり、世界の海を5つに区分して担当している（図7-5）。実のところ、まぐろ資源の管理は、海洋法条約の発効前より始まっており、たとえば、みなみまぐろの資源量が減少したことをうけ、当時の主要漁業国であった日本、また、漁業国であると同時に沿岸国でもあるオーストラリア・

134　第7章┃生物資源

図7−5 ■ かつお・まぐろ類を管理するRFMO
出典：水産庁資料（https://www.mofa.go.jp/mofaj/files/100224973.pdf）より（一部改変）

ニュージーランドは、同種の保存管理措置を 1985 年より導入した。そして、そのような管理措置を法的拘束力のあるものとするために、1994 年に**みなみまぐろ保存条約**を締結し、CCSBT が設置されたのである。

> ▶ 判例事例研究 ▶ **みなみまぐろ事件**
>
> 本事件は、第二次世界大戦後、日本が初めて関与したのみならず、附属書 VII 仲裁裁判所に初めて事件が付託された事件である。仲裁裁判所の場合、裁判のロジ手続を行う事務局は当事国の意向により変わりうるが、本件は**投資紛争解決国際センター**（International Centre for Settlement of Investment Dispute, ICSID）が用いられた唯一の事例である（それ以後は、**常設仲裁裁判所**（**PCA**）が一貫して用いられている）。日本とオーストラリア・ニュージーランドとの間でみなみまぐろの資源量の見解が異なることから、CCSBT が TAC の割当などを行えず機能不全に陥ったことに端を発する。見解の相違を埋めるべく、日本は CCSBT において共同の調査漁獲計画（EFP）を提案したが、これもオーストラリア・ニュージーランドには受け入れられず、結果として、日本は単独の EFP を開始する。これに対しオーストラリアおよびニュージーランドが反発し、日本の EFP 実施が海洋法条約 64 条等に違反するとして附属書 VII 仲裁裁判所において手続を開始すると同時に、日本による EFP の停止を指示する暫定措置命令を ITLOS に求めた。ITLOS は、オーストラリア・ニュージーランドの主張を認め、日本に対して EFP の停止を求めたが、その中で注目すべきは、「海洋生物資源の保全は、海洋環境の保護及び保存の一要素である」とした点である（para. 70）。本件におけるこの一説は、後の ITLOS **SRFC 勧告的意見**【692】においてより具体的に、漁業活動が海洋法条約 192 条の環境保全義務と結びつけられ（p.68）、これらは、**ITLOS 気候変動勧告的意見**【387】においても確認されている（para. 169）。他

【361】

みなみまぐろ事件（ITLOS 暫定措置）

みなみまぐろ事件（管轄権・受理可能性）

▶第3節 地域漁業体（RFB）による規制　　*135*

方で、仲裁裁判所は、みなみまぐろ保存条約は当事国の合意なしに他の紛争解決手続を援用することを認めていないとして、紛争に対する管轄権を有さないと判示した【664】。

図7-6 ■ かつお・まぐろ類以外を管理するRFMO
出典：図7-5に同じ

【362】　また、他の魚種について、RFMOに限っても、CCAMLR、南インド洋漁業協定（SIOFA）、NPFC、南太平洋漁業管理機関（SPRFMO）、北大西洋漁業機関（NAFO）、北東大西洋漁業委員会（NEAFC）、地中海漁業一般委員会（GFCM）、南東大西洋漁業機構（SEAFO）などがある。日本はこうしたRFMOの参加に積極的であり、日本漁船による活動が行われなくなったことから2020年に脱退したものの、遠く離れたGFCMにも一時批准していた（図7-6）。

第2項 ── 地域漁業体の活動

（1）RFBによる保存管理措置

【363】　RFBの最も重要な任務として、TACの決定が挙げられる。第1節で確認したように、TACを決定するに際しても、MSY【331】を考慮する必要があり、そのためには、管轄水域内における対象魚種の資源量の評価が必要不可欠である。しかし、その資源量の評価方法などをめぐっても各国での意見が異なることもあり、TACの決定という単一に見える作業も容易ではない。そして、決まったTACに基づき加盟国に割当を分配し、その割当内で加盟国が漁獲可能量を決める。

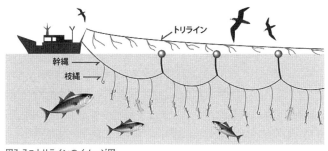

図7-7 ■ トリラインのイメージ図
出典：WWFジャパン（https://www.wwf.or.jp/activities/opinion/2237.html）より

　RFBはまた、公海漁業実施協定において導入された生態系アプローチ・予防的アプローチの2つの観点を踏まえ、漁獲に際しての保存管理措置を設ける。生態系アプローチの観点から、漁獲対象以外の生物、とりわけ希少生物種（うみがめ、いるか、海鳥など）の混獲を防止するために措置を講じることが求められる。たとえば、水鳥が漁船のまく餌に食いつき網に巻き込まれたりする事態を避けるために、漁船の船尾に長い棒を取り付けそこからテープをつけたロープを曳航して水鳥をけん制する**トリライン**の導入を義務づける措置や（図7-7）、特定の漁具や漁法を禁止したり、あるいは特定の水域での漁獲を禁止する。また、予防的アプローチの観点からは、科学技術の発展に伴い可能となった、魚、漁業従事者、管理者の行動についてのデータなどから、シミュレーションを作り、そこで仮想の管理を行う**管理戦略評価**（management strategy evaluation, MSE）なども導入されるようになってきている。

【364】

　このように、RFBが決定する加盟国の漁獲可能量や保存管理措置について、締約国が遵守しているか否かを判断したり、締約国の遵守を促すために、公海漁業実施協定が期待するような乗船検査に加え、船舶位置監視装置（VMS）を用いて、規制海域への漁船の出入域を監視したり、正規の漁業許可を受けた漁船のリスト（**ポジティブリスト**）の作成などをRFBは行っている。

【365】

（2）RFBによるIUU漁業対策

　IUU漁業対策においても、RFBは主導的な役割を果たすようになっている。その中でも効果的と考えられているのが、IUU漁業に従事した漁船の

【366】

リスト（**ブラックリスト**または**ネガティブリスト**）の作成である。そして、リストに掲載された船舶に対しては、追加的に水揚げや入港を禁止する措置、さらには、**国際刑事警察機構（ICPO）**と連携して、各国の捜査機関の注意対象とする「紫手配書」を出すなどの措置がとられる。加えて、1つのRFBにおいてこのリストに掲載されると、他のRFBにおいても同様のリストに掲載される体制が設けられている。また、近年注目を集める制度としては、**漁獲証明制度**（catch documentation scheme, CDS）が挙げられる。同制度は、漁獲物が違法に採取されたものではないことの証明書を、水揚げ・輸入の際に確認する制度である。そして、証明書がない場合には水揚げ・輸入を認めないことで、IUU漁業を抑止しようとしている。

▶第4節　未画定水域での保存管理

第1項 ── 未画定水域における一般的規制

【367】　世界的に未画定の海洋境界は少なくなく、日本も韓国との間に境界画定協定を締結した北部大陸棚を除き画定ができていない【242】。また、島の領有権について争いがある場合、そもそも境界画定の端緒を見つけることすら困難となる。境界画定交渉が長期化することを想定し、海洋法条約74条・83条の共通3項は、それぞれ排他的経済水域および大陸棚が未画定の場合に、「最終的な合意への到達を危うくし又は妨げない」ための努力義務を規定している【250】。これまで、この義務は非生物資源の文脈でのみ違反が追及され、生物資源の先例は見当たらない。しかしながら、生物資源を一方的に濫獲し、ある種の資源量を著しく減らすなどした場合、当該義務の違反とみなされる可能性はあろう。また、ストラドリング魚種について規定した63条1項は、沿岸国が資源の保存管理について「合意するよう努める」ことを規定している。同項に基づき、境界が未画定であっても、ある種が、将来的に予想される境界線をまたがっていることが明らかな場合（たとえば、両国が主張する境界線のいずれとなっても、それらの境界線をまたがる魚種がいる場合）には、同項に基づき、保存管理のために合意に努める義務を負うとの見解もある。

第2項 —— 日本の実行

日本周辺海域の北側から西側は、他の国家まで400海里に満たない海域がほとんどである。そのため、海洋法条約により200海里のEEZが導入されると、日本は近隣諸国と権原の重複する海洋の境界を画定しなければならなくなった【233】。特に、日本海や東シナ海は好漁場であったこと、その周辺の食文化が魚を利用することから、漁業に関しての取極がこの水域での懸案事項となった。

【368】

（1）日韓間の漁業協定

日本と韓国の場合、両国にとって漁業問題が初めて深刻化したのは、EEZの導入ではなく、1952年のいわゆる李承晩ラインの設定により韓国が海を囲い込み、従来と同様に漁業を行った日本の漁業従事者が韓国により拿捕、抑留されるようになったことを受けてである。両国は、この問題を解決すべく交渉を重ね、1965年には、戦後処理の一環として**旧日韓漁業協定**が採択された。同協定は、当時の漁業の実態を反映し、韓国沿岸の近海にのみ共同規制水域を設置し（2条）、同水域における日本側の操業にも条件を付す形となっていた（3条）。

【369】

しかし、200海里のEEZが導入されると、両国は二国間制度の変容を迫られることとなり、1998年に新たに採択されたのが、**新日韓漁業協定**（1999年発効）である。同協定は200海里のEEZを前提とし、旧協定上の共同規制水域を廃止すると同時に（17条）、両国の権原が重複し境界画定が難航する海域、具体的には日本海と東シナ海に1か所ずつ「暫定水域」を設けた（9条）（図7-8）。なお、領有権についての見解の相違がある竹島の領海部分は暫定水域から除外している。同協定の附属書Iにおいて詳細が規定されており、特に重要となるのが、暫定水域では、両国ともに他方の締約国の国民および漁船に対しては自国の漁業関連法令を適用しないとした点である（附属書I 2 (1)）。そして、同水域における生物資源の保存管理については、同協定12条で設立する**日韓漁業共同委員会**の勧告を尊重して、自国の国民と漁船に措置をとらなければならない（附属書I 2 (2)）。ただし、2016年以降、両国間の意見の隔たりが大きいとして同委員会は開催されず、十分な機能を果たしているとは言い難い。

【370】

▶第4節　未画定水域での保存管理　139

図7-8 ■ 日本が締結する二者間協定における日本海および東シナ海における各種水域
出典:外務省・水産庁のウェブページをもとに筆者作成

(2) 日中間の漁業協定

[371]　日中間の漁業協定については、1955年、1975年と過去に二度締結されてきたが（1955年のものは民間協定であるが）、現在有効なのは、海洋法条約の採択によりEEZの調整をする必要に応じて1997年に作成された**日中漁業協定**（2000年発効）である。同協定も、新日韓漁業協定と同様に、互いの主張が重複する水域については、「**暫定措置水域**」と「**北緯27度以南の東海の協定水域及び東海より南の東経125度30分以西の協定水域（以南水域）**」を設定する方式をとっている（図7-8）。これらの水域において両国は、自国民の船舶にのみ自国法令を適用し、相手国の船舶の違反を発見したとしても、互いに通報をするにとどめるとされる（6条・7条）。これらの水域も、同協定11条で設置される日中漁業共同委員会の判断により管理されるが、暫定措置水域においては管理措置の決定ができるのに対し、以南水域においては勧告ができるにとどまる点で、両水域の管理は若干異なる（同条2項）。

（3）日台間の漁業協定

2013 年に締結された**日台漁業協定**は、厳密には、日本と台湾の政府が締　【372】
結したものではなく、日本側の対台湾窓口である**公益財団法人日本台湾交
流協会**（当時の交流協会）と台湾側の対日本窓口である**台湾日本関係協会**（当
時の亜東関係協会）との間で締結された取極である。こうした形をとってい
るのは、日本が台湾を国家として承認していないがゆえである。同協定は、
漁業実態が複雑で管理が難しい水域を「**特別協力水域**」とし（2条2項）、操
業に関する具体的な規則については、3条により設置される日台漁業委員
会が決めるとした（同条3項）。他方で、「**法令適用除外水域**」では、日台と
もに、自らの法令を相手方の漁船に対して適用することはできない（同条4
項）（図7-8）。同水域の操業は、日台間の協議により決めていくとされてい
る（同条5項）。

【 主要参考文献 】

児矢野マリ編『漁業資源管理の法と政策―持続可能な漁業に向けた国際法秩序と日本』（信山社、2019 年）
水上千之『排他的経済水域』（有信堂、2006 年）
Andrew Serdy, *The New Entrants Problem in International Fisheries Law*（CUP, 2016）.
Camille Goodman, *Coastal State Jurisdiction over Living Resources in the Exclusive Economic Zone*
（OUP, 2021）.
Richard Caddell and Erik J Molenaar, *Strengthening International Fisheries Law in an Era of Chang-
ing Oceans*（Hart, 2019）.
Yoshinobu Takei, *Filling Regulatory Gaps in High Seas Fisheries：Discrete High Seas Fish Stocks,
Deep-sea Fisheries and Vulnerable Marine Ecosystems*（Brill, 2013）.

‖第8章‖ 海洋環境（1）：汚染防止‖

　海は、地球の表面積のおよそ7割を占め、また、その平均深度は約3800 【373】
メートルといわれている。その結果、海水量は13.4億立方キロメートルと、
想像し難い数字になるとされる。海洋はこのように非常に多量の海水から
構成され、また、海水には、その中に生息するプランクトンが汚染物質を
食べて水をきれいにする、**自浄作用**が備わっている。そのため、海に生活
排水を流したとしても、すぐにきれいになっているように見えるし、質と
量によっては、現実として大きな影響はない。

　しかしながら、大型タンカーの座礁から原油が流出する事故のような場 【374】
合には、当然にその影響は大きなものとなり、汚染を自浄作用でカバーす
ることは少なくとも短期的には不可能である。人の手を加えたとしても、
一度起きてしまった汚染をなかったことにするのは非常に困難である。タ
ンカーを含む船舶一般が大型化するにつれ、一度の事故で海洋環境に与え
る影響はより大きなものとなる。

　こうした背景と、海洋は1つにつながっているという事実から、国際社 【375】
会も海洋環境を保護・保全する国際法規則を設けている。海洋法条約が締
結された1982年当時、現在ほど環境問題への関心が高かったとはいえない
ものの、それでも、海洋法条約は海洋環境に関する規則を**第12部**に設け
ており、同部は時代の経過とともに、発展してきている。本章では、本書
で海洋環境を扱う2つの章の中でも、**汚染防止**に焦点を当てる。

　本章で扱う知識は、環境問題を取り扱う環境省やNGO職員、環境に留 【376】
意しなければならない事業を海洋で行う者、海運業界、水産業界、さらに
保険業界で働く者や資源開発を行う者などにとっても重要である。

　本章ではまず、海洋環境の汚染防止に関し、**一般的義務**と汚染の概念を 【377】
中心に学ぶ（第1節）。次に、海洋法条約が採用するアプローチ、すなわち、
汚染源ごとに分けてそれぞれの規則を記すアプローチについて概観し（第
2節）、そうしたアプローチのもと、海洋法特有の、旗国、沿岸国、寄港国
といった、立場ごとに変わる国家の権利義務を確認する（第3節）。そして

143

最後に、**海難**から生じる損害への補償に関する特殊な制度について学ぶ（第4節）。

▶第1節 海洋環境の汚染防止

【378】 海洋環境の保護・保全について定めた海洋法条約第12部はあらゆる水域に適用される。それゆえ、沿岸国が自国の水域内で行う活動であっても同部により規制される。本節では、第12部冒頭に規定される一般義務と、海洋法条約上の義務を遵守するうえでの「海洋環境の汚染」概念について学んだ後、第12部を理解するうえで欠かすことのできない、参照規則と外部規則の関係について学ぶ。

第1項 —— 一般的義務

【379】 海洋法条約第12部は「海洋環境の保護及び保全」と題され、**一般的義務**（general obligation）を規定した192条より始まる。同条は、「いずれの国も、海洋環境を保護し及び保全する義務を有する。」とのみ規定しており、同条から具体的な義務を導くことは難しい。他方で、海洋法条約が環境への配慮を義務づけることを意味する重要な条文である。生物資源については、海洋法条約では第12部以外の部分においても多数の関連する規則が設けられているものの、同資源が海洋環境の保護・保全の中に含まれることは、**みなみまぐろ事件**【361】の ITLOS 暫定措置命令以来定着している。続く193条は、自国の天然資源への主権的権利を規定する一方で、その利用の際には海洋環境の保護・保全義務を遵守しなければならないとしている。

【380】 また、194条は、「**海洋環境の汚染**」を防止・軽減・規制するための措置について幅広く規定しており、その詳細について、特に、国内法を制定する規律管轄権に関しては第12部の第5節（207条～212条）、そして、その執行に関しては第6節（213条～222条）において規定されている。そのため、具体的な義務違反については第5節および第6節の条文を参照することが一般的かもしれないが、だからといって194条の義務違反が想定されていないわけではない。**南シナ海事件**【672】において仲裁裁判所は、同条5項と192条をあわせ読み、絶滅危惧種等の保護・保全のための措置をとる**相当の注意義務**（due diligence）を国家は負うとした。そのうえで、中国が自国の漁船がオオシャコガイ等に対して行う採集活動を取り締まらなかっ

144 第8章∥海洋環境（1）：汚染防止

たとして、同国の 194 条 5 項違反を認定した（para. 960）。

第2項 —— 汚染概念

（1）海洋法条約における「海洋環境の汚染」

194 条でも規定され、第 12 部に通底する「海洋環境の汚染」という用語 【381】
は、1 条 1 項 4 号において、「人間による海洋環境（三角江を含む。）への**物質又はエネルギー**の直接的又は間接的な導入であって、生物資源及び海洋生物に対する**害（harm）**、人の健康に対する**危険（hazard）**、海洋活動（漁獲及びその他の適法な海洋の利用を含む。）に対する障害、海水の水質を利用に適さなくすること並びに快適性の減殺のような有害な結果をもたらし又はもたらすおそれのあるものをいう。」と広範かつ抽象的に定義されている。

海洋法条約の締結時、油濁汚染などは当然認識されており、油が海水へ 【382】
流入することなどは、まさにこの定義に当てはまるものといえよう。他方で、具体的な物質を汚染物質として列挙して限定しているわけではなく、この定義は、時代の流れとともに新たな物質を含み、拡張している。

（2）汚染概念の拡張

船舶がバランスをとるために船内に貯留する**バラスト水（ballast water）** 【383】
は、海水であることから、海洋法条約採択時にはその影響が十分には認識されていなかった。しかしながら現在では、バラスト水に含まれる外来種は放出先の海の生態系に深刻な影響を与えうることから（図8-1）、バラスト水の放出も汚染の定義に当てはまると考えられよう。

さらに、海中での**騒音（noise）**も徐々に汚染としての認識が定着したも 【384】
のといえる。騒音と一口に言っても、船舶が航行時に出す音と洋上風力発電のタービンを海底に備え付ける際の音とでは大きく異なる【350】。船舶からの騒音は、単体では大きくないものの、総量としては海洋での人間の活動としては最大となる。そのため、IMO では 2014 年に**海洋環境保護委員会（MEPC）**【108】より、船舶からの水中への騒音を低減するためのガイドラインを示している。同ガイドラインは 2023 年に改正する際、法的拘束力をもたせることも検討されたものの、それは実現しなかった。他方で、騒音が環境影響に与える影響に関する知見がより蓄積し、汚染源として対処する必要の認識がより共有されれば、法的拘束力のある規制が設けられる可能性はある。

▶第1節 海洋環境の汚染防止　145

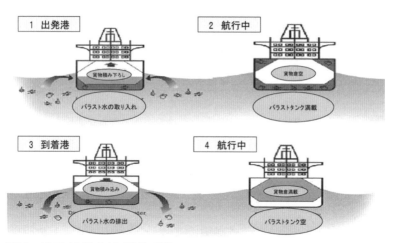

図8-1 ■ バラスト水を通した水生生物等の移動
出典：国土交通省（https://www.mlit.go.jp/kisha/kisha04/10/100216/01.pdf）より

【385】　また、**プラスチック**については、海洋法条約締結当時には汚染物質と考えられていなかったとしても、プラスチックごみ自体が海鳥の誤食や海亀に絡まることで「害」となるのであれば、一定のプラスチックが汚染物質とみなされる可能性は十分にある。ただし、近年注目が集まるマイクロプラスチックについては、海洋環境にどのような影響を与えるのか、「害」となり得るのかは依然として不明である。予防原則の観点から、マイクロプラスチックとなるあらゆるプラスチックを汚染物質とみなす考えもあれば、そうはみなさない考え方もありうる。この点、2024年9月現在交渉中の**プラスチック汚染防止条約**が採択され、その中身によっては、予防原則の考え方が定着するかもしれない。

第3項 ── 参照規則と外部規則

【386】　海洋法条約第12部第5節および第6節の規定は、海洋法条約の採択以前から存在していた条約や、採択後の条約や議定書といった**海洋法条約の外にある規則（外部規則）**を組み込む**参照規則**となっている【275】（表8-1）。参照規則が取り込む外部規則に関しては、「一般的に受け入れられている国際的な規則及び基準（Generally Accepted International Rules and Standards, GAIRS）」（211条2項）といった表現が最も定着しており、GAIRSという用

表8-1 ■ 汚染源別外部規則一覧

汚染源	海洋法条約条文	外部規則
陸起因	207、213	ストックホルム条約・水俣条約等
沿岸国水域海底での活動	208、214	MARPOL 73/78 およびロンドン条約・議定書の一部
深海底での活動	209、215	ISA の定める規則等
投棄	210、216	ロンドン条約・議定書
船舶起因	211、217-220	MARPOL 73/78・バラスト水管理条約
大気	212、222	オゾン層保護のウィーン条約・気候変動枠組条約・京都議定書・パリ協定

出典：筆者作成

語で表されることも少なくない。しかし、海洋法条約においては、GAIRSのほか、「国際的に合意される規則及び基準並びに勧告される方式及び手続」など、多様な表現が用いられる。そこで、本書では、海洋法条約の特定の表現は用いず、参照される外部の規則をまとめて**外部規則**（external rules）と呼ぶ。ITLOS気候変動勧告的意見は、外部規則という用語に、237条により調和が求められる他の環境条約も含めており、本書以上に広義に用いているようであるが、気候変動枠組条約（1992年）等の諸規定も海洋法条約の外部規則となり（para. 137）、その解釈に影響を及ぼしうるとしている。

▶ 判例事例研究 ▶ **ITLOS気候変動勧告的意見**

本勧告的意見は、2022年12月12日に、**気候変動と国際法に関する小島嶼国委員会（COSIS）**からITLOSに要請され、2024年5月21日にITLOSが発表したものである。COSISは、気候変動枠組条約の第26回締約国会議（COP26）の開催初日に、気候変動に伴う海面上昇に苦しむ小島嶼国であるアンティグア・バーブーダと、同じく小島嶼国であるツバルの首脳により署名された**COSIS設立条約**により設立された国際機構である（図8-2）。COSISは、「気候変動に関する国際法の規則及び原則の定義、実施および漸進的発達を促進しこれに寄与すること」をその任務とし（COSIS設立条約1条3項）、設立当時は2か国のみであったが、2024年9月現在、新たに7か国が参加し、合計9か国となっている。COSIS設立条約2条2項は、COSISは「**海洋法条約**の範囲内のいかなる法的問題についても、ITLOSに勧告的意見を求める権限を有する」と規定している。そのため、勧告的意見の要請も、海洋法条約に焦点を当てる形でなされた。具体的には、気候変動の影響があるなかで①海洋環境汚染の防止・軽減・規制と、②海洋環境の保護・保全に関して、海洋法条約に基づき締約国が負う義務の具体化を求めたのであ

【387】

ITLOS気候変動勧告的意見

▶第1節 海洋環境の汚染防止　147

る。ITLOSはその意見において、外部規則と海洋法条約の関係を明確化したうえで、海洋法条約192条および194条を中心に解釈を行った。意見の中では、たとえば、**予防的アプローチ**は国連海洋法条約において明示的に言及されていないものの潜在的な悪影響をも含む概念である**海洋環境の汚染**の概念そのものに黙示的に含まれると述べるなど（para. 213）、海洋法条約における環境規則について、非常に重要な示唆を含んでいる。

図8-2 ■ COP 26で演説するツバル外相
出典：Newscom/アフロ

【388】　どういった規範を外部規則とみなして海洋法条約に取り込むかについては多様な見解がある。取り込む範囲が限定的な順に見解を説明すると、①国家が批准した条約のみを外部規則とみなす見解、②国家が批准していなくとも発効している条約を外部規則とみなす見解、③法的拘束力に関係なく、未発効の条約や**国際海事機関**（IMO）が作成したソフト・ローの文書【49】も外部規則に含まれるとする見解、④プライベート・スタンダードまでもが含まれるとする見解、と4つに大別できる。どのような範囲で外部規則を捉えたとしても、改正のハードルが高い海洋法条約に比べ【43】、一般的に、外部規則はより柔軟に新たな規則を附属書として採択したり、既存の規定を改正したりすることが可能である。そのため、こうした外部規則を海洋法条約に取り込むことは、科学技術の発展や海洋環境の変化にあわせて海洋法条約上の義務を発展させていくという観点から、極めて重要である。

▶第2節　汚染源別のアプローチ：海洋法条約の枠組み

【389】　海洋環境の汚染防止・軽減・規制については、海洋法条約第12部第5節において規定されており、同節は、**陸起因**（land-based sources）（207条）、国家管轄権内での海底活動（208条）、深海底での活動（209条）、**海洋投棄**（210条）、**船舶起因**（vessel-source）（211条）、大気から（212条）と、汚染

源を6つに分類したうえで、それぞれの汚染ごとに規定を設けている。ただし、ITLOS気候変動勧告の意見によれば、人為的に排出された**温室効果ガス（GHG）**が海洋に流入するのは、陸起因、船舶起因、大気を通じて、と3パターンあり（para. 264）、特に、大気を通じてのものは、ほかと相互排他的にならない可能性がある。ここでは208〜209条をまとめて扱い、また、関連する第12部第6節の条文を加えて、順に概観する。

第1項 ── 陸起因

（1）海洋法条約上の規定

海洋汚染の大部分を占めると指摘されているにもかかわらず、陸起因（land-based sources）汚染については、海洋法条約において具体的かつ厳格な義務が設けられているわけではない。というのも、陸上での活動は海洋法条約の規律対象外となり、また、陸起因の汚染は、最も影響を及ぼすのが、汚染の発生国水域となることから、国際法での規律がなくとも、当該国が汚染対策をする動機があることが挙げられる。たとえば福島第一原子力発電所からの物質等の放出の場合、同放出により最も影響を受けるのは日本周辺海域であり、海水が汚染されたとなった場合に最も被害を受けるのは日本国民となることから、日本には同放出からの汚染を防止するインセンティブが、国際法規則の規定ぶりに関係なく存在するわけである。 【390】

陸起因汚染については発生国に委ねるという基本的な姿勢は、参照規則の規定ぶりからも確認される。陸起因汚染の規律管轄権は207条に規定されているが、参照規則たる同条1項は外部規則を「考慮して」陸起因汚染を防止するための法令を制定することを義務づけている。この「考慮して」という表現は、裏を返せば、考慮したうえであれば外部規則を取り入れなくてもよいということであり、少なくとも外部規則と同等の効果を有する法令の制定を求める、投棄についての210条6項や船舶起因汚染についての211条2項（本節第3項および第4項で後述）と比べると、緩やかな義務となっている。そして、207条で定めた規律管轄権を執行することを、213条で規定している。 【391】

（2）外部規則

陸起因汚染の外部規則は、海洋法条約が締結された当初は想定されていなかったと思われる。しかし、近年の国際環境法の発展を受け、特定の物 【392】

▶第2節 汚染源別のアプローチ：海洋法条約の枠組み　149

質を規制するいわゆる環境条約が外部規則と位置づけられるようになってきた。具体的には、第1に、強い毒性をもち、残留・蓄積することで人や環境に悪影響を及ぼしうる**残留性有機汚染物質**（POPs）について規制し、2001年に採択された、**ストックホルム条約**が挙げられる。第2に、日本では水俣病の原因となったことでよく知られる**水銀**は、人や環境に有害であることから、その産出から廃棄に至るまでのライフサイクル全般を規制するために2013年に採択された、**水俣条約**が挙げられる。現在交渉中の**プラスチック汚染防止条約**についても、条約の内容と国際社会の受け入れ状況によっては、陸起因汚染に関する外部規則と位置づけられる可能性が十分にある。

【393】　また、海洋法条約を離れ、地域海環境条約【57】の枠組みの中では陸起因汚染について、すでにより詳細な規定を設けている条約もある。北大西洋の **OSPAR条約**（1992年）とバルト海の**ヘルシンキ条約**（1974年）は、陸起因汚染についての規定を条約本体に設けたうえで、それぞれ附属書ⅠおよびⅢにおいて具体的な規定を設けている。加えて、地中海の**改正バルセロナ条約**（1995年）と黒海の**ブカレスト条約**（1992年）は、条約の附属書ではないが、陸起因汚染について焦点を当てた議定書を設けている。カスピ海や東アフリカでも類似の議定書は採択されているが、発効に至っておらず、陸起因汚染に対する条約上の規律は欧州地域が先行しているといえよう。

第2項 ── 海底活動

（1）領水海底・大陸棚

【394】　海底活動について、国の管轄下、すなわち**領水**（領海および内水）の海底・大陸棚の規律管轄権については海洋法条約208条、執行については214条が、深海底の規律管轄権については209条、執行については215条がそれぞれ規定している。

【395】　208条5項は、「権限のある国際機関又は外交会議を通じ」て外部規則を制定することを求めているが、これまでのところ、海底活動についての環境規則を規制するための普遍的な条約は制定されておらず、他の目的で制定された、後述するロンドン条約・議定書やMARPOL 73/78の一部の規定が関連する範囲で適用されるにとどまっている。他方で、次章で取り扱

う204条のモニタリングや206条の環境影響評価などの第12部の他の規定は、沿岸国水域での海底活動にも適用される。そのため、自国大陸棚の資源開発といえども【185】、これらの規則を遵守することが重要である。

また、法的拘束力のあるものではなく、外部規則と認められない可能性が高いものの、従来最も盛んに行われてきた海底活動である、炭化水素資源（石油・天然ガス）の開発における環境規制については、国連環境計画（UNEP）【56】の法律専門家が作成したガイドラインがある。加えて、地域海環境条約の枠組みでは、ペルシャ湾のクウェート条約（1978年）における議定書の中で、詳細なガイドラインが策定されている。また、陸起因汚染の文脈でも挙がったOSPAR条約、ヘルシンキ条約、バルセロナ条約に加え、2019年には、西中央アフリカの改正アビジャン（Abidjan）条約（2008年）においても、海底活動の環境規制を規定する議定書が採択された【56】。 【396】

（2）深海底

普遍的規則よりも地域による環境規制が進む沿岸国水域での海底活動に対し、国際公域と位置づけられる深海底の活動については普遍的な環境規制がより進んでいる。209条の大きな特徴は、外部規則が第11部の規定によって形成される、すなわち、深海底の枠組みにおいて形成されることにある。そのため、深海底についてはISAが環境規制の策定を行うこととなっている【208】。 【397】

第3項 ―― 投棄

（1）海洋法条約上の規定

投棄（dumping）については、海洋法条約1条1項(5)において比較的詳細な定義を設けている。(5)の(a)によれば、投棄とは（ⅰ）廃棄物等を船舶や海洋構築物から、または（ⅱ）船舶や海洋構築物そのものを、故意に処分することと定義される。さらに、(5)はここでいう投棄でない行為を(b)において定めており、船舶や海洋構築物の運用に付随して生じる廃棄物の処分や、物を単なる処分の目的以外で配置することは投棄にあたらないとされる。 【398】

前者については、次項で扱う船舶起因汚染と区別するために設けられ、後者については、科学調査などで用いる機器の設置を除くために設けられている。投棄はまた、陸起因汚染との区別も重要であり、韓国は、福島第 【399】

▶第2節 汚染源別のアプローチ：海洋法条約の枠組み　　**151**

一原子力発電所からの放出を投棄とみなす主張を行っていたが、上述の定義にあるように、物質を、陸から船舶か海洋構築物といった海上を経由して処分することが投棄であることから、文理解釈をする限り、放出は投棄ではなく陸起因とみなす方が自然であろう。

（2）ロンドン条約・議定書

【400】　海洋法条約の投棄の定義は、実のところ、海洋法条約採択時にすでに海洋投棄について規律していたロンドン条約の定義とほぼ同一である。このロンドン条約は IMO【108】が主導して 1972 年に締結されたものである。同条約は、水銀や放射性物質といった、投棄が禁止される物質をその附属書 I に限定列挙する形をとっていた。しかしながら、同条約の実効性が疑問視され、同条約を全面的に改正した議定書（1996 年採択、2006 年発効）は、投棄を原則として禁止し、附属書に挙げられる特定の対象のみ、条件を満たした場合に限定して投棄を認めると、方針を 180 度転換したといえる。

【401】　海洋法条約 210 条 6 項は、締約国の国内法令が外部規則と**少なくとも同等の効果**をもつようにすることを義務づけているが、ロンドン条約・議定書については、外部規則とみなされうる。実のところ、ロンドン条約は締約国数が 87、議定書は 53 とその数が少ないことから、ロンドン条約・議定書が 210 条の外部規則とみなされるのであれば、海洋法条約において同条を設けた意義は極めて大きなものといえよう。そして、この 210 条の執行については、沿岸国や旗国が責任を負うことが 216 条に規定されている。

【402】　投棄という活動の性格上、ロンドン条約・議定書は**海洋地球工学**（marine geoengineering）の発展に伴い見直されることが少なくない。たとえば、**二酸化炭素回収・貯留（CCS）**技術の発達に伴い、海底への CCS が現実味を帯びてきた際、二酸化炭素を海底の貯留場所まで輸送する手段として、パイプラインと船舶の 2 つの手段があるが、船舶を用いた場合にはこれが投棄に該当する可能性が出てくる。そのため、ロンドン議定書は、CCS を想定した二酸化炭素の投棄を許容するために、2006 年に附属書を改正して、条件付きで二酸化炭素を掲載している。

【403】　また、生物がよく育つように海洋に栄養素を与える**海洋肥沃化**（ocean fertilization）の手法の 1 つとして、海洋に鉄を撒くことで、植物プランクトンの成長を促し、それらによる二酸化炭素を吸収するという**鉄肥沃**がある。この鉄肥沃については、科学的知見がすでに十分にあるとは言い難い

ために、研究を行う必要性が認められるものの、鉄は附属書に掲載されていないため、その散布はロンドン議定書違反を構成しうる。そのため、科学目的となるような鉄散布を含む海洋地球工学活動を規制対象としないための決定が2013年になされている。

第4項 ── 船舶起因

(1)海洋法条約上の規定

　海洋法条約211条2項上、旗国の法令が外部規則と**少なくとも同等の効果**を有するものでなければならず、また同条5項上、沿岸国は**排他的経済水域（EEZ）**の環境規制の法令は外部規則と適合しなければならないとされ、国家の立場に応じて外部規則との関係を異なる形で規定している。ただ、いずれの条項であっても、参照規則として言及する外部規則は、MAPROL 73/78およびその附属書ならびにバラスト水管理条約が候補となる。執行については、217条で旗国、218条で寄港国、220条で沿岸国といったように、国家を分類したうえで規定している。　【404】

(2)外部規則の展開

　船舶起因汚染は、国際社会が最も伝統的に規律してきた汚染源といえるかもしれない。海洋法条約の採択から遡ること30年前の1954年には、IMOの前身となる**政府間海事協議機関（IMCO）【108】**において、タンカーのタンクを洗浄した際の汚水などを中心に規律した**油濁防止条約**が採択された。その後、1972年の**ストックホルム宣言**で環境問題への国際的関心が高まったことを受け、1973年には、**船舶による汚染防止のための国際条約（MARPOL条約）**が採択された。しかしながら、同条約は、規定の一部が運航実務と乖離していたため、未発効なままであったが、1976〜1977年に米国沿岸でタンカー事故が相次ぐと、同条約を加筆・修正する形で1978年の議定書が採択された。そして、同議定書およびMARPOL条約は単一の文書として1983年に発効した（以下、本章ではそのような単一文書を「**MARPOL 73/78**」と略記する）。　【405】

　MARPOL 73/78は、規制対象に油以外の物質を含むようになり、1978年の段階において、船舶より排出される物質ごとに**附属書Ⅰ-Ⅴ**が設けられた。このうち、油に関する附属書Ⅰおよび有害液体物質に関する附属書Ⅱは強制附属書としてMARPOL 73/78の締約国は自動的に拘束されるが、他の　【406】

▶第2節　汚染源別のアプローチ：海洋法条約の枠組み　　*153*

附属書については締約国がそれぞれを批准するか否かについて個別に決定する裁量を有する。その後、1997年には大気の汚染とそれを通じての海洋汚染を防止するために、SOxやNOxの排出を規制する**附属書VI**が採択され、2005年に発効している。また、MARPOL 73/78に加え、2004年に採択され、2017年に発効した**バラスト水管理条約**も、バラスト水【383】を汚染物質とみなすのであれば、船舶起因汚染を規律する条約の1つといえる。

第5項 —— 大気

（1）海洋法条約上の規定

【407】　大気を通じての汚染に関しても、海洋法条約212条1項は、外部規則を考慮して締約国が法令を定めることを求めるという形で、陸起因汚染と同じ構成をとっている。その背景も、陸起因と同様に、大気それ自体に影響を与える活動は主として陸上において行われ、海洋そのものではないことが挙げられよう。実のところ、大気を通じての海洋環境の汚染に焦点を当てた条約はこれまで存在せず、むしろ、大気を保護する環境条約が海洋環境に資する側面を有するといえる。また、222条は、自国主権下の空間や自国を旗国とする船舶に対し、執行を求める形となっている。

（2）外部規則

【408】　たとえば、オゾン層保護のための**ウィーン条約**（1985年）および**モントリオール議定書**（1987年）は、いわゆるオゾンホールの防止・縮小のために設けられた制度であるが、フロンガスに代替する物質が浸透したこともあり、効果的に機能してきたとされる。オゾンホールから地表に達する有害な紫外線が増加した場合、プランクトンの減少につながり海洋の生態系に悪影響を与えることが指摘されているため、オゾン層を破壊する物質の使用は、大気を通じての海洋環境の汚染にあたるといえよう。

【409】　また、海洋が大気中に放出された二酸化炭素を吸収することにより、海水中のpHが引き下がる**海洋酸性化**の問題が引き起こされている。このことから、二酸化炭素をはじめとする**温室効果ガス（GHG）**の排出も海洋環境の汚染ということができ、この排出を規制する気候変動枠組条約も212条の外部規則に該当しうる。しかし、**気候変動枠組条約**のもとで採択された**京都議定書**（1997年）2条2項は、船舶の燃料油についてはIMOで議論して決めることを求めており、京都議定書の制度がそのまま適用されるわ

けではないとしている。加えて、**パリ協定**（2015年）においても、交渉過程の中で海運を対象とするか否かについても議論されたが、最終的には、海運からのGHGの排出についての特定の規定は設けられていない。

　そのため、GHGの排出については別途規則が必要となり、IMOでの審議は継続している。GHGの排出については、むしろ航空業界の方が規制が先行している側面もあり、**シカゴ条約**（1944年）体制において一定の枠組みが設けられている。航空機からの排出も、大気を通じ海洋環境の汚染につながることに鑑みれば、シカゴ条約附属書16（環境保護）第4巻などは海洋法条約212条1項における外部規則とも捉えられる。 【410】

▶第3節　環境規制実施のための国家の権利義務

第1項 —— 旗国

　海洋環境を保護・保全していく中で、最も強い権限を有し、それゆえに役割が重要となるのは船舶の**旗国**（flag State）【163】である。公海上で海洋環境の破壊をしたからといって、非旗国による臨検や捜査が認められるわけではなく、公海上での取締りは旗国にしかできない【567】。沿岸国の領海やEEZであれば沿岸国もそれぞれ主権や管轄権を行使して取り締まることはできるが、次項で記すように、EEZの場合には、一定程度の制限がかかる。それゆえ、基本的な考え方としては、領海以遠で環境破壊を行った場合には旗国がこれを裁くことが期待される。 【411】

　この権利があるために、旗国は相応の義務を負っており、217条1項は、旗国は、船舶起因汚染の外部規則の違反が生ずる場所がどこであれ、法を執行しなければならないとされている。また、船の構造・設計・設備・船員の配乗の基準（**CDEM基準**）等を満たさない場合には、船舶の航行禁止を確保したり（同条2項）、**第6章**で説明した諸条約と同様に【273】、外部規則に従っていることを示す**証書**（certificate）を備え付けさせなければならない（同条3項）。この発給に関しても、**船級協会**（classification society）などの**認定機関（RO）**へ委任することができるのも【122】、他のIMO諸条約と同様である。また、あらゆる外部規則の違反について、当該違反から生じる汚染の場所がどこであれ、調査をする必要があり（同条4項）、その際には他の国家の協力を得ることができる一方で（同条5項）、旗国は他 【412】

▶第3節 環境規制実施のための国家の権利義務　**155**

の国家からの要請に応えなければならない（同条6項）。

第2項 ── 沿岸国

（1）沿岸国の権限

[413]　沿岸国は領海に主権を行使することができるため、環境基準を自ら定めて執行できる。他方で、EEZ においては、確かに沿岸国は海洋環境を保全・保護するための管轄権を有してはいるものの、その行使に際しては、他の国家の権利義務に**妥当な考慮**を払う必要がある（海洋法条約56条2項）。そのため、基本的には外部規則または同規則と適合する国内法令の違反の場合にのみ責任を追及することができるのであって、自国独自の環境基準を一方的に課すことは難しい。ただ、領海の場合であれ EEZ の場合であれ、沿岸国が執行を行う際には、第12章第7節で定める**保障措置（safeguard）**をとらなければならない（220条）。

（2）保障措置

[414]　保障措置として、外国船舶の調査についての手続が226条で規定されている。同条によれば、調査をする場合であっても外国船舶を必要以上に**遅延**させてはならず、物理的な検査はまずは外部規則により求められている証書や記録等の審査に制限される。そのうえで、問題がある場合には、船舶の抑留などの措置をとることもできるが、そのような場合でも、**保証金**の支払などの合理的な手続に従う場合は速やかに釈放しなければならない。また、このような調査は**無差別**に行わなければならず、船籍による差別を行ってはならない（227条）。しかしながら実際には、船舶に対する規制の実施は国家ごとに大きく異なり、自らを旗国とする船舶に対しても管轄権をしっかり行使しない国家もあることから、国家ごとの旗国としてのパフォーマンスを評価し、同評価に鑑みて非旗国による調査等が行われている。

[415]　228条は、旗国手続の優先性を定めており、同一の違反について旗国が手続を開始した場合には、非旗国は旗国の手続が完了するまで、自らの手続を停止しなければならない（1項）。他方で、旗国は、非旗国による手続の有無や進捗状況にかかわらず、自らの法律に従い手続を進めることができる（3項）。また、非旗国が外国船舶に対して何らかの措置を講じた場合には、旗国に速やかに通報しなければならない（231条）。加えて、領海以

156　第8章∥海洋環境（1）：汚染防止

遠の水域での違反の場合には、外国船舶に対しては金銭罰しか科してはならず、また、領海内であっても、故意かつ重大な汚染でない限りは金銭罰しか科してはならない。さらに、罰則を科すに際して、被告人に認められている権利を尊重しなければならない（230条）。

（3）介入権

また、領海外で発生した海難が、自国の沿岸や領海内に汚染を引き起こすような場合に、条約や慣習法に基づき沿岸国が領海外で措置を講じる権利は、海洋法条約221条に基づき認められるとされている。これは、1967年に発生したトリー・キャニオン号事件を契機として認められるようになった**介入権**（right of intervention）を保障するものである。同事件は、リベリア籍船のタンカーであるトリー・キャニオン号が英国領海外で座礁したことに端を発する。同船舶から多量の原油が流出したが、サルベージ等はうまくいかず、さらなる汚染を食い止めるために英国はリベリアの許可なく同船およびその周辺を爆撃して油を焼却した。 【416】

同事件後直ちに英国は、自国領海や沿岸が汚染の危機にさらされる場合に公海上の外国籍船舶に対して介入する権利（介入権）を定める条約の策定を主導し、1969年の**介入権条約**の締結に至った。また、1973年に締結された**介入権条約議定書**において、油以外の汚染に対しても沿岸国が介入できるように範囲が拡大されており、これらの条約が、介入の根拠となる海洋法条約221条上の「条約」に該当し、そこで保障される権利を海洋法条約は否定しない、という建付けになっている。 【417】

（4）船舶の避難場所

沿岸国の負う責務として、海難等で航行が難しくなり、海洋環境の汚染を引き起こすリスクを有する船舶に対し、沿岸国は「**船舶の避難場所**（place of refuge）」を提供することが期待される。遭難は、人の生命にかかわる問題であるが【286】、船舶の避難場所の制度は、船舶から人が脱出することを前提に、人の生命が危機に瀕しているわけではないが、船舶から油が流出するなどして海洋環境の汚染が引き起こされることを想定してのものである。 【418】

2002年に発生したバハマ籍の**プレスティージ号**の座礁事故では、スペイン当局の沖に向かわせる指示により汚染が拡大したとする指摘もあり、制度についての議論がIMOで行われた。同制度は、2003年に採択された法 【419】

▶第3節 環境規制実施のための国家の権利義務　157

的拘束力のない IMO 指針（A. 949(23)）が基本的な枠組みを定めている。同指針は、船長に対し、沿岸国に状況を伝えることを求めると同時に（規則2.3）、沿岸国に対しては、受入を義務づけるわけではないが、あらゆる要素および危険性を均衡のとれた方法で衡量し、合理的に可能な場合には、避難所を提供する責務を課す形をとっている（規則3.12）。

第3項 —— 寄港国

（1）寄港国管轄権の導入

【420】　船舶が寄港した港が存在する寄港国は、所掌範囲が広がり、また行使できる権限が強まるといったように、その役割は拡張している。船舶起因汚染に焦点を絞ると、まず、**油濁防止条約**（1954 年）において、油記録簿を検査する寄港国の権限が初めて明示的に認められたものの、排出そのものに対する管轄権は認められなかった。その後の **MARPOL 条約**（1973 年）では、自国水域外での排出に対し寄港国に司法管轄権行使を認めることは見送られたものの、その 6 条 2 項は、条約規則に違反する排出について寄港国が**調査**を行うことを認めている。

【421】　そして、海洋法条約 218 条 1 項は、「いずれの国も、船舶が自国の港又は沖合の係留施設に任意にとどまる場合には、権限のある国際機関又は一般的な外交会議を通じて定められる適用のある国際的な規則及び基準に違反する当該船舶からの排出であって、当該国の内水、領海又は EEZ の外で生じたものについて、調査を実施することができるものとし、証拠により正当化される場合には、手続を開始することができる。」と、ついに寄港国による**司法管轄権**の行使までをも認めた。ただし、寄港国も非旗国であることを前提とするため、上述の保障措置規定【414】は、沿岸国同様に遵守する必要がある。

（2）寄港国管轄権の課題

【422】　このように海洋法条約に革新的に導入された自国水域外での違法な排出に対する寄港国管轄権であるが、これまでうまく機能しているとは言い難い。管轄権の行使は認められているものの、自国水域外で行われた環境汚染に対して、自らが裁判費用などの経費を負担してまで管轄権を行使する強いインセンティブが、寄港国にはないのである。

【423】　自国水域外の排出の取締りに最も積極的な国として、海洋法条約に未批

准の米国が挙げられるが、同国は、違法な排出そのものを取り締まるのではなく、むしろ、違法な排出をしたにもかかわらず、それを**油記録簿**（oil record book）に記さず、米国の港において虚偽の申告をしたことによる偽証罪などを訴因として刑事手続を行っている。また、EUは、国際基準のある油の排出などではなく、船舶から排出されるGHGに対して寄港国管轄権を行使している。具体的には、EU加盟国の港に発着する船舶をEUの**排出権取引制度**（Emissions Trading System, ETS）に取り込むとしている。上述したように、GHGの排出について、IMOでは依然として具体的な基準が定められていないため、EUによるこのような措置は、218条の求める外部規則の違反という条件を満たしているとはいえず、違法な寄港国管轄権の行使にあたる可能性が高い。

▶第4節　海難から生じる損害への補償枠組み

トリー・キャニオン号（タンカー）やワカシオ号（ばら積み貨物船）の事故がそうであったように（図8-3）、**海難事故**は大規模な海洋環境汚染を引き起こすと同時に、様々な国や国籍の私人が関与する。そのため、海洋環境を回復するための措置を講じる費用などを誰がどのように負担するかについては、私人も関与する枠組みを国際的に設ける必要があった。こうした制度は、タンカー等の石油輸送船とそれ以外の船舶に分かれているため、本節でも両者を分けて概説する。

【424】

図8-3 ■ 座礁するワカシオ号
出典：French Army command／ロイター／アフロ

（1）タンカー

トリー・キャニオン号事件【416】を契機に、介入権条約と同じタイミングで作成されたのが、**1969年民事責任条約**である。同条約は、タンカー等によって引き起こされる油濁汚染について、①船舶所有者（船主）に**無過失責任**を課す、②その責任の範囲には制限を定める、③船主に保険への加入を義務づける（**強制保険**）、の3つを主たる内容とする。また、補償の支払を十分なものとするために、1969年民事責任条約を補完する**国際基金条**

【425】

約が1971年に採択された。同条約により設置される**国際油濁補償基金**（International Oil Pollution Compensation Funds, IOPC Funds）は、石油の海上輸送というリスクから利益を得ている**石油業者**にも負担を負わせるべきとの発想のもと、海上輸送により石油を受け取る者から拠出された資金から成る。

【426】　1969年民事条約および1971年国際基金条約については、その後、1992年に採択された議定書により、**1992年民事責任条約・1992年基金条約**となり、現行制度の枠組みが構築された（図8-4）。1992年以後の改正もあり、現在では、船主の責任は最大で8977万SDR、1992年基金条約に基づく国際油濁補償基金からの補償は最大で2億300万SDRとされる。SDRとは、Special Drawing Rights（**特別引出権**）の略称であり、IMF加盟国が資金調達のためにやり取りをする、通貨そのものではないものの通貨と交換できる資産である。しかし、2002年の**プレスティージ号事故**などの大規模油濁汚染に対応するためには、2億300万SDRでも不十分との判断から、1992年基金条約の議定書として、2003年に**追加基金議定書**が採択された。同議定書により、国際油濁補償基金からの補償額の上限は、7.5億SDRまで引き上げられた。

【427】　他方で、この状態では、荷主である石油業者側の負担が船主側に比べ著

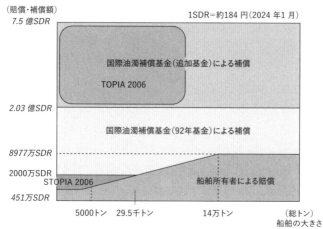

図8-4 ■タンカー油濁事故の責任配分（概念図）
出典：中村秀之「IMO法律委員会の最近の動向と我が国の対応について」（https://www.jpmac.or.jp/file/111_4.pdf）をもとに作成

しく大きくなる可能性が生じる。そこで2006年に、民間協定という形で、**小型タンカー油濁補償自主協定（STOPIA 2006）**および**タンカー油濁補償自主協定（TOPIA 2006）**が締結された。タンカーの船主は、**P&I クラブ国際グループ【119】**に加盟する保険会社の保険に加入すると、これらの民間協定にも自動的に参加することとなる。STOPIA 2006は小型タンカーの船主の責任限度額を451万SDRから2000万SDRへ引き上げ、TOPIA 2006は、追加基金が補償した金額の50%を船主（実際にはP&I保険）が負担することとした。

　このように、タンカー等の事故から生じる損害への補償枠組は、タンカーが大型化していくにつれ一度の事故により発生する損害が甚大なものとなり、既存の制度での補償が追い付かなくなり、補償額を上げていったという経緯がある。また、その際の負担を、保険を通じて負担する**船主**と、国際油濁補償基金に拠出する**荷主（石油業者）**とに配分する形をとっている。　【428】

（2）タンカー等の石油輸送船以外の船舶

　タンカー以外の船舶の燃料油については、2001年に採択された、**バンカー条約**が規律することとなっているが、同条約は船主も責任主体として、1969年民事責任条約で規定した①から③を導入している。他方で、基金については、一般船舶の場合、海難から生じる油濁による損害がタンカーに比べれば少額にとどまることなどを理由に設けられなかった。しかし、現在は一般船舶も大型化しており、現行制度では十分でなく、タンカーの制度同様に基金を設けるべきとの主張もみられる。石油資源の利用・輸送の縮減が見込まれる一方で、石油以外の貨物の海上輸送が拡大している事実に鑑みると、確かに一般船舶の海難に対しての備えをより充実させる必要はあるかもしれない。しかしながら、負担を負うべきステークホルダーを石油業者と容易に特定できたタンカーの場合と異なり、一般船舶の場合は、あらゆる荷主がそのようなステークホルダーとなりうることから、同様の制度を創設することはより困難と思われる。　【429】

【 主要参考文献 】

富岡　仁『船舶汚染規制の国際法』（信山社、2018 年）

Alan Khee-Jin Tan, *Vessel-Source Marine Pollution The Law and Politics of International Regulation* （CUP, 2005）.

Dawoon Jung, *The 1982 Law of the Sea Convention and the Regulation of Offshore Renewable Energy Activities within National Jurisdiction* （Brill, 2023）.

James Harrison, *Saving the Oceans Through Law：The International Legal Framework for the Protection of the Marine Environment* （OUP, 2017）.

Rosemary Rayfuse, Aline Jaeckel, and Natalie Klein （eds.）, *Research Handbook on International Marine Environmental Law*, 2nd ed.（Edward Elgar, 2023）.

第9章 海洋環境（2）：生物多様性の保全

　生物多様性とは、人間をはじめとして他の動物、植物、さらには菌など 【430】
の微生物に至るまで、様々な生物が互いに調和してつながりあっているさ
まを表すものであり、具体的には、次の3つに分類される。第1に、草原・
湿地・砂漠と空間ごとに存在する**生態系**（ecosystem）の多様性、第2に、
その生態系の中に生きる**種**（species）の多様性、そして第3に、その種が
有する**遺伝子**（gene）の多様性、である。生物多様性の保全は自然からの
恩恵、具体的には良質な食料や水を確保することにつながる。さらに、気
候変動への危機意識が高まるなか、海洋生態系は温室効果ガスの吸収源お
よび貯蔵庫として機能することも注目を集める。また、他の生物を用いて
開発される薬なども少なくなく、こういったことから生物多様性の重要性
は、他の生物だけでなく人類にとって重要である。そのため、生物多様性
は国際社会全体で保全していく必要があり、そのための国際条約が形成さ
れてきた。

　海洋の生物多様性の保全に関連する条約として、まず絶滅危惧種の保 【431】
護・保全について規定した**ワシントン条約**が1973年に締結され、次に、国
家管轄権内の生物多様性について包括的に規定した**生物多様性条約**が
1992年に、そして、2023年には、国家管轄権外区域（ABNJ）の海洋生物多
様性に焦点をあてた**BBNJ協定**（国家管轄権外区域の生物多様性の保全と持続
可能な利用に関する国連海洋法条約のもとでの協定）が締結された。近年では、
生物多様性の**主流化**（mainstreaming）の名のもとに、生物多様性の保全
と持続可能な利用を、日常の社会経済活動の中に組み込む動きが強調され
ている。また、こうした国際法の流れとは別に、国連では2011年から2020
年を**国連生物多様性の10年**と位置づけて、生物多様性の重要性を啓蒙す
る活動が精力的に行われた（図9-1）。

　これらの条約の内容はもちろん条約ごとに異なるが、生物多様性の保全 【432】
に包括的にかかわる生物多様性条約とBBNJ協定はいずれも、生物多様性
の保全と持続可能な利用という目的を達成するために、**遺伝資源、区域型**

163

図9-1 ■ 国連生物多様性の10年日本委員会　ロゴ
出典：環境省（https://www.env.go.jp/press/16432.html）より

管理手法（area based management tool, ABMT）、環境影響評価（environmental impact assessment, EIA）についての規則を発展させている。

【433】　こうした内容を有する条約を中心に形成される生物多様性の保全に関する国際法も、環境省や環境NGOで働く専門家にとってのみ重要なわけではない。国際社会が持続可能な社会を目指している今、海洋資源を利用する際に、生物多様性の保全への配慮は必要不可欠であることから、海洋を利用する多くの者にとって本章は重要となる。たとえば、**第2節**で扱う**海洋遺伝資源**（marine genetic resources, MGR）は、遺伝資源を研究する大学や研究者にとって、また、**第3節**で扱う区域型管理手法は水産会社、さらに、**第4節**で扱うEIAは、洋上風力発電や鉱物資源開発を行う事業者などにとって避けては通れない論点である。

【434】　このような生物多様性の保全に関する国際法について、まずはその大枠を示すために、上述の3つの条約について概観する（第1節）。そのうえで、海洋遺伝資源（第2節）、区域型管理手法（第3節）、EIA（第4節）をそれぞれ解説する。

▶第1節 海洋生物多様性の保全をめぐる条約枠組み

第1項 ── ワシントン条約

（1）条約の採択とその規定

　たとえば、ゾウはその牙を、またタイマイ（ウミガメの一種）はその甲羅 【435】
を目的に密猟など乱獲の対象となることも多く、絶滅の危機に瀕している。
このような状況を改善するためには、ゾウやタイマイといった動物の狩猟
禁止を徹底することが重要である一方で、広大なサバンナや海洋であらゆ
る絶滅危惧種を守り続けることは困難である。そこで、目的とされる牙や
甲羅の国際取引を規制することが効果的な施策と考えられた。というのも、
牙や甲羅は発展途上国で獲られ、先進国で売られることが多いからである。
この国際取引の規制を行うためのワシントン条約は、米国と**国際自然保護
連合（IUCN）**が中心となり起草作業を進め、1973年に採択され、1975年
に発効した。

　同条約には、規制の対象となる種の名称を掲載する附属書（Ⅰ～Ⅲ）があ 【436】
り、附属書ごとに掲載された種の取引の規制内容は異なる。**附属書Ⅰ**には
絶滅のおそれがある種が掲載され（2条1項）、それらの種の「主として商
業的目的」の国際取引は禁止される。この「主として商業的目的」の文言
は広義に解釈され、非商業的性質が明確に優位を占めていない場合には
（たとえば、飼育繁殖や学術研究など）、対象外とみなされる（**締約国会議（COP）**
決議5.10）。附属書Ⅱは、現在は必ずしも絶滅のおそれのある種ではないが、
その存続のためには取引の厳重な規制が必要となる種などを掲載する。商
業的目的の取引が一切認められないわけではないが、輸出する際に輸出国
の科学当局が監督を行い、輸入国は輸出国の許可書を確認する必要がある
（4条）。附属書Ⅲには、締約国が自国の管轄内において捕獲や採取の規制を
行う必要があり、かつ、取締りのために他の締約国の協力が必要な種が掲
載される。輸出許可書は必要とされるが、輸入国側の科学当局の関与を必
須とはしない（5条）。

（2）条約の運用

　ワシントン条約は基本的に2年に1回の間隔でCOPを開催し（11条）、附 【437】

▶第1節　海洋生物多様性の保全をめぐる条約枠組み　　165

属書Ⅰ・Ⅱの改正、すなわち、どの種をどの附属書に掲載するかの審議などを行う（15条）。1987年のCOP6において、同会議を補助するために、地域を代表する締約国らから成る**常設委員会**や、科学者や命名法の専門家により構成される**動物・植物委員会**を設置することが決定された。締約国は、改正された附属書に原則として拘束されるが、留保を付すことも可能である。たとえば日本は、10種のクジラについては、持続的利用が可能なだけの資源量があるとの客観的理由があるとして、附属書Ⅰへの掲載を反対すると同時に留保を付している。

【438】　これに関連して、日本は2018年にワシントン条約の常設委員会から、北西太平洋公海で実施している**イワシクジラ**の**調査捕鯨**は条約の不遵守にあたることから是正を勧告された。上述のとおり、ワシントン条約は国際取引を規制するものであるが、「取引」には「海からの持ち込み」が含まれ、そして、「海からの持ち込み」は、「いずれの国の管轄の下にない海洋環境において捕獲され又は採取された種の標本をいずれかの国へ輸送すること」と条約上定義されているからである（1条(e)）。つまり、公海漁業を行い自国へ持ち帰ることは、条約の規制する国際取引となるのである。

【439】　調査捕鯨は「主として商業的目的」というわけではない、という主張も、文理解釈からはありえようが、上述のように、COPの決議によりこの文言は幅広く定義されており、また、調査捕鯨により捕獲されたクジラが国内で食用に販売されていたことから、日本の調査捕鯨は「主として商業的目的」とみなされた。日本は、この勧告を受け、2019年に公海上でのイワシクジラの捕獲は行わないとワシントン条約事務局に通達した。

第2項 ── 生物多様性条約（CBD）体制

（1）条約の採択とその規定

【440】　ワシントン条約は絶滅危惧種の国際取引を規制することで、海洋空間を含む、地球上の生物多様性保全に寄与するものであるが、その規律対象は絶滅危惧種と限定的である。そのため、生物多様性を包括的に保全するための国際的な枠組みを設ける必要性が唱えられ、1987年に**国連環境計画（UNEP）**が専門家会合を設置して具体的な検討を開始した。そして、1990年より政府間の交渉が行われ、1992年の**国連環境開発会議**の直前にCBDが採択され、1993年に発効することとなった。

同条約は、①生物多様性の保全、②生物多様性の構成要素の持続可能な利用、③遺伝資源の利用から生ずる利益の**公正かつ衡平な配分**、の3つをその目的として規定している（1条）。この①・②の達成のために条約は、締約国に対し、自国の能力や状況に応じて、生物多様性の保全・持続的利用のための国家戦略や計画を作成・実施するなどの一般的措置をとることを求めている（6条）。また、「可能な限り、かつ、適当な場合には」という条件のもと、生物の**生息域内**では保護区の指定や生態系の維持などの保全措置を（8条）、**生息域外**であっても、絶滅危惧種など8条の措置では存続が難しい種などに対しては補完的に、研究や生態系の回復措置をとることが要求されている（9条）。また、生物多様性への著しい悪影響を回避するための、EIA手続の導入を求めている（14条）。加えて、③の目的のために、遺伝資源への**アクセスと利益配分（ABS）**についての規則も規定している（15条）。

【441】

（2）条約の明確化・発展

　ただし、生物多様性条約は、COPにより議定書を締結して具体的な規則を設けていくことを想定しており（23条・28条）、上述の規定に関しては、不明確な部分も少なくない。また、同条約25条に基づき、COP1より、専門的知見を有する政府代表から構成される**科学技術助言補助機関（SBSTTA）**が設置されて、COPに対し条約実施に関する様々な助言をしている。

【442】

　同条約のもとではこれまで、3つの議定書が採択されている。2000年1月に採択された**カルタヘナ議定書**は、遺伝子組み換え生物の国境を越える移動について規律する。**名古屋・クアラルンプール議定書**は、このカルタヘナ議定書27条に基づき、同議定書を補足するために2010年10月に採択された。遺伝子組み換え生物の移動により損害が生じた場合の責任と救済について規定している。そして、同じく2010年10月に採択された**名古屋議定書**は（本章第2節第2項で後述）、生物多様性条約15条のABSについてより詳細な規則を設けている。

【443】

第3項 —— BBNJ協定の締結

（1）協定の射程

　このように、海洋の生物多様性の保全と持続可能な利用についてもCBDの枠組みのもとで規律が進んできたが、CBDはあくまでも国家管轄権内の

【444】

▶第1節　海洋生物多様性の保全をめぐる条約枠組み　　**167**

水域を規律するのみで、ABNJ についての規律は限定的であった。他方で、海洋法条約は ABNJ を含む海洋全体に適用されるものの、1982 年の採択と、生物多様性の問題に強い関心が払われる以前に採択されており、生物多様性について十分な規定を設けているわけではない。海洋全体の面積のおよそ 3 分の 2、体積では 95％が ABNJ であるという事実に鑑みれば、この広大な水域の生物多様性についての規制が十分ではないことは大きな問題となりうる。

【445】　このような問題意識のもと、2004 年には国連総会により作業部会が設置され、BBNJ に関する議論が開始された。その後、2012 年の国連持続可能な開発会議（リオ + 20）での議論等を経て、2015 年に採択された総会決議 69/292 により、海洋法条約のもとに、BBNJ の保全および持続可能な利用に関する新しい法的拘束力ある文書を作成するための準備委員会（Prep-Com）を設置することを決定した。同決議により、BBNJ 協定は、(1) **海洋遺伝資源（MGR）**（利益配分を含む）、(2) **区域型管理手法（ABMT）（海洋保護区（MPA）を含む）**、(3) **環境影響評価（EIA）**、(4) 能力構築および海洋技術移転の 4 つをパッケージとして扱うという方針がコンセンサスで合意されたのである。

（2）政府間会議での協定作成

【446】　準備委員会では、BBNJ 協定の条文に含めるべき要素について議論が行われ、その結論を受け、2017 年の総会決議 72/249 により、条約作成のための政府間会議を開始することが決定された。同総会決議は、政府間会議の作業および成果は、海洋法条約の規定と**完全に整合的**であること、また、政府間会議のプロセスおよび成果は、**既存の枠組みを損なうべきでないこと**、などを含んでいる。

【447】　当初は、2018 年より 4 回の会合を 2020 年前半までに行う予定であったが、COVID-19 の影響により 2020 年 3 月に予定されていた第 4 回会合が延期された。同会合は最終的には 2022 年 3 月に開催されたが、それでも意見の隔たりが大きかったため、追加的に第 5 回会合を 2022 年 8 月と 2023 年 3 月に開催することで協定の文書を最終化し、同年 6 月に協定を正式に採択するに至った。

【448】　同協定は、76 の条文と 2 つの附属書から構成される。2023 年 9 月 20 日に署名が開放され、協定の発効には 60 か国の批准が必要とされている（68

条）。同協定は、ABNJ に適用されるとされ（3条）、軍艦には適用されず、また MGR の公正かつ衡平な配分に係る条約の第2部を除き、原則として公船には適用されない（4条）。また、条約策定過程において総会決議が強調したように、基本的に、海洋法条約を含む既存の条約や、国際機構、地域機関などが設けた枠組みを損なわないように解釈・適用されるとしている（5条）。

▶第2節　海洋遺伝資源（MGR）に関する制度

第1項 —— 海洋遺伝資源とは

（1）遺伝資源・遺伝素材

　MGR は、BBNJ 協定1条8項において、「現実の又は潜在的な価値を有する遺伝の機能的な単位を有する海洋の植物、動物、微生物その他に由来する素材」と定義されている。上述したように、遺伝資源の規制については BBNJ 協定に先駆けて CBD の枠組みにおいて規制が進んでいた。CBD 2条において、「**遺伝資源**」は「現実の又は潜在的な価値を有する遺伝素材」と、そして「**遺伝素材**」は「遺伝の機能的な単位を有する植物、動物、微生物その他に由来する素材」と定義されている。これらの定義と合致するように、MGR の定義は設けられたのである。また、その定義が示すように、MGR は、人にとって「価値を有するもの」とされており、具体的には、特定の環境への耐性を有していたり、特定の酵素を生成する遺伝素材が価値を有するとみなされる。【449】

　遺伝資源から開発された最も有名なものとして、青かびが生成し、抗生物質として機能するペニシリンが挙げられる。海洋遺伝資源に由来する開発としては、**海綿**が注目されており、日本においても、三浦半島油壺で採取された海綿動物の一種であるクロイソカイメンから、抗がん剤として用いられる抗腫瘍活性物質ハリコンドリンBが発見されている。また、21世紀に入り**ゲノム解析技術**が進化したことにより、深海などの特殊環境に生息する培養が難しい微生物らも、培養することなくその遺伝資源を利用できるようになってきており、遺伝資源の利用可能性が広がっている。【450】

（2）デジタル配列情報（DSI）

　遺伝資源の範囲に関して、先進国は、物理的に空間の一部に存在する有【451】

▶第2節　海洋遺伝資源（MGR）に関する制度　　*169*

体物に限定されると主張する一方で、途上国は、遺伝資源のゲノム解析から得られた塩基配列データ等の「**デジタル配列情報（Digital Sequence Information, DSI）**」も遺伝資源に含まれると主張し、生物多様性条約のCOPやBBNJ協定の交渉過程では見解が対立してきた。この、DSIの範囲についても、**塩基配列データ**のほかに何を含むのかといった点が議論されるが、2022年12月の生物多様性条約のCOP 15において、DSIという用語を継続して用いることが決まった。そのうえで、DSIから得られる利益を公正かつ衡平に配分すること、さらに、利益配分の解決策を構築することが決定された。この決定と歩調を合わせるように、2023年6月に採択されたBBNJ協定においても、MGRおよび（その）DSIに関する活動から生じた利益の**公正かつ衡平な配分**が、MGRについて規定したBBNJ協定第2部の目的の1つとされている（9条(a)）。

第2項 ── 国家管轄権内区域の遺伝資源

（1）生物多様性条約（CBD）

【452】　国家管轄権内の遺伝資源について規律したCBDはまず、遺伝資源も天然資源の一部として遺伝資源が存在する国家が規律することができるとしている（15条1項）。天然資源に対する**主権的権利**に基づき、このような遺伝資源の規律が行われるとしていることから、領海だけでなく、EEZや大陸棚といった、沿岸国が主権を有さない水域であっても、その遺伝資源については沿岸国が権限を有することになる。

【453】　遺伝資源へのアクセスについては、遺伝資源を提供する国の権限が認められていることから、同国の**事前の同意（PIC）**が必要とされ（同条5項）、実際のアクセスについては、そのような同意をする際に決められた**相互に合意する条件（MAT）**に基づいて行われなければならない（同条4項）。また、アクセスだけでなく遺伝資源の提供国への利益配分についても、MATに基づいて行われなければならない（7項）。この利益配分については、提供国がバイオテクノロジー研究への効果的な参加を求めるといったように、単なる利益配分ではなく、**能力構築・技術移転**と結びつく形で行われることが期待されている（19条）。

【454】　豊富な遺伝資源を有する一方でその開発技術を有さない途上国は、生物多様性条約が一定程度の規定を設けているものの、自国の遺伝資源を利用

170　第9章▌海洋環境（2）：生物多様性の保全

するビジネスから得られる利益の配分が実際には進まなかったことから不満が高まった。このような背景もあり、2002年9月に行われた「持続可能な開発に関する世界首脳会議」において採択されたヨハネスブルグ実施計画により、遺伝資源の利益配分を促進するための具体的な国際レジームの策定に向けた交渉が要請されることとなった。その後、生物多様性条約のCOP7において、ABS制度について作業部会で検討および交渉していくことが決定され、最終的に採択されたのが2010年の名古屋議定書である。

(2) 名古屋議定書

名古屋議定書は、36の条文と「金銭及び非金銭的な利益」についての附属書から成り、生物多様性条約15条の規定をより具体化している（議定書3条）。公正かつ衡平な利益配分については5条において規定されており、MATに基づいて行われるという生物多様性条約の規定に沿う形をとり（1項）、締約国にそのための立法・行政・政策上の措置をとることを求め（3項）、利益は金銭的なものと非金銭的なものの両方があるとしている（4項）。また、生物多様性条約においては不十分だった、遺伝資源に関連する**伝統的知識**（traditional knowledge）の尊重といった**先住民族**（indigenous people）の権利への配慮が規定されている（2項・5項）。

【455】

アクセスについては6条が規定しており、遺伝資源の利用国が資源提供国の国内法規則に従うことを求める一方で（1項）、資源提供国にも、ABSに関する国内法規則を明確かつ透明性のあるものにしたり、許可証発給について措置をとること、そして、これらの国内法規則や許可証の情報を**ABS情報交換センター**（ABSクリアリングハウス）に提供するなど、一定の義務を課している（3項）（図9-2）。また、5条と同様に、先住民族への配慮についても規定されている（2項）。議定書はまた、遺伝資源や関連する伝統的知識が国境を越えて存在する場合や、遺伝資源の提供国や原産国が不明でPICを得ることができない場合の遺伝資源から得られる利益の配分に関し、「地球的規模の多数国間の利益の配分の仕組み」を検討するとしている（10条）。しかし、この仕組みについても、先進国と途上国との間で意見がまとまらず、これまでのところ具体的な制度は構築されていない。

【456】

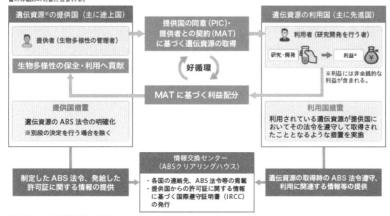

図9-2 ■ 名古屋議定書の概要
出典：環境省（http://abs.env.go.jp/nagoya-protocol.html）より

第3項 ── 国家管轄権外区域の遺伝資源

（1）BBNJ協定交渉での対立

[457]　国家管轄権内外区域のMGRをめぐっては、BBNJ協定第2部において規定されているが、同協定の交渉過程において、先進国と途上国との間では意見の激しい対立がみられた。途上国は、深海底が「**人類の共通遺産（CHM）**」と位置づけられていることを根拠に【27】、そこに存在するMGRもCHMに含まれ、それゆえ、深海底のMGRからの利益は配分されるべきと主張した。そして、公海上のMGRも同様にCHMが適用されるべきであるとの立場をとった。

[458]　しかしながら、海洋法条約第11部の133条は、同部における「資源」を**鉱物資源**と定義しており、そうすると、当然に遺伝資源は含まれなくなる。このことを理由に先進国は、深海底のMGRに対しCHM原則が適用されるわけではなく、少なくとも公海のMGRについては**公海自由の原則**が適用され、あらゆる国が自由に利用することができると主張した。

（2）BBNJ協定における規定

[459]　BBNJ協定は、この対立について、いずれかの立場を採用したわけではない。しかし、最終的にはABNJにおけるMGRのABSについても国際法

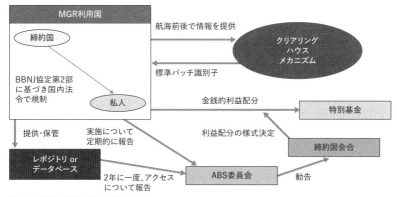

図9-3 ■ MGR・DSIに関するABSの流れ
出典：IUCN（https://iucn.org/sites/default/files/2024-01/iucn-bbnj-treaty-policy-brief.pdf）をもとに筆者作成

規則が設けられたため、途上国の意見が比較的受け入れられたものと評価できよう。公正かつ衡平な利益配分については14条が詳細に定めており、非金銭的利益配分については、「現在の国際慣行」に従った形で、サンプル収集やDSIへのアクセスを認めなければならないとしている（2項）。さらに、金銭的利益配分として、MGRとDSIの利用から生じる金銭的利益をBBNJの保全と持続可能な利用のために公正かつ衡平に配分することや（5項）、先進国は特別基金に毎年拠出することなどが規定されている（6項）（図9-3）。

加えて、BBNJ協定は、**クリアリングハウスメカニズム**を設けており、ABNJにおいて生息域内でMGRの収集を行う場合には、事前に（6か月前か可能な限り速やかに）クリアリングハウスメカニズムに通報し（12条2項）、また、採取後に得られたDSIに関する情報なども1年以内に通知することが義務づけられている（同条3項）。

【460】

▶第3節　区域型管理手法（ABMT）

生物多様性を保全するために用いられるようになったのが、ABMTである。このABMTという用語は、BBNJ協定において導入されたものであるが、生物多様性条約も**保護区**（protected area：公定訳では「保護地域」と訳される）については規定しており、そうした保護区を含むより広義の手法として、BBNJ協定第3部に規定されている。同協定上、ABMTは、「地理

【461】

的に限定された地域を対象とし、本協定に従って特定の保全および持続可能な利用の目的を達成するために、一または二以上のセクターまたは活動を管理する、海洋保護区を含む手法」と定義されている（1条1項）。

【462】　明示的に規定されている海洋保護区に加え、ABMT には少なくとも MPA のほかに、生物多様性条約のもとで発展してきた、**他の効果的な区域型保全措置**（other effective area-based conservation measures, OECM）が含まれよう。2022 年に生物多様性条約の COP15 で採択された**昆明＝モントリオール生物多様性枠組み**において、2030 年までに海洋の 30% を MPA または OECM で保全する（**30 by 30** といわれる）、という目標が設定されていることからも、これら 2 つの手法は非常に重要である。本節では、この MPA と OECM に関する国際法の発展について確認した後に、日本の実行について概観する。

【463】　なお、ABMT と関連する概念として、IMO の**特別敏感水域**（Particularly Sensitive Sea Area, PSSA）、CBD に基づく**生態学的・生物学的に重要な海域**（Ecologically or Biologically Significant marine Areas, EBSA）、**水中文化遺産保護条約**（2001 年）【113】に基づく水中文化遺産、などもある。

第1項 ── 海洋保護区（MPA）

（1）MPA の定義と区分

【464】　MPA は BBNJ 協定 1 条 9 項において、「特定の長期的な生物多様性保全の目的を達成するために指定及び管理される地理的に境界が定められた海洋区域であって、当該目的と合致することを条件に、適切な場合に持続可能な利用を許容するもの」と定義されている。この定義は、生物多様性条約 2 条における保護区の定義、すなわち、「保全のための特定の目的を達成するために指定され又は規制され及び管理されている地理的に特定された地域をいう。」と整合的であり、BBNJ 協定が採択されるまで広く定着してきた、IUCN による保護区についての「自然並びにそれに関連する生態系サービスおよび文化的価値の長期的保全を達成するために、法律または他の効果的な手段によって、認められ、公共に供され、管理される明確に境界が定められた地理的空間」という定義を参照して設けられた。

【465】　MPA に関しては、人間が立ち入ることが禁止されたり、漁業が完全に禁止されるなど、厳しい措置が講じられるイメージがあるかもしれない。

174　第 9 章‖海洋環境（2）：生物多様性の保全

表9-1 ■ IUCNの保護区分類

カテゴリー	名称	主な管理目的
Ia	厳正自然保護区 Strict nature reserve	可能な限りの利用を排除。主に、科学調査やモニタリング、環境教育。
Ib	原生自然保護区 Wilderness area	原生地域の生物学的完全性の保護。最小限の教育・科学調査活動のみ。
II	国立公園 National park	大規模な生態系の保護。環境上可能な範囲で、精神的、教育的、文化的、レクリエーション、観光機会を提供
III	天然記念物 Natural monument or feature	特定の自然の特徴の保護。通常、面積は小規模。観光的価値が高い。
IV	生息地・種の管理区域 Habitat/species management area	特定の種や生息地の保護。定期的かつ積極的な介入が必要な場合が多い。
V	陸上・海洋景観保護区域 Protected landscape/seascape	人間と自然の相互作用により作り出された、景観的価値の保護。
VI	持続的資源利用保護区 Protected Area with sustainable use of natural resources	関連する文化的価値と天然資源の管理。生態系の保護と天然資源の持続的利用の促進。

出典：Nigel Dudley（ed.）, *Guidelines for Applying Protected Area Management Categories*（IUCN, 2008）の本田悠介訳（2018年度総合的海洋政策の策定と推進に関する調査研究報告書）をもとに作成

　しかし、BBNJ協定の定義は、そのような厳しい措置が講じられる保護区だけでなく、「持続可能な利用」であれば漁業活動などを一定程度許容する保護区も含む。したがって、IUCNの保護区分類が示すように、たとえばカテゴリーⅡのような教育・レクリエーション促進などでの利用は許容されよう。MPAか否かは、行われる規制や許容される活動というよりはむしろ、その区域が何を目的に設置されているか、本当に生物多様性の保全のために設置されたものか、という設置目的により決まる部分が大きい。

(2) 沿岸国による MPA の設置

　ABMTの設置および運用について沿岸国は、領海内はいうまでもなく、【466】「海洋環境の保護及び保全」についての管轄権が認められるEEZにおいても行うことができる。これらの水域においては、当然にBBNJ協定に拘束されることなく、海洋法条約上の沿岸国の権限に基づき海洋保護区を設置し運用することができる。しかし、だからといって国際法の規制がないわけではなく、たとえば、海洋保護区が航行を規制するような場合には、国際法上認められる他国の航行の権利を侵害しないようにする必要がある。たとえば、2015年の**チャゴス諸島海洋保護区事件**において仲裁裁判所は、英国による海洋保護区の設置が、モーリシャスの利益に影響を及ぼすにもかかわらず同国と十分な協議をすることなく設置したことや、より制限的

でない代替手段の検討を行っていなかったことなどを理由に、英国の義務違反を認定している（paras. 536, 541）。

チャゴス海洋保護区事件

> **判例事例研究** **チャゴス諸島海洋保護区事件**
>
> モーリシャスは、インド洋の南西に位置するモーリシャス島を中心とする島嶼国であり、英国の植民地として支配されてきたが、1968年に独立を達成した。ただし、独立に際し、モーリシャスが自国領域と考えるチャゴス諸島について、英国はそのようには扱わず、モーリシャスの独立以後、両国の間で領有権の紛争が続いていた。そのような中、2010年4月1日に、英国はチャゴス諸島周辺の領海およびEEZにMPAを設置し、同諸島の元住民に認められてきた伝統的漁業なども禁止した。これについて、英国が海洋法条約上の「沿岸国」にはあたらない、また英国によるMPA設置が、海洋法条約に違反するとして、モーリシャスは事件を附属書VII仲裁裁判所に付託した。仲裁裁判所はまず、歴史的に存在が確認される領域主権についての紛争と、MPAの設置に関する紛争は別個の紛争として存在しうることを確認した。また、沿岸国に該当するか否かという点については、海洋法条約の解釈・適用の問題とみることも可能であることから、裁判所が管轄権を有するか否かは、紛争の比重がいずれにあるかを検討しなければならないとしたが、英国が「沿岸国」にあたるか否かについては、領域主権としての紛争の方により大きな比重があることから、裁判所は管轄権を有さないとした。仲裁裁判所はまた、モーリシャス＝英国間の約束（国際条約とはみなされない）や禁反言を基礎として、モーリシャスが権利を有するとした。そのうえで、モーリシャスの権利への十分な配慮をせずにMPAを設置したことが、領海沿岸国は主権行使に際し他の国際法規則に従わなければならないとした2条3項およびEEZ沿岸国が妥当な考慮を払うことを求める56条2項に違反した（para. 536）。さらに、海洋汚染を防止・軽減するための措置を講じる際に、他国の権利義務に不当に干渉しないことを規定した194条4項と両立しないとした（para. 541）。このように、仲裁裁判所は、海洋法条約において課された役割は果たしたといえる一方、同裁判所の判断はモーリシャスにとって納得のいくものではなかった。そのため、モーリシャスは、国連総会等でチャゴス諸島の返還を求める主張を継続し、その結果、2017年に国連総会はICJに対して勧告的意見を要請することとなった。これを受けICJは、英国が可能な限り早急にチャゴス諸島の統治を終了させる義務を負うことや、国連全加盟国が、モーリシャスの脱植民地化を完了させることに協力する義務を負うと示した（para. 183）。

(3) 国家管轄権外区域（ABNJ）における ABMT の設置

ABNJ における MPA の設置としては、これまで、**南極海洋生物保存委員会（CCAMLR）**【339】がロス海に設置したものなど、地域機関による実行がわずかにあるにすぎない（図9-4）。その背景には、国家は ABNJ を主権下に置くことを主張できないことがある（海洋法条約89条・137条1項）。公海では公海自由の原則が適用されるため、旗国の同意を得ずに船舶の活動を一方的に制限することになる MPA の設置は、旗国主義原則に違反する可能性が高くなる。

【468】

図9-4 ■ 南極条約地域およびロス海
出典：CCAMLR (http://archive.ccamlr.org/pu/E/conv/maplge.htm) をもとに作成

BBNJ 協定では、ABNJ における ABMT の設置手続を規定している。まず、提案については、あらゆる締約国が単独でも共同してでも申請書を提出して行うことができる（19条1項）。提出された申請書は、事務局を通じ公表されると同時に、**科学技術委員会（STB）**に送付され、そこで予備的審査が行われる（20条）。予備的審査の結果やステークホルダーらとの協議に基づき（21条）、必要に応じて提案国らは、申請書の修正・再提出を行う。そして、最終的に提出された申請書に関し、COP は、協議手続や STB からの勧告等を考慮し、ABMT の設置と具体的な措置を講じることができる（21条1項）。ただし、その際、COP は他の機関による措置と両立可能なものとしたり、あるいは、他の機関に問題を委ねることができる（同条2項・3項）。

【469】

COP による ABMT の設置は、原則コンセンサスで決定されるとしながらも（23条1項）、CCAMLR がコンセンサスとしたがゆえに、ごくわずかな国の反対で MAP の設置がうまくいかなくなっていることに鑑み、締約国の4分の3の合意でも設置可能とした（同条2項）。他方で締約国は、このように設置された ABMT に異議を申し立てることで、ABMT の拘束力を自らに及ばなくすること（**オプト・アウト（opt out）**）ができる（同条4項）。

【470】

▶第3節 区域型管理手法（ABMT） 177

ただし、異議を申し立てる場合でも、異議の理由として、当該 ABMT の設置決定が、BBNJ 協定や海洋法条約上の異議申立国の権利義務と両立しない等の説明責任を果たさなければならず（同条5項）、容易にオプト・アウトさせない仕組みが整えられている。

第2項 —— 他の効果的な区域型保全措置（OECM）

（1）愛知目標における OECM の導入

【471】　IUCN で長く議論されてきた保護区の一形態である MPA と異なり、2010年に CBD の COP 10 で採択された愛知目標の目標 11 に規定されることで注目を集めるようになったのが**他の効果的な区域型保全措置**（OECM）である。同目標は、「2020 年までに、少なくとも 17% の陸域及び内陸水域、並びに少なくとも 10% の沿岸域及び海域、特に、生物多様性及び生態系サービスにとって特別に重要な地域が、効果的かつ衡平に管理され、生態学的に代表的であり良く連結された保護区域システム及び OECM を通じて保全され、また、より広域の陸上及び海洋景観に統合される」と設定している。同目標は保護区と OECM を併置しているため、OECM の「他の(other)」とは、保護区域以外を意味する。そのため、海上での OECM を正確に理解するためには、MPA の理解が必要不可欠となるが、2010 年当時は上述の BBNJ 協定の MPA の定義はなく、OECM についても 2010 年以降に CBD の枠組みにおいて定義の確立等が進むこととなった。

（2）生物多様性条約の COP による OECM の具体化

【472】　CBD の COP 11 において、COP は、MPA の運用についてすでに知見を蓄積していた IUCN および **IUCN の世界保護区委員会（WCPA）**などに対し、技術ガイダンスを開発することを要請し、その WCPA が 2015 年に OECM に関する技術ガイダンスを開発するタスクフォースを設置し検討を行った。同タスクフォースの作成した技術ガイドライン草案をもとに議論が行われ、最終的には、2018 年に開催された COP 14 において、OECM を「保護区を除く地理的に境界が明示された区域であって、生物多様の生息域内の保全（関連する生態系の機能およびサービスならびに、適切な場合には、文化的・精神的・社会経済的・他の地域的な関連する価値を合わせて考慮する）にとって有益かつ継続的な長期的成果を達成する方法により規律および管理されるもの」と定義する決定 14/8 が採択された。

178　第9章 ▌海洋環境（2）：生物多様性の保全

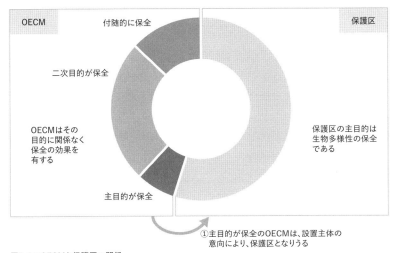

図9-5 ■ OECMと保護区の関係
出典：IUCN（https://portals.iucn.org/library/sites/library/files/documents/PATRS-003-En.pdf）をもとに作成

　WCPAによれば、OECMは①主目的、②二次目的、③付随的、の3つの形で効果的な保全を目的として設定しうる（図9-5）。上記①の効果的な保全を主目的とするOECMは、MPAの基準を満たしているものの、政府によって正式にはMPAと指定されない区域を指す。そのため、この①のOECMとMPAの違いは、当該区域を管理する団体が、MPAと指定されることを希望するか否か、といった主観的な要素によることとなる。②の二次目的とするものとしては、たとえば防衛を主目的として設定された軍事区域で、二次目的を生物多様性の保全としている場合、また、③の付随的なものとしては、沈没船および戦没者の遺骨などを保護する目的で設定された区域が、結果として生物多様性に資する場合などが挙げられる。この③の形を含むことに留意してか、WCPAは、MPAとOECMとを峻別する基準は、前者は保全を主要目的とする一方で、後者については、その目的が何であるにせよ、効果的な生息域内保全を提供する点にあるとする。

第3項 ── 日本の実行

　2010年に**愛知目標**が採択されて以来、日本においても、数値化されたMPAの設置目標を達成することに尽力してきた。2011年に環境省が「**海**

【473】

【474】

洋生物多様性保全戦略」を発表し、IUCN や生物多様性条約における定義を参照し、日本独自の海洋保護区の定義をまとめた。この日本独自の定義によれば、MPA には、「**海洋資源開発促進法**」に基づく「指定海域」や「漁業従事者による自主管理水域（自主管理水域）」が含まれるが、これらの海域は生物多様性の保全を目的としているわけではないことから、BBNJ 協定の定義する MPA には合致しない可能性もある。実際、2020 年に総合海洋政策本部参与会議（海本部）が発表した『海洋保護区のさらなる拡大と管理のあり方に関するスタディグループ（SG）報告書』によれば、日本の MPA は OECM を含む形で定義していると整理されている。

【475】　2011 年段階では MPA や OECM についての国際法上の定義が今以上に不透明であったことに鑑みれば、日本独自の MPA の制度を設け、その中で生物多様性の保全に資する水域を含めたこと自体が強く批判されるのはいささか理不尽であろう。しかしながら、2011 年以降の国際法の展開により、MPA はその目的を保全とするものであり、程度の差こそあれ、保全とは異なる目的を有していても結果的に保全に資するものは OECM と整理することは、国際的にほぼ決まった。このような状況に鑑みれば、世界自然遺産として登録するために設けられ、国際的にも高く評価される**知床世界遺産**や、愛知目標を達成するために、2019 年に**自然環境保全法**を改正して新たに導入した沖合域における「**沖合海底自然環境保全地域**」などのみを MPA と位置づけ（図 9-6）、「指定海域」や「自主管理水域」は OECM と整理しなおすことが、国際法の流れには合致するといえよう。

【476】　また、国際的には、数値目標を義務づけられるようになったことから、形式的には MPA や OECM として設置するものの、実際の取締り等は行われず実質は伴わない、いわゆるペーパー MPA が問題となっている。長期にわたり MPA を維持していくことは、その設置以上にリソースが必要とされることから、この分野における国際協力は今後より重要なものとなろう。

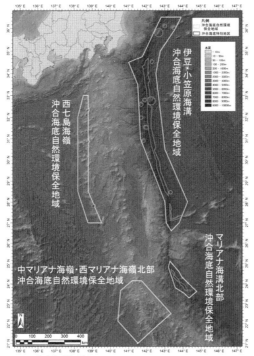

図9-6 ■ 沖合海洋保護区
出典：内閣府（https://www8.cao.go.jp/ocean/info/annual/r3_annual/pdf/r3annual_2_6.pdf）より

▶第4節 環境影響評価（EIA）

第1項── 国際法における環境影響評価（EIA）の展開

（1）EIAの定義と区分

　EIAは、米国が1969年に制定した**国家環境政策法**を嚆矢として各国の国内法において発展してきた。そのため、国ごとにEIAの制度は異なるが、BBNJ協定1条7項はEIAを「意思決定に情報を提供するために、ある活動の潜在的な影響を特定し、評価するための手続」と定義する。この定義が示すとおり、EIAはあくまでも手続として義務づけられるにすぎず、結果として環境汚染が発生したからといって、直ちにEIAに関する何らかの

【477】

責任が生じるわけではない。科学的に予見できないことなどが理由である場合の汚染などについては、法に従ってEIAを誠実に行った場合であっても発生する可能性はあり、そういった場合にEIAに関する責任は生じないものと考えられる。

【478】　EIAの目的については、あくまでも最終的な環境悪化の防止を確保することを目的とする考え方と、自然環境への影響が科学的に確実にわかるわけではないことに鑑み、ステークホルダーが参加し、あらゆる知見を用い、政策決定者が判断するという手続そのものを目的とする考え方、の大きく2つがある。両者は互いに排除し合うものではないため、その両方を目的と考えることも可能であるが、海洋においては、陸域以上に**科学的不確実性**が高く予見不可能な環境の悪化が発生しやすいことに鑑みれば、手続そのものを目的とする考え方はより一層重要なものとなる。

（2）戦略的環境評価

【479】　**戦略的環境評価**（Strategic Environment Assessment, SEA）とは、「政策（Policy）、計画（Plan）、プログラム」を対象とする環境影響評価であり、通常のEIAの対象となる**事業（project, activity）**を行うかどうかについて、活動の実施段階ではなく、より事前の政策、計画およびプログラムの策定段階で行う評価である。このSEAも、各国・地域において導入され発展してきており、国ごとに異なる。SEAに関する国際条約として、**エスポー条約**（1991年）の**キエフ議定書**（2003年）がある。

【480】　実は、エスポー条約も、2条7項においてSEAを規定しているが、それはあくまでも努力義務にすぎなかった。そこでキエフ議定書を締結することで、事前にSEAを実施することを締約国に義務づけたのである。このようなSEAは、事業に対するEIAとは区別されることもあるが、エスポー条約がそうであるように、EIAの中に含まれることもある。BBNJ協定においては、EIAについて規定した第4部の39条においてSEAが規定されているものの、締約国は、SEAの実施を検討（consider）する義務を負うにすぎない（1項）。

（3）越境環境影響評価

【481】　国際法におけるEIAの発展は、上述のエスポー条約がそうであるように、ある国家の域内で行われた活動が国境を越えて他の国家に影響を与える場合に行う、**越境（transboundary）環境影響評価**の文脈で発展してきた。エ

182　第9章▌海洋環境（2）：生物多様性の保全

スポー条約2条1項は、越境的損害を防止、軽減するための措置を講じることを義務づけている。また、2001年にILCが策定した「危険活動から生じる越境損害の防止に関する条文案」も、7条においてEIAの義務を規定している。

さらに、実際の国際紛争において、EIAが問題となってきたのも越境的な文脈である。たとえば、ウルグアイがアルゼンチンとの境界となるウルグアイ河沿いにパルプ工場を建設したことについてアルゼンチンがウルグアイを訴えた2010年の**ウルグアイ河パルプ工場事件**において、ICJは「提案された産業活動 (industrial activity) が越境的な文脈における、特に、共有資源に対する重大な悪影響を及ぼしうる危険性がある場合に環境影響評価を行うことは、今や一般国際法上の必須条件とみなされうる。」として、一般法、すなわち慣習法上の環境影響評価実施義務に言及している (para. 204)。そして、同事件を踏まえ、2015年の**国境地域ニカラグア活動事件とサン・フアン川道路建設事件の併合判決**においてICJはEIA義務違反を認定している (para. 162)。

第2項 ── 海洋法条約およびBBNJ協定におけるEIA

(1) 海洋法条約におけるEIA

海洋法条約においてEIAと関連するのは、「監視および環境評価」と名付けられた第12部の第4節である。同節は、汚染の危険または影響の監視について規定した204条、報告の公表について規定した205条、そして、EIAについて以下のように規定した206条から成る。

> 第206条　活動による潜在的な影響の評価
>   いずれの国も、自国の管轄又は管理の下における計画中の活動が**実質的な海洋環境の汚染**又は**海洋環境に対する重大かつ有害な変化**をもたらすおそれがあると信ずるに足りる合理的な理由がある場合には、当該活動が海洋環境に及ぼす潜在的な影響を**実行可能な限り**評価するものとし、前条に規定する方法によりその評価の結果についての報告を公表し又は国際機関に提供する。

このように、EIAについては1つの条文しか設けず、いかなる場合に

ウルグアイ河パルプ工場事件

国境地域ニカラグア活動事件とサン・フアン川道路建設事件の併合判決

EIA を実施するかという EIA の敷居についても、「実質的な海洋環境の汚染」または「海洋環境に対する重大かつ有害な変化」と、極めて抽象的な形で限定したうえに、そのような「おそれがあると信ずるに足りる合理的な理由がある場合」と、非常に抽象的かつ国家の主観を挟む余地すら残す形で規定している。また、評価方法についても特定の規則は設けておらず、唯一具体的なのは、205 条と結びついての報告のみとなっている。

（2）BBNJ 協定における EIA

【485】　BBNJ 協定は、EIA について 13 の条文から成る第 4 部を中心に比較的詳細な規定を設けている。同協定は原則として ABNJ にのみ適用されるものの、27 条が第 4 部の趣旨目的の 1 つとして ABNJ における海洋法条約の EIA 規定を運用可能にすることを挙げており、その規定（すなわち、206 条）が海域の別なく適用されることに鑑みれば、BBNJ の規定は、206 条を通じて国内の EIA 実施義務に一定程度の影響を及ぼすとも考えられよう。こうした意図をもっていたかは明らかではないが、ITLOS は、気候変動勧告的意見【387】において、206 条の義務について検討したあとに、BBNJ 協定の EIA に関する規定に言及している（para. 366）。

【486】　また、EIA 実施義務について、自国の管轄水域での活動であっても、ABNJ の海洋環境を実質的に汚染する可能性がある場合などには、当該活動を管轄または管理のもとに置く国家は EIA を実施する義務を負う。ただし、そのような活動については、BBNJ 協定に従うか、または、自国の国内手続に従った EIA を実施すればよいとされている（BBNJ 協定 28 条 2 項）。

【487】　BBNJ 協定における EIA の手続自体は、①スクリーニング、②スコーピング、③影響評価および査定（evaluation）、④潜在的な悪影響の防止・軽減・管理、⑤公示および公的協議、⑥EIA 報告書の準備および発表、と具体的に規定されているが（31 条 1 項）、これらは日本を含む多くの国家の EIA 手続に共通するものである。また、BBNJ 協定は、スクリーニングと、スコーピング以降の 2 段階に分けて**敷居（threshold）**を設けている。

【488】　スクリーニングの敷居は、活動が海洋環境に対して**軽微なまたは一時的な影響**以上の影響を与えるか、または、活動の影響が知られていないまたはほとんど理解されていない場合、のいずれかである（31 条 1 項）。後者に鑑みれば、新たに開発された技術を用いて活動を行う場合には、少なくともスクリーニングを行う必要がある。そして、スクリーニングの結果、「**実**

184　第 9 章▮海洋環境（2）：生物多様性の保全

質的な海洋環境の汚染又は**海洋環境に対する重大かつ有害な変化**をもたらすおそれがあると信ずるに足りる合理的な理由がある場合」にスコーピング以降の EIA 手続を実施する必要があるのである。

スコーピング以降の各手続について、公示および公的協議（32条）、EIA 報告書の発表（33条）、意思決定（34条）、承認された活動の影響の監視（35条）、承認された活動の影響の報告（36条）、承認された活動およびその影響の再調査（37条）とそれぞれの条文で比較的詳細な規則を設けている。他方で、BBNJ 協定は特定の活動についての具体的な評価項目などを設けているわけではない。どういった活動に対して EIA をどのように行うか、といった点などについては、BBNJ 協定により設置される STB【469】が基準・ガイドラインを設け、協定上の義務をより具体的に発展させていくことが可能な制度となっている。 【489】

第3項 ── 地域的枠組みおよび事項別の EIA

海洋法条約の規定は抽象的であり、BBNJ 協定は、既存の制度と調和的に運用されることを想定しているため、BBNJ 協定ができたとはいえ、EIA の地域的枠組みと事項別の EIA は引き続き機能することが期待される。本項では、基本的に海洋に関する範囲で確認する。 【490】

（1）地域的枠組み

地域的枠組み【56】における EIA の義務を規定する文書として高い評価を受けているのが、1991 年に採択された**環境保護に関する南極条約議定書**である。同議定書は、「南極条約地域」、すなわち、「南極条約第 6 条の規定に従い同条約の適用される地域」（議定書 1 条(b)）（南緯 60 度以南の地域）の活動について規制している（図9-4）。EIA について規定した同議定書 8 条および附属書Ⅰは、活動の与える影響を①**軽微なまたは一時的な影響**を下回る影響、②軽微なまたは一時的な影響、③軽微なまたは一時的な影響を上回る影響、の３つに区分する。そのうえで締約国は、上記①には国内手続に従った検討（予備段階）、②には初期の環境評価書の作成、③には包括的な環境評価書の作成、といった異なる対応が求められる。この区分は、上述の BBNJ のスクリーニングの敷居へとつながっている。 【491】

また、いわゆる**地域海（環境）条約**（regional seas convention）と呼ばれるものの中にも【57】、環境影響評価を規定したものがある。たとえば、 【492】

▶第4節 環境影響評価（EIA）　　185

1995 年に締結された**改正バルセロナ条約**は、1976 年に締結された地中海汚染防止条約を改正するもので、同条約 4 条 3 項(c)は締約国に対し、「海洋環境に対して重大な悪影響を及ぼしうる」活動を行う場合に環境影響評価を行うことを義務づけている。同条約における環境影響評価義務の特徴としては、続く 3 項(d)において、通知、情報交換、協議などを通じての国家間の協力を義務づけている点にある。

(2) 事項別 EIA

【493】　事項ごとに EIA を規定するものとして、たとえば漁業が挙げられる。1995 年に採択された公海漁業実施協定【334】は、その第 5 条(d)において「一般原則」として、ストラドリング魚種および高度回遊性魚種の保存・管理のために、漁獲やその他の人間活動が、漁業資源に対して及ぼす影響を評価することを義務づけている。さらに、6 条 3 項(c)は、予防的な取組を実施する際に、「資源の規模及び生産性に関連する不確実性、基準値、当該基準値に照らした資源の状態、漁獲量の水準及び分布、非漁獲対象種及び漁獲対象資源に関連しまたは依存している種に漁獲活動が及ぼす影響」を考慮しなければならないとしている。公海漁業協定以外にも、FAO が 2009 年に策定した、「公海における深海漁業管理のための国際ガイドライン」も、「重大な悪影響」とはいかなるものかを明確に規定したうえで（ガイドライン 3.3）、その評価方法を示すなど（ガイドライン 5.2）、比較的詳細な環境影響評価を規定している。

【494】　また、海洋投棄について、**ロンドン議定書**（1998 年）【400】は、附属書に列挙された投棄可能なものを投棄するに際しても、4 条 1 項において許可を必要とし、許可するか否かを判断する際には、附属書 II に従い環境への潜在的影響を評価しなければならない。さらに、深海底の鉱物資源を探査・開発する際の規則は **ISA** が作成しているが、それらの規則においても EIA は重要な位置づけを占めている【209】。

【 主要参考文献 】

坂元茂樹ほか編『国家管轄権外区域に関する海洋法の新展開』（有信堂高文社、2021 年）
高橋　進『生物多様性と保護地域の国際関係―対立から共生へ』（明石書店、2014 年）
Vito De Lucia et al.(eds.), *International Law and Marine Areas Beyond National Jurisdiction Reflections on Justice, Space, Knowledge and Power* (Brill, 2022).
Ingvild Ulrikke Jakobsen, *Marine Protected Areas in International Law*：*An Arctic Perspective* (Brill, 2016).
Neil Craik, *The International Law of Environmental Impact Assessment*：*Process, Substance and Integration* (CUP, 2008).

第10章 海洋情報・科学技術

　空間やそこにある資源を利用するに際しては、その空間がどのようなものかの理解が必要不可欠である。この点、海洋空間とそこにある資源に関しては、陸地に比べ科学的知見が不足しており、国や国際機構による政策判断のための十分な科学的情報が常に存在するというわけではない。また、海洋の活動と一口に言っても、航行（第3章）、漁業（第7章）、鉱物資源開発（第4章）、軍事活動（第12章）といったように、多様な活動があり、そのために必要とされる情報やその取扱いも当然異なる。たとえば、漁業であれば、豊かな漁場の正確な位置は漁業の効率性に直に影響を与えることから、漁業従事者間でもその情報が共有されないこともある。また、海底に眠る石油その他の天然資源の位置や埋蔵量に関する情報は、境界画定の際に用いられるなど、国家間の権益が対立する場面でも重要となる。さらに、現在、海洋も気候変動の影響を受けており（海水温の上昇、酸性化等【409】）、こうした問題の情報は共有して、国際社会全体で対応していくことが望ましい。【495】

　こうした情報の収集は、高度な科学技術を必要とする場合がある。たとえば、掘削を伴う海洋情報の収集などは、海底の深度が深ければ深いほど難しくなり、環境への配慮までするとなればより一層難しくなる。そのため、**海洋研究開発機構（JAMSTEC）【94】**が誇る探査船「ちきゅう」は（図10-1）、様々な国より、探査協力が依頼される。こうした背景から、本章は、海洋情報と科学技術に関する国際法をあわせて概観する。【496】

　本章は、上述の章で言及した多様なアクターに加え、**文部科学省**やJAMSTECといった科学・研究に関する機関。さらに、海底ケーブルについては総務省やそのビジネスに参入する企業などに関連する。本章は、まず、海洋情報集の重要性と、その規律の難しさについて確認する（第1節）。そのうえで、現在の国際法において比較的詳細な規定が設けられている情報収集活動である**海洋科学調査（marine scientific research, MSR）**（第2節）と他の活動（第3節）についてそれぞれ確認する。加えて、海洋情報収集【497】

187

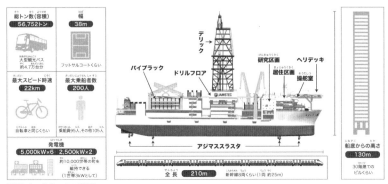

図10-1 ■ ちきゅうの概要
出典：JAMSTEC（https://www.jamstec.go.jp/chikyu/j/about/spec.html）より

に関する科学技術、**海底ケーブル**および**無人機器**を規律する国際法について概観し（第4節）、最後に、**能力構築**および**技術移転**の制度を確認する（第5節）。

▶第1節　海洋情報収集の重要性とその規律の難しさ

第1項 ── 科学的知見の重要性

（1）海洋活動における科学的知見の利用

【498】　海洋情報の重要性は論を俟たない。そして、その情報は**科学的**に証明されていることが望ましい。実のところ、海洋利用に関する知識として、ある海域の海流の流れの変化などは航海士の、また、豊かな漁場の場所などは漁業従事者の、経験によって積み重ねられてきた部分が少なくない。世代を越えての経験が蓄積し、いつであれば潮の流れは穏やかである、とか、どこであれば比較的近場で魚が大量に捕らえられる、といった情報が蓄えられてきたのである。しかしながら、それらの情報の中には、科学的になぜそうなるのかが明らかではないものも少なくなく、そうなると、その経験に基づく法則がどこまで信頼に足るのかが不明瞭となる。

【499】　そして、こうした情報が不透明な場合、生物資源の資源状況がわからず漁業を持続可能な形で行うことができなかったり、海洋の汚染状況がわからず対策が立てられなかったりする。さらに、温室効果ガスの排出により、

海洋が酸性化したり、温暖化の影響で極域の氷がとけて水量が増す、あるいは特定の海域の温度が上がるといった変化する環境への対応を効果的に講じていくためには、これらに関する科学的な知見が必要不可欠である。国際的にも国内的にも、データに基づく政策決定がより強く求められるようになった今日、こうした科学的知見とその収集活動の重要性は増すばかりである。

(2) 国連海洋科学の10年

そのために、国連では、2017年に採択した総会決議72/73において、2021年から2030年を「持続可能な開発のための国連海洋科学の10年」（以下、**国連海洋科学の10年**）として（図10-2）、**国連教育科学文化機関（UNESCO）の政府間海洋学委員会（Intergovernmental Oceanographic Committee, IOC）**が中心となり、SDGs（とりわけ目標14）や、生物多様性条約の履行に資するための研究を行うこととなった。より具体的には、①「きれいな海」、②「健全で回復力のある海」、③「予測できる海」、④「生産的な海」、⑤「安全な海」、⑥「万人に開かれた海」、⑦「夢のある魅力的な海」の7つの目標を達成するために科学的知見を蓄積する方針が立てられ、様々な活動が行われている。日本でも、JAMSTECや大学などが一体となり、海洋科学の10年の枠組みの中で、新たな研究を行うと同時に、事典の作成など、市民への情報の提供を行っている。

【500】

図10-2 ■ 国連海洋科学の10年ロゴ
出典：海洋政策研究所（https://www.spf.org/opri/newsletter/455_1.html）より

第2項 ── 収集活動を規律する国際法とその課題

このように、重要性の認識が社会的に高まりつつある海洋情報であるが、これを規律する国際法規則は十全に整い、機能しているとは言い難い。次節で取り扱う**海洋科学調査（MSR）**については、公海自由の原則が適用され（海洋法条約87条1項(f)）、大陸棚においても沿岸国はその活動を相当程度認めなければならない（246条）、といったように比較的詳細な規則が設けられている。他方で、MSRとはみなされない**軍事調査**や**資源調査**【180】

【501】

に関しては、類似の国際法規則は形成されておらず、どのような収集活動が国際法的に許容されるかは明らかではない。そのため、収集活動の性質決定が重要となるが、そうした決定も、第三者には困難である。たとえば、単に航行をしているように見えても情報を収集している場合がある。さらに、第三者には、そもそも情報を収集しているか否かが明らかでないことさえある。収集の様態から利用目的を特定することも容易ではない。たとえば、海流についての情報を集めている場合に、それを生物資源の管理に使うのか、あるいは軍事的に使うかなど、第三者からの判別は著しく困難である。

【502】　MSR、軍事調査、資源調査は重複しない相互排他的な概念であるとし、研究機関が行えばMSR、軍隊組織が行えば**軍事調査**、一般企業（特に石油会社など）が行えば資源調査、といったように行う主体と研究目的とを結びつけることは可能である。しかしながら、そうした場合、軍事調査を一般企業に委託するなどして、容易に擬装することが可能となる。また、日本の南極船として知られる「**しらせ**」（図10-3）は、観測船として**国立極地研究所**を中心とする研究機関により利用される一方で、船自体の運用は**海上自衛隊**により行われるなど、実際に、研究・軍事の両面がかかわる活動もある。そのため、海洋情報収集に関する国際法規則の適用には相当程度の困難が伴うのである。

図10-3 ■ しらせ
出典：海上自衛隊（https://www.mod.go.jp/msdf/operation/antarctic/nankyoku65/）より

▶第2節　海洋科学調査（MSR）

第1項 ── 海洋科学調査の定義および原則

（1）海洋科学調査の定義

【503】　海洋法条約において MSR は、全28条から成る第13部において詳細な

規定が設けられている。海洋法条約における MSR でよく指摘されるのが、MSR の定義を規定する条文がない、という点である。その背景には、海洋法条約の交渉過程において、MSR は純粋に科学目的のものに限定されるか、あるいは、商業的に応用される科学的な調査をも含むのか、といった点において合意が得られなかったためである。そのため、何が MSR であり何が MSR でないかをめぐっては、条約締結時より論争が絶えず、次節で扱う軍事調査や資源調査も、MSR に含まれるのか否かをめぐっての論争がある。ただしそうは言っても、基本的にはその名称が示すとおり、科学的知見を蓄積するために行われる調査活動、という点に関しては見解が一致しているといえる。

(2)海洋科学調査の諸原則

定義がない一方で、海洋法条約 240 条には MSR の実施のための一般原則が規定されており、その原則から MSR がどういうものかを一定程度定義づけることは可能である。まず、240 条(a)は、MSR は「専ら**平和的目的のために実施**」されることを原則として定めているため、およそ平和的目的といえない調査は基本的に除外される。さらに、244 条 1 項は「いずれの国及び権限のある国際機関も、この条約に従って、主要な計画案及びその目的に関する情報並びに海洋の科学的調査から得られた知識を適当な経路を通じて公表し及び頒布する。」とされていることから、MSR の計画案や MSR から得られた知見は公表する必要がある。裏を返せば、そういった情報が公表されない場合、外形的には MSR と思われる行為を行っていたとしても、MSR とはみなされ難くなろう。

【504】

第2項 —— 水域別規制

MSR については水域ごとに異なる規則が設けられていることから、順に確認する。

【505】

(1)領海・国際海峡・群島水域

まず**領海**について、海洋法条約 245 条によれば、**主権**に基づき沿岸国は MSR を規制する排他的権利を有するとされ、他の国家は、沿岸国による「**明示の同意**」がなければ MSR を実施することはできず、まず、実施に際しては沿岸国の定める条件に従う必要がある。19 条 2 項(f)によれば、調査活動に従事する船舶は無害でないとみなされ、また、21 条 1 項(g)に基づき、

【506】

▶第2節 海洋科学調査（MSR）　191

沿岸国は海洋調査を領海内で規律する法令を制定することができる。

【507】　第13部には、**国際海峡**【147】および**群島水域**【139】に関しての規定は特段設けられていない。他方で、40条は、通過通航中には、沿岸国の事前の許可なしには、MSRを含む調査を行うことができない旨規定している。そして、この40条が群島航路帯通航にも準用される旨、54条は規定している。これらの条文から、国際海峡・群島水域についても沿岸国の主権が及ぶ関係から、その「事前の許可」が必要とされる。

（2）EEZ・大陸棚

【508】　主権が及ぶ水域において、他国や国際機構によるMSRを認めるか否かの決定権限は沿岸国が有していたのに対し、EEZおよび大陸棚では、そのような決定権限に制限がかかる。その背景には、沿岸国がEEZおよび大陸棚におけるMSRを規制するために有する権限は**管轄権**であり、主権にくらべ権限の基礎として強固でない点が挙げられよう（246条1項）【159】。より具体的にみると、MSRを行うに際し、沿岸国の同意を得なければならない点においては領海と同一であるが（同条2項）、専ら平和的目的かつすべての人類の利益のために行われるMSRに関しては、沿岸国は「通常の状況においては」同意を与えなければならない（同条3項）。

【509】　他方で、同条5項は、同意を与えなくてもよい場合として、天然資源の探査・開発に直接影響を及ぼす場合（同項(a)）や大陸棚の掘削や海洋環境への有害物質の導入を含む場合（同項(b)）などを具体的に挙げている。3項の規定が、特定の条件を満たした場合には同意を与えなければならないと規定する一方で、5項が同意を与えなくてよい場合を列挙していることから両者は調和的に解釈される必要がある。同意を与えなければならないと規定した3項の方が抽象的で幅広く、5項の方がより具体的に同意を与えなくてよい場合を規定していることに鑑みると、両者を調和的に解釈する立場からは、5項で挙げられている具体的な事例はあくまでも「通常の状況」でない場面の例示列挙にすぎないと理解するのが適当であろう。そのため沿岸国は、5項に基づき、明示的に規定されていない場合であっても、自らの裁量で同意を与えないと判断することができる。ただし、延長大陸棚の場合には、上部水域が公海であることの影響をうけ、この5項に基づく同意を与えない裁量を行使してはならないとされている（6項）。

【510】　加えて、248条は、他の国家や国際機構がMSRを実施するに際し、開始

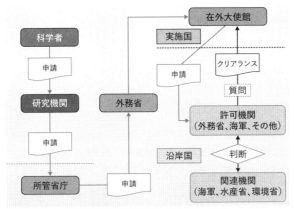

図10-4 ■ MSRの申請・許可の流れ（イメージ図）
出典：JAMSTEC 飯島瑞枝氏の資料をもとに筆者作成

予定日の遅くとも6か月前までには沿岸国に情報を提供する義務を定め、その詳細を規定している。具体的には、使用する船舶の情報であったり（同条(b)）、計画実施区域（同条(c)）、調査船のスケジュールなど（同条(d)）である。情報を提供してから6か月が経過したにもかかわらず沿岸国からの返答がない場合には、**黙示の同意**があるものとしてMSRを進めることができる（252条）（図10-4）。また、249条は、他の国家や国際機構がMSRを実施する際の条件について規定している。まず、沿岸国の希望があった場合には、「沿岸国の科学者に対し**報酬**を支払うことなく、かつ、沿岸国に対し計画の費用の分担の義務を負わせることなしに」、MSRへ参加することを認めなければならない（同条(a)）。さらに、沿岸国が要請する場合には、MSRの過程であったり、その最後に得られたデータや成果物を提供する必要がある（同条(b)・(c)）。沿岸国はまた、実際に行われているMSRが248条によって提供された情報と異なっていたり、249条に定める条件が遵守されていない場合、MSRの活動を停止したり、終了させることができる（253条）。

（3）公海・深海底

公海については、257条により、すべての国および権限のある国際機関【511】がMSRを実施する権利を有するとしている。公海について規律した第7部をみても、87条1項(f)においてMSRは、**公海の自由**【161】に含まれる1

つの活動として位置づけられ、すべての国家に開放されている。ただし、第13部の規定は適用されるとの条件が付されており、公海の自由として行うことはできるものの、上述したように、計画や成果を公表する義務をMSR実施国は負う。加えて、公海の自由として許容される活動であることから、当然に、同条2項が規定するように**妥当な考慮**を払って行う必要がある【162】。

【512】　深海底についても、公海と同様に、256条において、すべての国および権限のある国際機関がMSRを実施する権利を有するとされている。しかし、そこには第11部に従うことを条件として、と規定されている。そこで第11部を参照すると、143条においてMSRが規定されており、平和的目的と**CHM原則**に通ずる「人類全体の利益のため」が強調されていることに加え（同条1項）、ISAが自らMSRを実施すること、そしてそのために契約を締結することが可能である旨規定されている（同条2項）。ISAが自らMSRを実施することにより、締約国は実施することができなくなるわけではないが、締約国はISAと協力してMSRを行うことが求められている（同条3項）。基本的にISAが最終的な意思決定をする深海底での資源開発など【201】に比べればはるかに緩やかではあるものの、CHM原則が適用される空間として、深海底でのMSRについては、自由が保障されつつも一定の制約が課されていると評価できよう。

▶ 第3節　他の情報収集活動

【513】　海洋法条約において比較的詳細に規定されているMSRと他の情報収集活動とは、外形的に区別されにくいばかりでなく、両者がいかなる関係にあるのか、より具体的には、他の活動がMSRに含まれMSRの規則に服するのか否か、がたびたび争点となってきた。ここでは、その中でも議論が蓄積している、軍事調査および資源調査に焦点をあてる。

第1項 ── 軍事調査

【514】　**軍事調査**（military survey）とは一般に、海洋において軍事活動を行うに際し必要となる情報を収集することを意味する。というのも、敵潜水艦を発見するためにソナー探知を行ううえでは、水温や水圧により左右される海中の音響データが必要不可欠であり、また、効果的に機雷を敷設する

194　第10章‖海洋情報・科学技術

ためには、海底地形や海流・潮流に関する情報を入手しておく必要がある。そのため、軍事調査は海軍が作戦行動を行ううえで非常に重要となるが、同調査がMSRに含まれるか否かは、学説だけでなく、国家間でも意見が対立している。

軍事調査を自由に行いたい米国は、軍事調査はMSRに含まれず、それ　　　【515】
ゆえ、沿岸国のEEZで軍事調査を行うに際しても沿岸国の同意を得る必要はないとの立場をとる。こうした立場は、海洋法条約58条1項により、公海自由の原則がEEZにおいて準用されることを根拠にしていると思われる。これに対し中国は、自国EEZで軍事調査を行う場合には、自国の許可を得る必要があるとの立場をとる。軍事調査がMSRに含まれるか否かにより、軍事調査に対し沿岸国が及ぼせる権限が大きく変わるわけである。

この点、海洋法条約においては軍事調査にも含まれている**survey**（測　　　【516】
量）の語が、**調査活動**（research activity）と並列して規定されることが少なくないことから（上述した19条2項(j)、21条1項(g)、40条、54条など）、そもそもsurveyとMSRは区別され、前者に含まれる軍事調査は後者からは除外されるといった解釈（この点、海洋法条約上、researchとsurveyの区別は厳密に行われていないとの指摘もある）がある。さらに、軍事調査はその計画や成果物が公表されることはないといった点、加えて、MSRが平和的目的のために行われる、という条件を付していることに鑑みれば、軍事調査が包括的にMSRに含まれるとする解釈にはあまり説得力がないように思われる。他方で、軍事調査がMSRに含まれず、自由の原則の名のもとに、各国が好き勝手に行い、そこで集めた情報についても、情報を収集した先進国のみが使えるという状況は、MSRについて規定した第13部のもつ意義を低減するものである。そのため、軍事活動をMSRに含むことがより望ましい、という考え方も政策論としては一定程度の説得力をもつ。

第2項 —— 資源調査

非生物資源の**資源調査**は**概要調査**（概査、prospecting）と**探査**（explora-　　　【517】
tion）とに大別される【108】。探査に関しては、246条5項において、天然資源の探査および開発に直接影響を及ぼすEEZ・大陸棚内のMSRについては、沿岸国が同意を与えなくてもよいと規定されていることから、概念としてはMSRと比較的明確に区分されているといえよう。そのため、基

▶第3節 他の情報収集活動　　195

本的には国家や私企業が行う資源探査がMSRとみなされることはない。非生物資源の位置や埋蔵量が公表されることが少ないことも、資源探査はMSRに含まれない、という解釈を支えよう。

【518】　概要調査については、海洋法条約では160条2項(f)(ii)をはじめ、第11部でのみ用いられる用語である。ただし、その第11部内では、同用語も、調査（research）とは異なる概念として用いられていることに鑑みれば、条約の用法的に、概要調査もMSRには含まれないと解釈することが自然であろう。さらに、概要調査にしても探査にしても、海洋法条約附属書Ⅲにおいて、開発という商業行為の前段階として行われるものとして規定されていることに鑑みれば【108】、そういった調査活動を科学調査と位置づけることには無理があると思われる。

【519】　この点、非生物資源の概要調査・探査と区別して、資源調査の中でも、生物資源の中から有用な遺伝資源を発掘するために行う**バイオプロスペクティング**（bioprospecting,「**生物資源探査**」とも訳される）は、MSRに含まれるとの見解もある。こうした見解の背景には、バイオプロスペクティングをMSRに含むことで、自国のEEZ等における遺伝資源を保護することにつなげられるとの思惑がある。

【520】　バイオプロスペクティングについて、確立した定義があるわけではないが、一般に、生物資源の中から医薬品などに有用な遺伝資源を発掘することを意味するとされる。人類にとって有用な資源のみを探し出すということで、その背景には必然的に商業的な思惑がつきまとう。そのため、科学に焦点を当てるMSRとは基本的に異なるものと整理することも可能であろう。さらに、商業的に利益を上げるためには、得られた情報を一定程度秘匿して開発を進めたりする必要があるが、この点も、基本的に計画や成果を公表しなければならないMSRとは相いれない。

▶第**4**節　**海洋情報に関する科学技術**

【521】　海洋情報に関連する科学技術は数限りなくあり、常に新たな発明がなされている。本節では、その中でも、海洋法による規制が及ぶまたは及びうる2つの技術、すなわち、**海底ケーブル**（submarine cable, 公定訳は**海底電線**）と**無人機器**（unmanned vehicle）について概観する。

196　第10章∥海洋情報・科学技術

第1項 —— 海底ケーブル

(1) 海底ケーブルの機能

　海底ケーブルは、電力の伝送路としての性格ももつが、インターネットの普及した現在、通信の伝送路としての役割がより大きな注目を集める。海底に敷設されているものもあれば、埋設されているものもある。日本から海外のサイトにアクセスをすることが可能なのは、海底ケーブルを含むケーブルにより、世界が物理的につながっているからである。とりわけ、四面を海に囲まれる日本は、海底ケーブルがあるからこそ、他の国家とインターネットを接続し、情報を交換することができる。実際、米国から日本、また、日本から韓国・中国へとつなぐ海底ケーブルは数多く確認される（図10-5）。そのため、こうした海底ケーブルの保護は日本にとって非常に重要である。　【522】

　海底ケーブルはまた、近年、いわゆる**スマートケーブル**の開発により注目を集めている。本章で繰り返し確認してきたとおり、科学的知見の蓄積が少ない海洋環境に関しては情報収集が重要である。スマートケーブルとは、ケーブルの役割、すなわち、伝送機能を有しつつ、それ以外の機能、たとえば、海水温、潮の流れ、津波などの情報を収集することができるケー　【523】

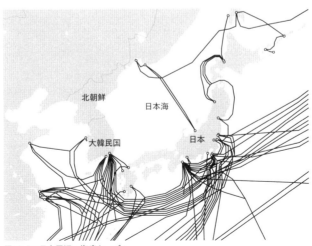

図10-5 ■ 日本周辺の海底ケーブル
出典：総務省『令和4年版 情報通信白書』第2章第2節の図をもとに作成

ブルである。このようなケーブルは、海洋法条約採択時には想定されていなかったため、その活用が広がるにつれ、既存の海洋法規則の変容を迫る可能性もある。とりわけ、EEZや大陸棚において原則自由とされる海底ケーブルの敷設が、規制を受ける可能性もある。

【524】　また、海底ケーブルは、一度設置すればそれで完結するわけではなく、定期的に補修を行う必要がある。海底で常に海水に晒される海底ケーブルは、通常の運用をするだけで激しく損耗する。そのため、海底ケーブルについては、そうした補修作業の必要性も踏まえて国際法規則が形成されている。

(2)海底ケーブルを規律する国際法規則

【525】　領域主権の及ぶ水域について、海底ケーブルに関する規制も沿岸国が定めることができる（領海については海洋法条約21条1項(c)）。領海であれば、ケーブルが敷設される位置も、沿岸国が決めることができる。海底ケーブルに関する沿岸国の権限について注意を要するのがEEZおよび大陸棚である。58条1項によれば、EEZにも公海自由の原則が準用されることから、非沿岸国も海底ケーブルを敷設する自由を享受する。このことは、79条1項でも確認され、「すべての国」が大陸棚に海底ケーブルを敷設する権利を有する。他方で、同条2項および4項によれば、沿岸国が大陸棚で行う資源開発活動やプラットフォームの設置などはケーブルの敷設に優先することができる。

【526】　海洋法条約において、海底ケーブルと石油や天然ガスの輸送等に用いられる**海底パイプライン**（submarine pipeline）は並べて規定されることが多く、79条も基本的にそのような構成をとっている。ただし、沿岸国は、海底パイプラインからの環境汚染を防止するための規制を行うことができるものの、海底ケーブルからの汚染防止についてはできない。これは、前者の方が甚大な汚染を引き起こす可能性が高いためである。また、大陸棚への影響が大きい海底パイプラインについては、敷設の経路設定に際し、**沿岸国の同意が必要**とされるものの（同条3項）、海底ケーブルについては同様の規定がない。そのため、海底ケーブルについては、大陸棚での敷設に際し、経路の選択に関して沿岸国の同意を得る必要はないと解するのが自然である。

【527】　また、海底ケーブルは、公海上を含め、ケーブルに対しいずれの国が管

198　第10章┃海洋情報・科学技術

轄権を行使できるか、船舶に対する**旗国主義**【163】のような規定があるわけではない。海洋法条約は、自国管轄下にある船舶や個人が海底ケーブルを破壊した場合に処罰をしたり（113条）、海底ケーブルの所有者が敷設や補修の際に他のケーブルに損害を与えた場合に修理費用を負担させるなど（114条）、を規定しているにすぎない。いうならば、海底ケーブルの利用は諸国にとっての共通の利益となることを前提に、いずれの国が海底ケーブルを管理するか、という国家間の対立はあまり想定しない建付けとなっている。

（3）海底ケーブルの運用

　国際法によりこのように規律される海底ケーブルは、非常にユニークな運用が行われている。日本からも KDDI や NEC をはじめ、海底ケーブルのビジネスに参入する企業はあるが、近年ではグーグルのようなインターネットを通じてサービスを提供する大企業も参入している。ただし、現在は、1つの企業で敷設するわけではなく、多数の国家の多数の企業が参加して**コンソーシアム**を形成し、そのコンソーシアムがケーブルの敷設や補修を行うのが主流である。とりわけ、多くの国家と結びつき、領海・大陸棚を通過するケーブルの敷設に際しては、陸揚げを必要とすることから、沿岸国の企業が沿岸国政府とやり取りし、それぞれの国の定める条件を満たし、円滑にケーブルの敷設が進むようにしている。 【528】

　海底ケーブルはまた、業界団体である**国際ケーブル保護委員会**（International Cable Protection Committee, ICPC）によるガバナンスも行われている【120】。同委員会は、ケーブルプロジェクトのライフサイクルを通じた**ベストプラクティス**を提供するなどして、海洋環境への負荷などを低減しつつ、効率のよい海底ケーブル運用のための活動を行っている。ICPC はまた、業界を代表し国際海底機構の会議に参加するほか、BBNJ 協定【445】の交渉に参加するなど、いわゆるロビー活動のようなものも行っている。 【529】

第2項 ── 無人機器

（1）無人機器およびその周辺技術の分類

　近年注目を集める無人機器であるが、この分野の新しい技術に関する国際法規則を考える際には、具体的にどのような機器を想定しているのかを明確にする必要がある。たとえば、IMO では、**海洋自動水上船舶**（Mari- 【530】

▶第4節 海洋情報に関する科学技術　**199**

図10-6 ■ 海上保安庁のUSV
出典：海上保安庁（https://www1.kaiho.mlit.go.jp/info/vessels/ippan kokai/HL11/Equipment_list/ASV.html）より

time Autonomous Surface Ships, MASS）という用語のもと、関連するIMO諸条約の改正作業を行っている【308】。IMOの枠組みでは、自動性のレベルを4段階に分けており、乗船せずに遠隔操縦を行うレベル3や、完全自律運航のレベル4は無人といえるが、レベル1-2はそうではない。そのため、MASSと一口に言っても、自律の程度に応じて、様々な船舶があることに留意する必要がある。また、機器のサイズも多種多様である。たとえば、日本財団の主導するMEGURI 2040で開発中のコンテナ船がある一方で、海上保安庁が情報収集に用いる無人高機能観測装置（Unmanned Surface Vehicle, **USV**）は1.8総トンと小型である（図10-6および10-7）。

【531】　MASSの定義はいまだ確立していないものの、その名称がsurfaceの語を含むことから**水中ドローン**を含めないとの主張もある。水中ドローンと一口に言っても、無人潜水機（Unmanned Underwater Vehicle, **UUV**）、自律型潜水機（Autonomous Underwater Vehicle, **AUV**）、遠隔操作機（Remotely Operated Vehicle, **ROV**）と様々な略称で分類される。これら3つはいずれも無人で水中を航行するタイプの機器でありUUVは包括的な用語といえる。そして、人の操作を必要とせずAIが運航するAUVと、遠隔から人が操縦するROVとに分けられる。さらに、水上や水中ではない、空中の一般的なドローンの活用も海上では広まっており、そうしたドローンの分類に基づいて整理して国際法規則を理解し、場合によっては新たな規則を作る必要があろう。

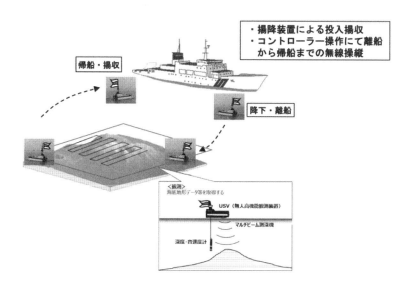

図10-7 ■ USVを用いた情報収集の手順
出典：図10-6に同じ

(2) 無人機器に関する国際法規則

　自動運航する商船と、主として情報収集や軍事・警察活動に用いられることを想定するUUVおよび空中ドローンとでは、それらを規律する国際法規則が異なることも想定されよう。MASSがUUVも含めるのであれば、将来的に採択されることが期待されているMASSコードはUUVをも規律することとなる。しかしながら、MASSコードの適用対象も、多くのIMO諸条約と同じ500総トン以上の船舶とされることが想定されているため、少なくとも相当程度のUUVは適用の対象外となろう。空中の機器がMASSに含まれないことはいうまでもない。[532]

　MASSの適用が及ばないからといって、これらの機器を利用したり、機器に対応する際に、国際法規則が関与しないわけではない。海洋においてまず重要となるのが、機器が**船舶**とみなされるか否かである。海洋法上、船舶の定義は特段なされていないため、何をどこまで船舶とするかについて、一定程度、国家の裁量が認められている。たとえば、洋上風力の風車などを船舶とする国家もある。船舶とみなした場合には、旗国主義原則[533]

図10-8 ■ 中国のブイ
出典：中国科学院海洋研究所（https://qdio.cas.cn/2019Ver/News/PicNews/201908/t20190816_5481110.html）より

【163】のもと、旗国の強い権限が及ぶ。

【534】　他方で、船舶でない、船舶以外のものについては、国際法が明確な規律を設けているわけでない。MSRを規定した第13部の第4節において、**施設（installations）**および**機材（equipment）**についての規定が設けられているが、施設機材の管轄国やそのような国の権限について規定しているわけではない。たとえば、中国が海洋に設置したブイへの対応をめぐっては日本でも議論が交わされたが（図10-8）、こうしたブイに対し設置国以外がどこまで干渉できるかは明らかではない。この点、公海自由の原則が適用される公海であれば、ブイを利用する自由も保障されることから、航行や漁業の妨げとならない、**妥当な考慮**を払って設置されているブイの撤去は国際法違反となる可能性がある。他方で、主権的権利の及ぶEEZであれば、ブイの設置が沿岸国の権利への妥当な考慮を欠いているとして、ブイの撤去はより容易となろう。無人機器も、船舶とみなされるか、それ以外のものとなるかで、それに対して国家がとれる対応は水域ごとに異なる。

【535】　また、船舶であれ船舶以外であれ、こうした機器は国立の研究所、海上警察機関、軍などによって利用されることが少なくない。そのため、これらにどこまで他国の管轄権からの**免除**が認められるかも問題となる【586】。船舶とみなされれば、公船や軍艦として免除が認められる可能性が高くなる。他方で、船舶とみなされないからといって免除が即座に否定されるわけではなく、たとえば米軍は、軍が用いるこうした機器も免除を享受するという立場をとっている。2016年には、南シナ海において米軍のUUVが中国により拿捕され両国間で緊張が走ったが、米国の立場からすれば、仮

に南シナ海が中国の水域でありかつ米国 UUV が違法行為を行っていたと
しても、当該拿捕は国際法違反となりえよう。

▶第5節 能力構築および技術移転

MSR を行うにしても、そこで得た情報を活かすにしても、それ相応の技　[536]
術と能力がなければならない。本書でたびたび言及しているとおり、海洋
の利用方法は科学技術の発展や海洋に対する知見の蓄積により変遷してお
り【6】、この事実は今後も変わることはないと思われる。そのため、先進
国から途上国へどのように技術を移転し、能力を構築していくかの問題は、
海洋法における 1 つの規律対象となっている。

第1項 ── 海洋法条約

（1）条約上の緩やかな義務規定

海洋法条約は、その第 14 部に「海洋技術の発展及び移転」に関する規定　[537]
が置かれている。同部については、その明確化、実施のために 2005 年に
IOC が作成した「海洋技術の移転に関する IOC 基準および指針（**IOC 基準**）」
が参照に値する。同部の名称にも用いられている「**海洋技術**」という用語
について、条約上定義は定められていないものの、IOC 基準によれば、同
用語は、「海洋及び沿岸域の自然及び資源の研究及び理解を向上させる知
識の創出及び利用のために必要とされる文書、装備、船舶、プロセスおよ
び方法論」を意味するとされ、その中に、情報やデータ、マニュアルやガ
イドライン、実験設備といった多様なものが含まれる。したがって、「海洋
技術」とは何か特定のものに限定されているわけではなく、技術が発展す
るにつれその範囲も広がる概念として整理されているといえる。

第 14 部の冒頭に規定される 266 条は、その 1 項において、海洋科学およ　[538]
び海洋技術の発展および移転を促進するために協力することを、2 項にお
いて、途上国の能力向上を促進することを、3 項において技術移転のため
の好ましい条件設定を促進するために努力することを、それぞれ国家に義
務づけている。これらの条文は、いずれも法的義務を規定する際に用いら
れる助動詞である shall を使っており、法的義務を規定しているようにみ
える。しかし、義務の内容は協力、促進、努力の促進と、厳格性・具体性
に欠けるものといえ、**裁判規範**としてどこまで有用かについては疑問が残

▶第5節 能力構築および技術移転　203

る。このような性格は、第14部の他の多くの規定や海洋法条約の他の部における技術移転に関する規定（たとえば、深海底に関する技術の移転について規定した144条（第11部）や、海洋環境保護・保全に関する技術の移転について規定した202条（第12部））も同様である。

（2）緩やかな義務規定の背景

【539】　このような形の義務しか規定できなかった背景には、多くの先進国において、技術を有しているのは私人であり、知的財産権等の観点から、国家が自らの意思のみで単純に技術を移転することができないことなどがある。たとえば、**海洋遺伝資源（MGR）【449】**を用いた薬剤の開発などには多額のコストがかかるが、技術移転の名のもとに、そうした情報の共有を製薬会社に無償で強いることは、多くの国家において国内法上の権利の観点から問題となろう。また、こうした技術の無償での移転が強制されるとなれば、開発者が開発するインセンティブを失いかねず、政策的にも望ましいとはいえない。

【540】　こうした技術を有していたり、技術を提供することが期待される者の利益に関しては、267条において、「いずれの国も、前条の規定により協力を促進するに当たり、すべての正当な利益（特に、海洋技術の所有者、提供者及び受領者の権利及び義務を含む。）に妥当な考慮を払う。」と規定されている。ここでいう正当な利益には、知的財産権のような法的権利に加え、経済的な利益なども含まれ、技術を有する私人と、技術移転を受ける国家の双方に配慮をしてバランスをとることが求められている。この点について IOC 基準は、一般規則として、技術移転は無償か減額した価格で行われなければならないとして、比較的途上国に有利な立場を示している。ただし、こうした IOC 基準にもかかわらず、条文上の義務が厳格性・具体性を欠くがゆえに第14部は十分に運用されていないと、途上国からは批判がなされている。

第2項 —— BBNJ 協定

【541】　そうした批判の影響もあり、BBNJ 協定はその第5部において、「能力構築及び技術移転（CBTMT）」についての規定を設けている。BBNJ 協定は MGR【449】、**区域型管理手法（ABMT）【461】**、**環境影響評価（EIA）【477】**についての規定を設けていることから、同協定における CBTMT は、これ

ら3つの観点と関連することが強調されている（同協定40条(e)）。義務の形式としては、依然として協力義務の形が多く、義務としての厳格性に欠ける部分が残るものの、CBTMTがどのような**様式（modalities）**に従ってなされるべきかについては、その42条および43条において一定程度具体的に記されている。

　さらに、44条1項は、CBTMTの種類についてリスト化し、附属書Ⅱにおいてさらに詳細な規定を設けた。加えて、CBTMT委員会が設置され（46条）、同委員会やBBNJ協定の締約会合といった条約組織が参加する形でCBTMTに関する監督審査が定期的に行われることとなった（45条1項）。そのため、制度は設けたものの、誰がどのように運用しているかが不透明である、という海洋法条約の抱える課題は、一定程度解決に向かうことが期待される。 **【542】**

【 主要参考文献 】

日本国際問題研究所『海洋の科学的調査と海洋法上の問題点：海洋法制研究会報告書 第1年次』(1999年)

Chuxiao Yu, *Marine Scientific Research and the Regulation of Modern Ocean Data Collection Activities Under UNCLOS*（Brill, 2022）.

Douglas R. Burnett et al., *Submarine Cables：The Handbook of Law and Policy*（Brill, 2014）.

Yuwen Li, *Transfer of Technology for Deep Sea-Bed Mining：The 1982 Law of the Sea Convention and Beyond*（Brill, 1994）.

∥第11章∥海上警察活動

　海洋は時に犯罪の場ともなる。たとえば、古くより国際法で規律される **【543】**
海賊行為（piracy） のような海上そのもので行われる犯罪もあれば、麻薬
の密輸入のように、違法な取引を行うために経路として海洋を利用するこ
とも少なくない。こうした犯罪を取り締まる活動を海上警察活動という。
日本においては、**海上保安庁** を中心に、違法な漁業については **水産庁**、ま
た、密輸に関しては **税関**、さらに、地方の警察機関も、同様に海上警察の
任に当たる。海上警察活動に関する国際法規則はこうした任に当たる者以
外にも関係する。取締りを受ける可能性は海で活動する者すべてにあるか
らである。

　海上警察活動の具体的な流れは、一般的には以下のとおりである。⓪（通 **【544】**
報や捜査などから）警察活動を行う対象船舶の特定、①（場合により）船舶の
追跡・並走、②（場合により）船舶への停船命令、③船舶への **臨検**（visit, 対象
船舶に乗りこむこと。逃げる船舶に横づけして乗り込む強制接舷のような場合があ
る）、④船舶内の捜索、⑤（得られた証拠に応じて）船舶および乗員の **拿捕およ
び逮捕**（英語ではいずれも arrest, 物理的に取り押さえること）・**抑留**（detain）、
⑥（証拠に基づき）訴追・処罰、といった流れである。この流れの中では、ご
く稀にではあるが、激しい抵抗にあい銃撃戦となることもある。たとえ
ば、2001 年に九州南西海域で発生した **北朝鮮工作船** 事件では、防衛庁（当時）
から入手した不審船情報に基づき、海上保安庁は同船を捕捉して、追跡を
開始した。停船命令を複数回行ったものの、工作船が無視して逃走を継続
したため、海上保安庁の巡視船は射撃警告の後に威嚇射撃を行った。その
後、同船から巡視船に対して自動小銃やロケットランチャーによる攻撃が
行われ、これに対し、巡視船は正当防衛のために射撃を行ったところ、同
船は自爆用爆発物によるものと思われる爆発を起こして沈没した（図11-1）。

　このような海上警察活動を規律する国際法規則は、水域ごとに異なる規 **【545】**
則を設けている。そのため本章では、まずは水域ごとに沿岸国、旗国、非
旗国がどのような権限を行使することができるのかを、沿岸国水域内（第

207

図11-1 ■ 北朝鮮の工作船（銃撃戦の痕が残る）
出典：海上保安資料館横浜館（https://www.kaiho.mlit.go.jp/03kanku/kouhou/jcgm_yokohama/）より

1節)、沿岸国水域外（第2節）の順で確認する。そのうえで、水域横断的な、普遍的な規則について確認する（第3節）。

▶第1節　沿岸国水域内での警察活動

[546]　海上警察活動を行う場合、対象となる問題について取締り権限を有していることが前提となる。たとえば、**第3章**で確認したようにEEZにおいて沿岸国は天然資源の管理等に対して主権的権利と管轄権をもつため、漁業の取締りを行う権限は有するといえるが、主権を有する領海と異なり、刑法を包括的に適用できるわけではない。そのため、たとえばEEZにおいて麻薬の輸送を自国刑法に基づき取り締まる海上警察活動を行うことはできない。沿岸国がEEZに有する実体的権利の範囲については**第7章**に譲り【325】、本節では、沿岸国が実体的権利を有することを前提に行う警察活動の手続的側面についての規則を主として取り扱う。

第1項 ── 領海

（1）無害通航権との両立

[547]　領海において海上警察権を行使する際に留意しなければならないのは、**無害通航権**【143】を侵害しないようにする、という点である。基本的に沿

岸国の領域主権が及ぶ一方で、例外的に、無害通航権を外国船舶に認めなければならない、という領海制度に鑑みれば、海上警察権の留意事項が無害通航との関係に集約されるのも当然の帰結である。

この文脈において重要となるのが、沿岸国の**保護権**（rights of protec-tion）である。同権利について規定した海洋法条約25条1項は、「沿岸国は、無害でない通航を防止するため、自国の領海内において必要な措置をとることができる。」と規定している（傍点著者）。同項に基づき、海上警察権を行使する時点で無害通航をしていない船舶に対して、沿岸国が措置を講じることが認められることに異論はないが、まだ無害通航と認められる航行をしているものの、いずれ無害でなくなる可能性が高い船舶に対して、つまり、予防的に措置を講じることができるかについては見解が一致していない。また、とれる措置は「必要な」ものに限定されるが、①無害通航か否かの確認、②無害通航でない活動の防止、③無害通航でない活動を行ったことへの処罰、は一般的に必要な措置と考えられる。つまり、単に領海外へ退去させるような措置（**退去命令**）だけでなく、当該船舶が違法行為を行った場合、沿岸国は船舶を拿捕して処罰することも可能である。

【548】

日本で2008年に制定された「領海等における外国船舶の航行に関する法律」は、日本の**領水**において、荒天等の危険を避けるといった例外を除き、①停留、②びょう泊、③係留、④はいかい等、を伴う航行をしてはならないとしている（同法4条、図11-2）。こういった行為の容疑のある船舶には**立入検査**（臨検および捜索）を行い（6条）、4条違反が確認された場合には退去命令が出される（8条）。また、立入検査や退去命令に従わない船舶の船長らに対しては懲役や罰金といった処罰も課されるが（12～13条）、こうした一連の手続は海洋法条約の規定に合致していると考えられる。

【549】

沿岸国に発着するわけではなく、単にその領海を通航している船舶の場合、船内で犯罪が行われたとしても、当該犯罪が沿岸国に影響を及ぼしたり、麻薬取引の防止に関連したりしない限り、通航している船舶を止めて捜査や逮捕をすることはできない（海洋法条約27条1項）。さらに、仮に逮捕をする場合であっても、航行の利益に妥当な考慮を払う必要がある（同条4項）。また、民事裁判権を行使するために海上で船舶を停止することや航路を変更させることは禁止されており（28条1項）、船舶が通航する際に生じた債務や責任と関係なければ、当該船舶に対し民事上の強制執行や保

【550】

▶第1節 沿岸国水域内での警察活動　209

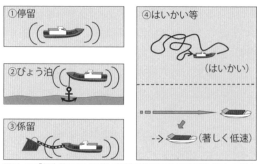

図11-2 ■「領海等における外国船舶の航行に関する法律」4条上の禁止行為の概念図
出典：運輸総合研究所（https://www.jttri.or.jp/members/journal/assets/no42-08.pdf）をもとに作成

全処分を行うことはできないとされている（同条2項）。

（2）船舶に対する武装強盗

[551]　船舶に対する武装強盗（armed robbery against ships）は、本章第2節第2項（1）で扱う公海上で行われる海賊行為【569】と対照的に、領海内の類似の行為を犯罪としたもので、条約としては、2004年に採択された**アジア海賊対策地域協力協定（ReCAAP）**が初めて定義を行った（1条2項）。本協定上の船舶に対する武装強盗の概念は、ソマリア沖の海賊問題が深刻化したことを受け、ソマリアを含むアデン湾沿岸国による地域協力の枠組みとして2009年に発効した**ジブチ行動指針**や、ギニア湾の海賊問題に対処するために2013年に採択された**ヤウンデ行動指針**などにおいても踏襲されている。2つの指針はいずれも法的拘束力を有する文書ではないが、アジアを中心とするReCAAP上の概念のアフリカ地域への輸出と捉えることができよう。

[552]　ReCAAPはまた、海賊行為・船舶に対する武装強盗の区別なく、情報共有を行うメカニズムを設けている。具体的には、4条において**情報共有センター（ISC）**を設立して国際的な拠点とすると同時に、9条で、各締約国に国内の**窓口（focal point）**を指定するよう求める。この窓口は、日本が海上保安庁を指定しているように、各国の海上警察機関やそれに準じた機関が指定され、情報共有がより迅速に行われる仕組みとなっている。国家間の情報共有は外務省のような外交窓口を介して行うのが一般的であるものの、海上警察機関が直接やり取りする制度を設けたことで、対象犯罪の

情報共有が効率的に行われ、より効果的な海上警察活動と相互の協力ができるようになったと評価されている。

第2項 —— 排他的経済水域

漁業活動のためのより広大な自国の水域を求める国家と、海洋の自由を享受するために広い公海を好ましいものと考える国家との意見の対立を解消する形で設けられたのが EEZ である【157】。そのため、EEZ はその成り立ちからして、沿岸国と旗国の利益のバランスをとることが期待されている。これは、海上警察権を行使する場合も例外ではない。その結果として、旗国の権益を一定程度保障する観点から、沿岸国が EEZ で警察活動を行う場合には一定の制約が課されている。

(1)保証金制度

海洋法条約 73 条 1 項は、沿岸国が主権的権利を行使して法令を制定した場合、当該法令を執行するために「必要な措置（乗船、検査、拿捕及び司法上の手続を含む。）」をとることができると規定している。同項は、制約というより沿岸国が執行する権利を規定するものではあるが、あくまでもとることができるのは、「必要な」ものに限定される。そのうえで、同条 2 項は、「拿捕された船舶及びその乗組員は、**合理的な保証金（reasonable bond）**の支払又は合理的な他の保証の提供の後に速やかに釈放される。」と規定されている。そして、この規定を実効的にするために、海洋法条約には**早期釈放手続【685】**が設けられている。金銭を支払うことで解放して自由の身としてもらう、というこの制度自体は、起訴された後の勾留から解放されるための、刑事手続における保釈金制度と類似している。しかし、保釈金制度の場合は、基本的に逃亡を想定せず、刑事裁判に出廷し判決を受けた際に返還されることを想定しているのに対し（カルロス・ゴーン氏のような保釈期間中の逃亡は極めて例外的なケースである）、73 条 2 項の制度は、金銭を支払って釈放された場合、沿岸国を去り戻らないのが一般的である。また、日本でも報道されたとおり、違法漁業に苦しむインドネシアは、最終手段として没収した船舶を爆破する（図 11-3）、という過激な措置を講じた。船舶の爆破を明示的に禁止する規定は海洋法条約には見当たらないものの、このような措置は、船舶を早期に釈放するという 73 条の趣旨に反するとの批判もある。

【553】

【554】

▶第1節 沿岸国水域内での警察活動　　211

図11-3 ■ インドネシアによる外国漁船の爆破
出典：Antara Photo/ロイター/アフロ

（2）船員の権利保障

【555】　海洋法条約73条3項は、EEZ内の漁業関係の法令の違反に対しては、「関係国の別段の合意がない限り**拘禁**を含めてはならず、また、その他のいかなる形態の**身体刑**も含めてはならない。」と規定している。拘禁を含めてはならない、ということで、領海とEEZでは、同じ漁業法令の違反であっても、沿岸国が科せる処罰は大きく異なる。場合によっては沿岸国基線から11海里の軽微な漁業法違反で拘禁されることはあっても、13海里のより悪質かつ深刻な違反でも拘禁を科すことはできないという不合理な結果となる。そのため、沿岸国の国内法体系における法の平等が達成できないといった問題や、EEZにおける刑罰が違法行為に見合わなくなる可能性もある。

【556】　2014年に小笠原諸島のいわゆる**宝石サンゴ**が問題となった際、日本は領海およびEEZ内の違法な漁業に対し、領海内での外国人の漁業を禁じる「外国人漁業の規制に関する法律」および「排他的経済水域における漁業等に関する主権的権利の行使等に関する法律（EEZ漁業法）」を2015年にそれぞれ改正し、罰金額を大幅に上げた。しかしながら、73条3項の規定があることから、EEZでの違反には罰金刑しか科されない点は維持したままである（EEZ漁業法17条の2）。また、身体刑は、国際人権法の観点から禁止の潮流が構築されつつあるが、完全な禁止にまでは至っていない。しかし、多くの国家が禁止していることから、主権が及ぶわけでないEEZ内での違

反については、沿岸国が身体刑を科すことが禁止されている。

また、処罰等の制限は、海洋環境を汚染する場合にも及んでいる【414】。海洋法条約 230 条は、領海以遠の水域である EEZ と公海では罰金刑しか課されないとする。他方、漁業については、公海での違反の取締りについての同様の制限は海洋法条約には規定されていない。これは、218 条で寄港国として公海上の船舶起因汚染に対して刑事管轄権を行使することを認めているのに対し、漁業では同様の制度が設けられておらず（海洋法条約はもちろん、**寄港国措置協定**【340】においても規定されていない）、公海上での違法な漁業について、非旗国が管轄権を行使して訴追・処罰まですることが想定されていないためと考えられる。

【557】

第3項 ── 延長大陸棚

延長大陸棚【194】において、沿岸国がいかなる海上警察権を行使できるかについて、海洋法条約の条文は必ずしも明らかではない。大陸棚に関して、沿岸国が主権的権利を有することから、当然、同権利を行使する際に、海上警察権を行使することも想定される。しかしながら、沿岸国の EEZ と異なり、延長大陸棚においては、上部水域が公海となる。EEZ であれば、他の国家に対し沿岸国としての**妥当な考慮**を求めることができる一方で（海洋法条約 58 条 3 項）【158】、延長大陸棚の場合には同様の配慮を求めることはできず、あくまでも、公海自由の名のもとに、互いに妥当な考慮を払う義務を負うにすぎなくなる（同条約 87 条 2 項）。

【558】

ただ、そうはいっても、海洋法条約において延長大陸棚の制度が設けられている以上、その大陸棚を開発するためにプラットフォームを設置し運用することは、沿岸国に認められており、当該プラットフォームへの侵入などが行われた場合、それを取り締まる海上警察権を沿岸国は有すると解するのが自然と思われる。さらに、**海洋航行不法行為防止（SUA）条約大陸棚プラットフォーム議定書**（1988 年）により、大陸棚の資源開発のためのプラットフォームへの破壊活動は犯罪化が定められており、同議定書に規定される犯罪を行った場合には、次節で詳述するいわゆる 4 時間ルール【574】などに基づく海上警察権の行使なども行われうる。

【559】

▶第1節 沿岸国水域内での警察活動　　213

▶第2節 沿岸国水域外での警察活動

【560】　沿岸国水域外での海上警察活動は大きく2つの権利に基づき行われる。1つが、沿岸国の水域で行った犯罪を取り締まるための**追跡権**（right of hot pursuit）であり、もう1つが、公海上で行われた犯罪について、非旗国が例外的に取り締まることを認めた**公海海上警察権**である。

第1項 ── 追跡権

（1）権利行使の条件

【561】　追跡権は、沿岸国の水域で犯罪が行われた後に、犯罪を行った船舶が沿岸国水域を越えて逃走した場合に、当該船舶を拿捕し、沿岸国に引致して訴追・処罰などを行うために設けられた制度である。元々は、各国の実行により慣習法として形成されてきたが、現在は、その詳細な規則が海洋法条約111条に規定されている。

【562】　同条1項は追跡開始の条件として、①自国法令違反を「信ずるに足りる十分な理由」があること、②追跡開始が追跡国の内水、群島水域、領海または接続水域であることを定めている。ただし接続水域【152】においては、あらゆる法令の違反を根拠に追跡が可能なわけではなく、海洋法条約33条に規定される4分野の法令違反に限定される。追跡が「中断されない限り」において領海や接続水域を越えて継続した追跡を行うことができる。

【563】　これに加え2項では、EEZや大陸棚においても、沿岸国に認められている権限を行使して制定した法令の違反がある場合には、これらの海域から追跡を開始して、公海上でも継続することができるとしている。ただし、追跡はあくまでも被追跡船舶が他の国家の領海に入るまでであり（3項）、他の国家の領海に入られてしまった場合には、逃げ切られた状態となる。繰り返し確認しているように、領海には領域主権が及ぶことから、当該水域で警察活動を行えるのは基本的に沿岸国のみである。そのため、追跡権に基づいて、他の国家が領海で警察活動を行うことは許容されない。

（2）構成的存在論と船舶が水域内に存在することの確認

【564】　111条において最も解釈が困難となるのが4項である。同項第1文は、「追跡は、被追跡船舶又はそのボート若しくは被追跡船舶を**母船**（mother ship）としてこれと一団となって作業する舟艇が領海又は、場合により、接

214　第11章┃海上警察活動

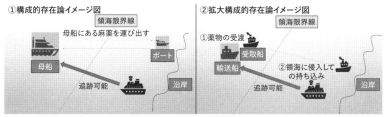

図11-4 ■ 構成的存在論および拡大構成的存在論のイメージ図
出典：海上保安大学校下山憲二氏の資料をもとに著者作成

続水域、排他的経済水域若しくは大陸棚の上部にあることを追跡船舶がその場における実行可能な手段により確認しない限り、開始されたものとされない。」と規定されている。

　この文は、大きく2つのことを規定しており、第1に、ある船舶（母船）に帰属する**ボートまたは舟艇**（craft, 小型船舶）が沿岸国水域内で違法行為を行ったと疑われる場合に、母船が公海上にあってもボート等だけでなく母船の追跡をも認める、いわゆる**構成的存在論**（constructive presence）を規定している。たとえば、麻薬を大量に積み込んだ母船は公海に位置し続け、そこから麻薬を積み込んだスピードボートで陸地まで麻薬を運び取引を行い、売り上げを公海上の母船に持ち帰る、といった場合に、スピードボートが領海内に位置することをもって、母船についても公海上での追跡することが可能となる（図11-4①）。また、ボートや母船といった用語の解釈を柔軟にし、船舶のサイズや母船として中心的な機能を果たしているかといった要件に強くこだわらず、船舶が一団となって活動している場合に、それぞれの船舶への追跡を許容する**拡大構成的存在論**（extensive constructive presence）の考え方を支持する見解もある（図11-4②）。 【565】

　4項第1文は第2に、船舶が関連するボートや舟艇が自国水域内にいることを、追跡船舶自体が確認しなければならない、換言すれば、確認を行った船舶それ自身が追跡の開始をしなければならないと規定している。加えて第2文は、追跡を開始するに際し、「視覚的又は聴覚的停船信号を外国船舶が視認し又は聞くことができる距離から発し」なければならないとされている。しかし、追跡を行う船舶自らが確認しなければいけないといった点や、伝統的な信号を使わなければならないとすることは、映像技術やドローン、無線といった科学技術の発達が著しい今日、もはや適切で 【566】

はないとの批判も強い。実際、**アークティック・サンライズ号事件**【301】において仲裁裁判所は、超短波（VHF）無線による通信を、信号に代替するものと認めている（para. 295）。

第2項 ── 公海海上警察権

（1）海洋法条約上の規定

【567】　海洋法条約92条によれば、公海上において船舶は、「国際条約又はこの条約に明文の規定がある特別の場合」を除き旗国の**排他的管轄権**（exclusive jurisdiction）に服する。この排他性の範囲をめぐっては見解が対立しているものの【163】、この排他的管轄権が海上警察権を含み、非旗国による公海上での海上警察権の行使は原則として許容されない、という点に関しては争いはない。また、旗国主義の例外が、海洋法条約および他の条約と条約に限定されていることから、慣習法の発展により旗国主義の例外が拡大していくことを想定していない。

【568】　海洋法条約上、非旗国による臨検は限られた場面でのみ認められている。臨検について規定した110条によれば、**海賊行為、奴隷取引**（slave trade）、**無国籍船**に対しては、国籍に関係なく、非旗国であっても臨検を行うことができる。しかしながら、臨検を行い、その結果犯罪や違法行為の証拠が見つかったとしても、その後に非旗国がとれる措置は、さらに場合によって分けられており、海賊行為と奴隷取引でも大きく異なる。

【569】　海賊行為は、101条において、私船が①公海上において、②他の船舶に対し、③**私的目的**（private ends）のために行う、④不法な暴力行為等、と4つの構成要素に分けて定義されている。①があることから、領海内での類似の行為は海賊行為とはみなされず、船舶に対する武装強盗とされる【551】。また、他の船舶に対し行われることを前提としているため、乗客のふりをして船舶に乗り込み、乗っ取りを行おうとするいわゆる**シージャック**のような行為は含まれない。

【570】　さらに、私的目的ということで、たとえば、反乱軍が海上での治安維持のために行う活動などは除外される。この私的目的の要件をめぐっては、その対義語を政治的あるいは公的のいずれで理解するかについて見解が分かれる。この見解の相違から、前者の立場をとれば、捕鯨船への妨害活動などは政治的目的として海賊行為から除外されるのに対し、後者の公的目

的として解する場合、仮に政治的な活動であったとしても、環境NGOという私的団体が行う以上、捕鯨船への妨害も海賊行為に該当しうる。実際、鯨類研究所がシーシェパードを訴えた事件において（図11-5）、米国の第9巡回区裁判所はシーシェパードの妨害活動が

図11-5 ■ シーシェパードによる調査捕鯨船への妨害活動
出典：日本鯨類研究所提供

海賊行為にあたるとの判断を下している（725 F 3d 940）。また、海賊に対しては、臨検だけでなく、拿捕、訴追、処罰までが認められている（海洋法条約105条）。というのも、公海上の航行の利益、ひいては国際貿易を脅かす海賊は、伝統的に**人類共通の敵**（*hostis humani generis*）とみなされ、それゆえに捕らえた国が処罰を行う、という**普遍的管轄権**（universal jurisdiction）を認める国家実行が蓄積していたためである。

これに対し奴隷貿易は、99条において旗国が防止したり処罰したりすることを義務づけているものの、非旗国による訴追・処罰を許容するような条文はなく、実際にそのような国家実行も蓄積していない。海賊行為と異なり、奴隷貿易の場合、あくまでも海は輸送路として用いられているにすぎず、奴隷禁止の問題は、従来は陸地において国家が判断すべきことであり、人類共通の敵とみなされた海賊行為とはその意味で大きく異なるといえよう。

【571】

(2) 海洋法条約以後の発展

麻薬等について、海洋法条約108条1項は、その不正取引防止のための協力義務を定めている。続く2項は、より具体的に、自国船舶が不正取引に従事していると信ずるに足りる合理的な理由がある場合には他の国家に協力を求めることができるとし、旗国が中心となり捜査を行うことを前提とした規定ぶりとなっている。麻薬等の不正取引について、海洋法条約はこの108条を設けるのみで、非旗国による臨検などは許容されていない。この点、1988年に締結された**麻薬等の不正取引条約**（麻薬新条約）は、その

【572】

▶第2節 沿岸国水域外での警察活動　　217

17 条により、非旗国が不正取引を疑う場合に旗国に適当な措置をとることの許可を求めること（3項）、そして、旗国は、乗船・捜索・適当な措置をとることなどを許可できるとされている（4項）。ここでの旗国はあくまでも「許可することができる」というように選択肢として選ぶことができるにすぎないが、非旗国による警察活動により大きな役割を期待する構造となっている。

【573】　また、麻薬新条約と同じ 1988 年に締結された SUA 条約は、1985 年に**パレスチナ解放戦線（PLF）**のメンバーがイタリアの遊覧船アキレ・ラウロ号をシージャックしてその乗客を人質とし、イスラエル政府に対し同国内で服役中の PLF の仲間の釈放を求めたアキレ・ラウロ号事件を契機に締結されたものである。こうした経緯から、SUA 条約はシージャック条約とも呼ばれ、いわゆる**対テロ諸条約**の1つに位置づけられる。SUA 条約それ自体は、その3条において、船舶を奪取しまたは支配すること（1項(a)）や船舶の安全な航行を損なうおそれがある（likely to endanger）暴力行為（同項(b)）、などを犯罪としている。これらに加え、SUA 条約と同時に締結されたプラットフォーム議定書は、プラットフォームの破壊などを犯罪とし、そして、これら2つを改正する **2005 年改正 SUA 議定書**ではさらに、特定の**大量破壊兵器（WMD）**の運搬などを犯罪としている。

【574】　2005 年改正 SUA 議定書は、2001 年の 9.11 同時多発テロを受け、WMD の運搬を犯罪化すると同時に、海上警察権についてもより詳細な規則を設けている。この改正議定書8条の2第5項は、次の手順を定めている。第1に、ある締約国（要請国）が、SUA 条約等に規定される犯罪行為に関与し、または関与しようとしている疑いのある他の締約国（国籍被表示国）の船舶に遭遇し、乗船を希望する場合、要請国は国籍被表示国に対し、国籍の確認を求めなければならない（8条の2第5項(a)）。第2に、国籍が確認された場合、要請国は国籍被表示国（旗国）に対し乗船や捜査などを行うための授権を求めなければならず（同(b)）、第3に、要請を受けた旗国は、①要請国に授権する、②自ら乗船して捜査を行う、③要請国と共に乗船および捜査を行う、④乗船および捜査の授権を拒否すること、の4つのいずれかの行動をとらなければならない（同(c)）。さらに、第4に、締約国は、4時間以内に自国が返事をしない場合（同(d)）、あるいは、自国に対し要請が行われたことのみをもって（同(e)）、自国を旗国とする船舶への要請国による乗船

および捜査を認める旨事前に**国際海事機関（IMO）**の事務局長に通知することができる（それぞれ、**4時間ルール、0時間ルール**と呼ばれる）。そして、旗国が事前に通知した条件を満たす場合には、要請国に対する旗国からの授権が推定され、要請国は乗船および捜査を行うことができるとされるのである。このように、公海上の海上警察権に関し、改正議定書は、旗国の同意を必要とするという原則は維持しつつも事前の同意を用いるシステムを構築することにより、非旗国による海上警察権行使の可能性を広げている。

▶第3節　普遍的な国際法規則

　警察活動は、基本的に国内法の執行であり、その手続も国内法で定められ、当然、国家ごとに異なる。犯罪者が銃をもたないことが前提となる日本と、そうではない米国とでは、警察官による銃の使用基準が異なるのは、当然の帰結ともいえる。しかしながら、外国籍船、外国人船員が沿岸国により取締りを受けることが少なくない海洋においては、普遍的な国際法規則として、**合理性の原則**が現れつつある。本節では、その合理性の原則と、一般国際法上存在する免除原則の海上警察活動の文脈における機能を確認する。

【575】

第1項 ── 合理性の原則

(1)銃火器利用時の合理性原則

　警察活動の中でも、人命を奪うことにつながりかねない銃火器の使用は特に注意が必要である。とりわけ、海上での銃火器の使用は、人を直接的に害する可能性があることに加え、銃火器の利用により船舶が沈む場合も人命の損失につながりかねないことから、より一層の注意が必要である。そのため、国際法は伝統的に、海上警察活動に際しての銃火器の使用について規制してきた。

【576】

　たとえば、カナダ＝米国間の国際問題となった**アイム・アローン号事件**では、1933年の中間報告において両国より指名された2人の委員は、国家は海上警察活動を行うに際して、「必要かつ合理的な武器（necessary and reasonable force）」を使用しなければならないとし、アイム・アローン号を意図的に撃沈した米国の措置は正当化されないとした（p.1615）。さらに、英国とデンマークの間で争われた**レッド・クルセイダー号事件**において、国際

【577】

アイム・アローン号事件

審査委員会は、同船を追跡して発砲したニールス・エベセン号は、警告射撃をしていないことや、必要性を証明していないことから、武器の正当な使用を超えていたと評価している（p.538）。

【578】　海洋法条約では、銃火器の使用に関する明文上の規定は設けられていないものの、こうした事例を受け、海洋法条約後に締結された、**公海漁業実施協定**【29】や **2005 年改正 SUA 議定書**【573】はこの点について比較的詳細な規則を設けている。公海漁業実施協定22条1項(f)は、原則として武器の使用を避けることを規定したうえで、武器の使用は状況に照らし合わせて検査官の安全確保に合理的に要求される（reasonably required）範囲を超えてはならないとしている。また、2005 年改正 SUA 議定書8条の2(9)は、状況に照らして必要かつ合理的な（necessary and reasonable）最低限度を超えて武器を使用してはならないとしている。ただし、前者は公海での漁業取締、また、後者は同議定書の対象犯罪を取り締まる際の規定にすぎない。つまり、これら以外の犯罪（たとえば、海賊行為）を取り締まる際に適用されるわけではない。それゆえ、海上警察活動の普遍的な規則とは言い難い。

【579】

レッドクルセイダー号事件

▶**判例事例研究**▶ **レッド・クルセイダー号事件**

本事件は、1961 年にデンマーク領フェロー諸島周辺水域において英国船レッド・クルセイダー号がデンマーク法に違反する形で漁業を行っていたことに端を発する。同船の違法操業を確認したデンマーク海軍のニールス・エベセン号は、レッド・クルセイダー号を拿捕し、フェロー諸島へ引致するに際し、自らの乗員2名をレッド・クルセイダー号に乗船させた。しかしながら、レッド・クルセイダー号はその後逃亡を試み、これを追跡する中で、ニールス・エベセン号からレッド・クルセイダー号に対して発砲が行われ、レッド・クルセイダー号は軽微ではあるが破壊された。レッド・クルセイダー号がその後も逃亡を続ける中、両船は、公海上で英国海軍のフリゲート艦および漁業巡視船と遭遇した。これらの船舶を交え、乗員同士の交渉が洋上で行われ、レッド・クルセイダー号において拘束されていたニールス・エベセン号の乗員2名は解放されたものの、レッド・クルセイダー号はスコットランドに向かうこととなり、デンマークでの処罰が不可能となった。このように、一連の事実が海上で発生したこともあり、英国・デンマークの間で事実に関する認識の相違が確認されたため、両国は国際審査委員会を設置して事実を明らかにすることに合意した。本事件は、上述の銃火器の使用基準に関する判断のほか、**審査**（inquiry）という制度を用いての紛争解決としても注目を集める【649】。

（2）海洋法条約裁判所による合理性原則の拡張

　より包括的な規則は、ITLOS をはじめとする海洋法条約裁判所の判例法により構築されてきている。まず、1999 年の**サイガ号事件（No. 2）**【66】においてITLOSは、海洋法条約は武器の使用に関する明示的な規定は設けていないことを確認したうえで、**人道の考慮（considerations of humanity）**から、「武器の使用は可能な限り避けなければならず、不可避である場合には、状況に照らして合理的かつ必要とされる（reasonable and necessary）ものを超えてはならない。」（para. 155）とした。　【580】

　その後、2014 年の**ヴァージニア G 号事件**【329】において、ITLOS は、海洋法条約73 条2 項の保証金は合理的でなければならないという規定および同項を適用した早期釈放の事例である**豊進丸事件**【688】を参照したうえで、「裁判所の見解としては、合理性の原則（the principle of reasonableness）は、条約73 条に基づく執行措置に一般的に適用される。裁判所はまた、執行措置をとる際には、当該事件の特定の状況および違反の重大性に妥当な考慮が払わなければならない、という立場である。」とした（para. 270）。この判決において重要なのは、合理性の原則、という用語を用いたことに加え、EEZ という水域に限定した話ではあるが、同原則が執行措置一般に適用されるとした点である。特に、これまでの事件が銃火器の使用に限定されていたことに鑑みると、こうした拡張は大きな一歩と評価できる。　【581】

　判例法による合理性の原則の議論は、仲裁裁判所によりさらに拡張・具体化される。まず、2014 年の**アークティック・サンライズ号事件**【301】において仲裁裁判所は、執行措置が合理性、必要性、および均衡性の一般原則（general principles of reasonableness, necessity, and proportionality）に従って行われているか否かを検討するとしたり（para. 224）、沿岸国の主権的権利を守るための措置は、合理性、必要性および均衡性の要件（tests）を満たさなければならないとした（para. 326）。同事件では、合理性の一般原則という用語を用いたり、合理性を必要性および均衡性と並列しているのが特徴的である。　【582】

　さらに、2016 年の**ドゥズジッチ・インテグリティ（Duzgit Integrity）号事件**において、仲裁裁判所は、沿岸国の執行権限は一般国際法の規則および原則、特に、合理性の原則に規律されるとし、その合理性の原則は「必要性および均衡性の原則を包摂する」とした。そのうえで、「これらの原則　【583】

▶第3節 普遍的な国際法規則　　221

は、国家が実力に訴える場合だけでなく、法執行のあらゆる措置に適用される。」と判示した（para. 209）。同事件においては、合理性の原則が必要性および均衡性の原則を包摂するとした点が新たな具体化であり、また、仲裁裁判所は、この基準を用いて群島水域で行われた犯罪の量刑を評価している。つまり、ヴァージニア G 号事件においては、あくまでも 73 条、すなわち EEZ の執行措置に限定した議論であったが、ドゥズジッチ・インテグリティ号事件は、水域の限定もなくし、合理性の原則が地理的にもより広く適用されるようにしたといえる。

【584】　このように、海洋法条約裁判所【667】は合理性の原則を拡張してきているが、上の 4 つの事件はいずれも、ITLOS をはじめとする海洋法条約裁判所が管轄権を有すること、すなわち、紛争が**海洋法条約の解釈または は適用**と関連することを前提としているにもかかわらず【670】、このように拡張したことは海洋法条約に基づかないことから批判も少なくない。海上警察活動に合理性の原則を取り入れるに際しては、「執行の権限の行使に当たり悪影響を回避する義務」を規定した 225 条や権利の濫用を規定した 300 条などを根拠とすべきとの見解も確認される。

【585】

ドゥズジッチ・インテグリティ号事件

▶ **判例事例研究** ▶ **ドゥズジッチ・インテグリティ号事件**

本事件は、マルタ籍船のドゥズジッチ・インテグリティ号が、同じくマルタ籍船のマリダ・メリッサ号に、サントメ・プリンシペの群島水域において船舶間での積替えを行っていたことに端を発する。サントメ・プリンシペの港湾施設は限られており、海上で船舶間で給油活動や積替えを行うことなどは一般的であるが、同国法に基づけば、無害通航で正当化されない活動を同国群島水域または領海内で行う場合には、同国の海事港湾機関（IMAP）に事前に通知しなければならないが、ドゥズジッチ・インテグリティ号はそれを怠った。さらにその後、群島水域内での、沿岸警備隊とのやり取りにおいて、言語の問題などからの誤解もあり、サントメ・プリンシペは同船が同国国内法に違反したとして、ドゥズジッチ・インテグリティ号を拿捕、その船体と船員を抑留し、IMAP が罰金を科すと同時に、司法手続の帰結として船長には懲役刑を科し、船体と積荷を没収した。これらサントメ・プリンシペの一連の措置が海洋法条約に違反するとしてマルタは、仲裁裁判所に付託した。仲裁裁判所は、合理性の原則に基づき、IMAP の科した罰金は非合理かつ不均衡ではないため違法ではないとした。その一方で、ドゥズジッチ・インテグリティ号の船長が、水域内での積替えが

222　第 11 章▎海上警察活動

許可されない場合には領域外へ出ることを沿岸警備隊に伝えていることなどを考慮し、許可なく積替えを行ったという元々の違法行為と照らし合わせると、それ以外の処罰は合理的かつ均衡しているとはいえないとした。

第2項 ── 免除原則

（1）海洋法条約における免除原則の規定

　国際法上の免除とは、「対等な者は対等な者に対して統治権をもたない（par in parem imperium non habet）」というローマ法以来の法諺により、国家が互いの管轄権から免除されることを意味する。大きくは裁判から免れる**裁判権免除**（immunity from jurisdiction）と、執行措置から免れる**執行免除**（immunity from execution）の2つに大別される。国家そのものが享受する免除を**主権免除**（sovereign immunity）あるいは**国家免除**（state immunity）と呼ぶが、国家機関についても慣習法上免除が認められる。海上警察権との関係で特に問題となるのは、**軍艦および非商業的目的のために運航するその他の政府船舶**（以下、**公船**。具体的には海上警察機関の船舶等）といった船舶が享受する執行免除である。【586】

　実のところ、海洋法条約においてこれらの免除について詳細な規定が設けられているわけではない。領海についての軍艦および公船の免除を規定した海洋法条約32条は、同条約の規定が軍艦および公船「に与えられる免除に影響を及ぼすものではない。」と規定するにとどまる。つまり、軍艦と公船は免除を享受するという事実を確認しているにすぎず、その詳細については、外部の慣習法上の規則に委ねているのである。他方で、公海においては、95条・96条でそれぞれ軍艦・公船について、「旗国以外のいずれの国の管轄権からも完全に免除される。」と非常に強固な免除を認めている。そのため、仮に公海上で他国の軍艦・公船に対して警察活動を行うとする場合、基本的には免除違反を構成することとなり、それを正当化するためには、国家責任法上の違法性阻却事由を援用する必要があろう。【587】

（2）免除原則の実践

　軍艦の免除が正面から問題となった事例として、アルゼンチン海軍の軍艦であるリベルタ号がガーナに寄港した際、ガーナがこれを差し押さえ、抑留したことに端を発する**ARAリベルタ（Libertad）号事件**が挙げられ【588】

ARAリベルタ号事件

図11-6 ■ ITLOSにあるARAリベルタ号の模型
（アルゼンチンからITLOSへの寄贈）
出典：筆者撮影

る（図11-6）。この背景には、アルゼンチンの債務不履行に伴い、同国国債を保有する米国企業が100%の償還を要求する中で、アルゼンチンの財産となるリベルタ号の差押えを求め、ガーナの裁判所がこれを認めていたという事実がある。軍艦の抑留という事態に際し、アルゼンチンは、ガーナが同国軍艦の免除を侵害したとして、事件を附属書Ⅶ仲裁裁判所に付託すると同時に、同船の釈放を求める暫定措置手続を開始した。これに対しガーナは、両国の紛争は内水における軍艦の免除という海洋法条約に規定のない問題であることから、紛争は海洋法条約の解釈適用に関連するものではなく、それゆえ、仲裁裁判所は管轄権を有さないと主張した（paras. 55-57）。

【589】　暫定措置を取り扱ったITLOSは、両国の紛争は海洋法条約32条の解釈適用に関するためITLOSは一応の管轄権をもつとして、ガーナの行為がアルゼンチンの免除を侵害することを認め、ガーナに対して船舶を直ちに釈放することを命じた（para. 108）。その後、ガーナは軍艦の免除を認め、リベルタ号を釈放したことから、両国は仲裁裁判所での事件を取り下げることに合意し、紛争が解決した。

【590】　同事件に比して、免除を認めるべきか否かに関する見解がより分かれたのが**エンリカ・レクシエ（Enrica Lexie）号事件**【591】である。同事件で問題となったのは、船舶の免除ではなく、民間のイタリア籍タンカーであるエンリカ・レクシエ号に**公的武装警備員**として派遣されたイタリア海軍所属の海兵の免除である。同事件は、イタリアの海兵が、インド籍の漁船セント・アンソニー号を海賊船舶と誤って射撃し、その結果、アラビア海で活動していた2人のインド人漁師が亡くなったことに端を発する。このインド人の死亡事件・事故に対し、インドが管轄権を行使できるか、あるいは海兵が免除を享受するため管轄権を行使できないかが両国紛争の核たる争点となった。なお、事件の発生した2012年2月は、ソマリア沖の海賊問題への対応が国際的に求められており、多くの国が自国籍船に、**民間武装警備員**【51】か公的武装警備員を配乗する方針をとっていた。そのため、

海兵の任務は私人でも可能であるとして、免除を認めないという判断もありえたが、附属書Ⅶ仲裁裁判所は、公的資格のもとで国家の任務を行っていたとして、海兵が免除を享受するとしている（para. 873）。また、海上警察と関係するわけではないが、IMO 諸条約が要求する検査や証書の発給を国家に代わって行っている**船級協会**が、他の国家の裁判権から免除されるかについて、各国裁判所の見解は一致していない。

> ▶判例事例研究 ▶ **エンリカ・レクシエ号事件**
>
> 本事件では、海兵の免除のほか、次の二点が重要である。第 1 に、旗国の排他的管轄権をめぐる問題である。旗国の排他的管轄権は執行管轄権に限定されるとする**ローチュス号事件** [283] 以来の伝統的な理解と、旗国主義原則は「公海上で外国籍船により行われた合法な活動への規律管轄権の拡張をも禁止する」とした ITLOS の**ノースター号事件** [165] の見解が異なることから混乱が生じている。エンリカ・レクシエ号事件において仲裁裁判所は、ノースター号事件の上述の箇所を想起しながらも（para. 527）、公海上でのイタリア籍船にて行われた発砲に対し、被害がインド籍船で生じたことに基づきインドの刑事管轄権行使を認めており（paras. 363–368）、仲裁裁判所の裁定の理解は容易ではない。第 2 に、海洋法条約の解釈適用に関する紛争として、イタリア側から一方的に付託された事件であるにもかかわらず、最終的に、慣習法上の免除義務違反を認定している点である。ITLOS をはじめとする海洋法条約裁判所は、293 条 1 項に基づき、海洋法条約に反しない「**国際法の他の規則**」を適用できるとされてはいるものの、この適用法規を定めた規定が管轄権を拡張する根拠とはならず、多数意見が近年の海洋法条約裁判所の先例に触れていないことからも、批判が多い。

エンリカ・レクシエ号事件

また、公船の免除規則が重要な役割を果たしているのが、複数の国の主張が重複する水域である。**尖閣諸島**周辺海域を例にとると、尖閣諸島については、日本・中国共に自国の領土と主張している。それゆえ、その基線から 12 海里はそれぞれの領海となる。日本からすれば、日本領海での中国当局の警察活動は認められず、逆に中国側からは日本の活動が認められない。実際、両国はともに、周辺海域での互いの警察活動を自国法上は違法な行為と位置づけている。しかしながら、日本の海上保安庁や中国**海警**の船舶はそれぞれ公船として免除を享受することから、実際に取締りを行うと免除の侵害という国際法違反を構成しうる。そのため、具体的な拿捕や逮捕といった警察活動を行うことはできない。両者が行えるのは、互いの

私人、特に漁船を取り締まることに限定されるため、そうした取締りとその妨害が行われているのが現状である。また、法執行とみなされるか否かのギリギリのラインである水銃を用いる、という実行が、尖閣諸島周辺海域だけでなく、**南シナ海**などでも確認される。こうした実行は、**武力行使禁止原則【598】**の違反を避けることはもちろん、警察活動を他国の公船に行い、免除規則に違反するという結果を導くことを避けるためとも考えられている。

【 主要参考文献 】

鶴田　順『海の安全保障と法―日本はグレーゾーン事態にいかに対処すべきか』（信山社、2024 年）
村上暦造『領海警備の法構造』（中央法規、2005 年）
Douglas Guilfoyle, *Shipping Interdiction and the Law of the Sea*（CUP, 2009）.
Natalie Klein, *Maritime Security and the Law of the Sea*（OUP, 2011）.
Yurika Ishii, *Japanese Maritime Security and Law of the Sea*（Brill, 2022）.

第12章 海上武力紛争

2024年現在、ロシア＝ウクライナ戦争やイスラエル＝ハマス戦争が進行　【593】
中であるように、残念ながら、国際社会から武力紛争は絶えない。上記2
つの戦争は、基本的には陸地で行われているものの、黒海での軍事活動や、
ガザ地区の海上封鎖など、武力紛争は海上にも影響を及ぼしている。四面
を海に囲まれた日本は、いざ有事が発生するとなった場合、海を介するこ
とが想定されることから、海上武力紛争を規律する国際法は重要である。

また、日本が武力紛争と直接的に関係せず、中立国のようにみなされる　【594】
場合であっても、海上での権利が一定程度制限されることもある。たとえ
ば、船舶の航行が制限を受けたり、漁業活動が自由に行えなくなったりす
る。そのため、海戦法規を中心とする本章は、実際に海戦法規に従い活動
する防衛省や自衛隊だけでなく、海運会社や水産会社にとっても、武力紛
争時に保障される自分たちの権益を知るうえで有用である。

武力紛争を規律する国際法は、武力紛争全体を規律する *jus ad bellum*　【595】
と武力紛争時の各行為を規律する *jus in bello*（たとえば、捕虜への報復の禁
止など）の2つに分けられる。現在、*jus ad bellum* は、国連憲章2条4項の
定める**武力行使禁止原則**に現れ、*jus in bello* は**武力紛争法**（law of armed
conflict）あるいは、人道の側面を強調する場合、**国際人道法**（international
humanitarian law）といった名称のもとで整理される。*jus ad bellum* に関
しては、陸と海とにおいて大きく変わらないことから、本章では、概説す
るにとどめる。海上の *jus in bello*、すなわち**海戦法規**（陸戦法規、空戦法規
と区分される）に関しては、国際的にも広く普及した英国の法律家であるコ
ロンボスの著作をはじめ、以前は海洋法の教科書において含まれることも
少なくなかった。

しかしながら、海洋法条約の採択に伴う海洋法の内容の著しい増大や、　【596】
国際法内の分類として、海戦法規は武力紛争法の1つとして位置づけられ
ることもあり、近年の海洋法の教科書ではあまり説明されない傾向にある。
しかしながら、旗国主義原則や領海12海里のように、海戦法規は、海洋法

227

規則もその基礎としており、その意味では海洋法の体系に含まれる。

【597】　このように整理される海上の武力紛争を規律する国際法について、まず、*jus ad bellum* と海戦法規を概観する（第1節）。そのうえで、海戦法規のアクターについて確認する（第2節）。次に、武力紛争とそれに類する事態を分類したうえで、海戦法規が主として規律する国際武力紛争以外の事態、ここではグレーゾーン事態と非国際武力紛争について概観する（第3節）。そして最後に、海戦法規の実体的規律の重要な原則・規則を確認する（第4節）。なお、本章では海戦法規が上述のように位置づけられることに鑑み、武力紛争法の諸原則も必要に応じて説明を加える。

▶第1節　海上における武力の規律

第1項 ―― 海上における武力行使禁止原則とその影響

【598】　現代の国際法において、最も重要な原則、**強行規範**（*jus cogens*）とも位置づけられるのが、国連憲章2条4項の規定する武力行使禁止原則である。同原則によれば、同憲章51条に規定される**自衛権**の行使、および、42条に規定される安全保障理事会の授権に基づく**軍事措置**の場合を除き、武力の行使は禁止されている。この武力行使の禁止は海洋空間においても例外ではなく、海洋の平和的利用と題する海洋法条約301条は、「締約国は、この条約に基づく権利を行使し及び義務を履行するに当たり、武力による威嚇又は武力の行使を、いかなる国の領土保全又は政治的独立に対するものも、また、国際連合憲章に規定する国際法の諸原則と両立しない他のいかなる方法によるものも慎まなければならない。」と、国連憲章2条4項とほぼ同内容の規定を設けている。同条が規定されていることから、**ガイアナ＝スリナム海洋境界画定事件**【253】では、管轄権が海洋法条約に基礎づけられる仲裁裁判手続において、スリナムの活動が**武力による威嚇**にあたるか否かの判断が下されている。

【599】　また、第二次世界大戦前までは、国際法はいわゆる平時の法と戦時の法に二分されており、戦時には**戦時国際法**が適用されるとされていた。しかしながら、国連憲章による武力行使禁止原則の導入もあり、この二分は過去のものとされる。現在においては、平時と戦時は完全に峻別されるわけではなく、基本的に平時の条約は武力紛争時にも適用されたままであるが、

228　第12章▎海上武力紛争

武力紛争時の規則たる武力紛争法が**特別法**（*lex specialis*）として適用される。海洋空間もその例外ではなく、海洋法条約は、武力紛争時においても適用されるとの理解が一般的であるが、武力紛争法の一分野である**海戦法規**が特別法として優先的に適用される。もっとも、海戦法規が特別法といっても、海洋法条約の海域区分に依拠するなど、平時の法の影響は強く、また、特別法として優先される根拠も理論的に明確になっているわけではないことに注意する必要がある。

第2項 ── 海戦法規：その法源と歴史的展開

海戦法規は、海洋にある対象を攻撃する際に適用される法である。海上から陸地への攻撃は陸戦法規、空への攻撃は空戦法規と区分され、海上での行動がすべて海戦法規に規律されるわけではない。また海戦法規は、海洋法条約のような柱となる条約のもとで包括的に整備されるわけではなく、個々に締結された条約と慣習法の規則により構成される。　　　　　　【600】

（1）海戦法規関連条約

武力紛争法は一般に、1907 年のハーグ平和会議において採択された諸条約の性格から、**害敵手段**に関する**ハーグ法**と、1949 年に採択されたジュネーヴ 4 条約の性格から、武力紛争から人を保護するための**ジュネーヴ法**とに区分される。海戦法規を規律する条約もほぼその 2 つに関するものであり、1907 年に採択された条約では、開戦ノ際ニ於ケル敵ノ商船取扱ニ関スル条約（第 6 条約）、商船ヲ軍艦ニ変更スルコトニ関スル条約（第 7 条約）、自動触発海底水雷ノ敷設ニ関スル条約（第 8 条約）、戦時海軍力ヲ以テスル砲撃ニ関スル条約（第 9 条約）、海戦ニ於ケル捕獲権行使ノ制限ニ関スル条約（第 11 条約）、海戦ノ場合ニ於ケル中立国ノ権利義務ニ関スル条約（第 13 条約）が、ジュネーヴ条約の中では**第 2 条約**が挙げられる。ほかには、1936 年の**ロンドン潜水艦議定書**がある。　　　　　　【601】

また、海戦法規として作られたわけではないが、戦後の武力紛争法一般の発展の中で海戦法規に影響を及ぼすものもある。たとえば、1976 年に採択された**環境改変技術敵対的使用禁止条約**や 1977 年の**第一追加議定書**などは、陸戦が主たる想定ではあるが、海洋に関する規定もある。また、**国際刑事裁判所（ICC）**（1998 年）において、武力紛争法の重大な違反が戦争犯罪とされたことから、ICC の活動に関連して海戦法規も発展している。　　　　　　【602】

▶第1節 海上における武力の規律　　229

（2）海戦法規関連マニュアル

【603】　他方で、海戦法規それ自体を対象とした条約は、1949 年のジュネーヴ第2 条約が最後となっている。そのため、現行の海戦法規規則にも不明瞭な点は数多く残るが、そうした穴を埋めるために軍事マニュアルが活用される。特に、実際に海戦法規の解釈・適用を行う実務家と研究者が協働して作成する国際的なマニュアルは、慣習法形成に与える影響が小さくないとされる。これは、国際的なマニュアルは、各国が作成する軍事マニュアルも参照したうえで作成され、また逆に、各国のマニュアルに反映されていくからである。これまで、1913 年に**万国国際法学会**が**オックスフォード・マニュアル**を、1995 年に人道法国際法研究所が**サンレモ・マニュアル（SRM）**を、そして 2023 年には米国海軍大学校を中心としたグループが**ニューポート・マニュアル（NPM）**をそれぞれ作成している。

▶第2節　海戦法規のアクター

【604】　他の海洋法の分野と同様に、海戦法規においても、主要なアクターが国家であることは変わらない。その国家について武力紛争法がどのように分類をしているかを確認した後に、海戦法規にかかわる国家機関やプライベート・アクターについて概説する。

第1項 ── 現代の武力紛争法における国家の分類

（1）交戦国と中立国

【605】　伝統的な戦時国際法では、**敵対行為（hostilities）**を行う**交戦国（belligerents）**と、敵対行為を行わない**中立国（neutral States）**の 2 つに区分される。中立国とは、その名称が示すとおり、交戦国のいずれにも肩入れしない国であり、交戦国以外は自動的に中立国になるとされていた。ところが、国連憲章による武力行使禁止原則の導入に伴い、武力紛争に関して善と悪が法的に評価可能となると、非交戦国ではあるが、交戦国を平等に扱いたくない、すなわち、中立国とはならない非交戦国が現れることとなった。

【606】　武力行使禁止原則が導入される前は、こうした国も交戦国から攻撃対象とされることが法的に容易であったが、現在は、武力行使禁止原則の例外の**自衛権**や**安全保障理事会による授権**【598】といった条件を満たさない限り、交戦国は攻撃対象を拡大することは難しい。そのため、中立国とは言

230　　第 12 章▮海上武力紛争

い難い非交戦国の範囲が拡大しており、ロシア＝ウクライナ戦争における米国や日本などは、まさにそのような立場にある。ウクライナを支援しているが、敵対行為をしているわけではないので、中立国ではないが非交戦国と位置づけられるわけである。ただ、そうした国も、敵対行為には参加していないため、中立国とみなす、という見解もある。

（2）中立国の義務

　海戦法規において、従来から区分される、交戦国・中立国の権利・義務が詳細に規定されている一方で、この非交戦国については、それらが明確に定まっているわけではない。交戦国については、次節以降でより詳細に確認するが、中立国は、主として、中立法規が許容する範囲の損害等を受け入れる**容認義務**（duty of acquiescence）、自国領域を交戦国の作戦行動に使用させない**防止義務**（duty of prevention）、交戦国への援助を慎む**避止義務**（duty of abstention）の３つの義務を負うとされる。海戦の文脈で中立国にとって最も影響が大きいのは、容認義務として、後述する**海上捕獲**や**戦時封鎖**を受け入れなければならないことであろう。　【607】

　中立国船舶が捕獲される場合として、**封鎖**の侵破、敵兵士の輸送などの**非中立的役務**への従事、**禁制品**として指定された物資の敵への輸送などが挙げられる。また、防止義務としては、自国領水を交戦国に利用させない義務を負うが、これは、そもそも交戦国が**中立水域**（neutral water）となる中立国領水を利用しない義務を負っていることを前提としている。中立国の EEZ や大陸棚に関して軍事活動がどこまで許容されるかについては見解が大きく３つに分かれる。①これらの水域も中立水域とみなして、沿岸国の同意がない限り軍事活動をしてはならないという見解、②中立水域ではないが漁業や石油・天然ガスの開発といった沿岸国の権限へ妥当な考慮を払えば軍事活動も可能とする見解、そして、③公海と同様であって沿岸の権利への配慮は特に要しないとする見解である。　【608】

第2項 —— 国家機関とその船舶

（1）軍艦と補助艦

　海戦法規における最も重要な国家機関は、当然、**軍隊**であり、その所有する船舶が主たる規律対象となっている。日本の場合、憲法９条の観点から、自衛隊は軍隊ではないと国内的には説明されるが、国際的には軍隊と　【609】

▶第2節 海戦法規のアクター　231

みなされる。軍隊の船舶は**軍艦**（warship）と**軍の補助艦**（auxiliary）に区別されるが、いずれも、無警告に攻撃される対象となる。他方、軍艦は攻撃と捕獲を行う権限をもつが、補助艦は攻撃されるにもかかわらずこれらの交戦行為を行うことができない。

【610】　軍艦の定義を設けた海洋法条約 29 条は、軍艦は、①軍隊に属すること、②所属国の外部標識を掲げること、③軍構成員の指揮下にありかつ配置される乗組員が軍隊の規律に服すること、の３つを満たすものとしている。この要件については長く異論のないものであったが、**無人艦艇**が開発されたことにより、③の要件を満たさない艦艇が軍艦に該当するかが問題となるようになった。この点、素直な条約の解釈を行えば、無人艦艇は軍艦とみなされなくなるが、そもそも、そういった船舶は海洋法条約が想定していなかったこともあり、軍艦と認めるべきとの主張も強い。軍の補助艦は、軍艦の要件を満たさないものの軍が排他的に使用するものであり、軍に所属していない船舶を一時的に借用する場合もそのような補助艦とみなされる。

（2）海上警察機関の軍隊への編入

【611】　軍隊に所属していない船舶として、民間船舶を用いる場合もあれば、他の政府船舶を用いる場合もある。そして、他の政府船舶として最も利用される可能性が高いのが、**海上警察機関**の船舶である（ジュネーヴ第一追加議定書 43 条 3 項はこのような警察機関の編入を想定した規定である）。海上警察機関と軍隊の関係については、そもそも両者を区別していない欧州諸国や海上警察機関が軍隊の一部と位置づけられる米国や中国など様々である。

【612】　日本の場合、**自衛隊法 80 条 1 項**が「特別の必要があると認めるときは、海上保安庁の全部又は一部を防衛大臣の統制下に入れることができる」と規定している。他方、**海上保安庁法 25 条**は「この法律のいかなる規定も海上保安庁又はその職員が軍隊として組織され、訓練され、又は軍隊の機能を営むことを認めるものとこれを解釈してはならない。」と規定している。この 25 条は、第二次世界大戦後まもなく、日本が軍備をもたないとするなかで規定されたものであり、世界的にみて独特の規定といえる。日本は、これら 2 つの条文を整合的に解釈・適用していく必要がある。

第3項 ── プライベート・アクター

　海上警察機関の軍隊への編入と同様に、プライベート・アクターが軍に編入されることも少なくない。海洋の文脈で近年注目を集めるのが、南シナ海を中心に行われる**海上民兵**（maritime militia）の導入である（図12-1）。民兵とは一般に、軍に所属しない**文民**（civilian）で戦闘に参加する者をいう。このような問題は海上に限らず存在するが、武力紛争法上、敵対行為に参加することによる責任を負わないのは**戦闘員**（combatant）のみであり、そうでない者が戦闘に参加した場合、原則として**捕虜**（prisoner）となる特権は有さず、捕らえた国の刑法により処罰されることとなる。ただし、商船の乗組員は例外的に捕虜として扱われる。 [613]

　また、海上民兵は、漁船を用いるが、漁船（あるいは商船）であっても、上述したように軍の補助艦とみなされるのであれば、無警告の攻撃対象となる。そのため、海戦法規の制度上、海上民兵の問題について、何か大きな課題があるわけではない。ただし、民兵なのかそれともただの漁船員なのかが判然としないなど、実際の適用に際しては課題が生じうる。 [614]

　また、プライベート・アクターとして武力紛争法において重要な役割を果たすのが、**赤十字国際委員会（ICRC）**をはじめとするNGOである。ICRCはジュネーヴ4条約やその追加議定書など、武力紛争法の立法活動につい [615]

図12-1 ■ 南シナ海における中国の海上民兵　　CCGVは中国海警の、CMMVは中国海上民兵の船舶であり、MRRV 4409は、フィリピン沿岸警備隊の船舶である。
出典：フィリピン沿岸警備隊提供、共同

▶第2節　海戦法規のアクター　　233

て多大な貢献をしているが、それだけではなく、武力紛争法の運用にも大きな役割を果たす。第一追加議定書90条に規定される武力紛争時の**事実調査委員会**（fact-finding commission）の活動支援などは、その一例である。海戦の文脈においては、武力紛争下において条件を満たした「救済団体」の**病院船**は特別の保護を受けるとされており（ジュネーヴ第2条約24条）、ICRCや赤新月社は「救済団体」として病院船の運用を行っている。また、敵国へ至る海上交通を妨害して敵の戦争継続能力を奪う**海上経済戦**（economic warfare at sea）の方法としてとられる封鎖は、時に文民に甚大な被害をもたらす。そのため、NGOによる援助物資が封鎖を通過することが認められるか否かなどが問題となりうる（マヴィ・マルマラ号事件【616】）。

【616】

マヴィ・マルマラ号事件（ICC検察官決定）

▶ **判例事例研究** ▶ **マヴィ・マルマラ号事件**

かねてから存在しているイスラエル＝ハマス間の武力紛争は2023年10月から戦闘が激化し2024年9月現在まで続いているが、本事件は、2009年1月にイスラエルが、ガザ沿岸から20海里、すなわち領海を越えて封鎖水域を設定する海上封鎖を設定したことに端を発する。海上封鎖で物資が欠乏するようになったパレスチナを支援するため、NGOにより「**ガザの自由**」**船団**（トルコ籍の6隻の船舶から構成）が組織され、10万トン以上の支援物資を搭載し、封鎖水域内にある港へ向かった。船団が沿岸から72海里離れた公海を航行中の2010年5月31日、イスラエルにより進路変更を要求されたものの、船団がそれを拒否し、封鎖水域を突破しようとしたことから拿捕された。拿捕に際し、船団最大の船舶であるマヴィ・マルマラ号内で（図12-2）、一部乗組員が激しい抵抗をしたため、イスラエル側が銃火器を使用し、9名の死者（いずれもトルコ人）と多数の負傷者が発生することとなった。同事件をめぐっては、国際裁判となったわけではないが、トルコ・イスラエル双方が報告書を作成するだけでなく、国連人権理事会や事務総長による調査報告書も作成され、その中では国際法の観点からの評価も行われている。同事件はまた、戦争犯罪などの個人の責任を追及する**国際刑事裁判所（ICC）**においても捜査が行われ、戦争犯罪の証拠はあるとされたものの、ICC規程17条1項(d)の規定する**重大性**（gravity）の要件を満たさないとして検察官による起訴には至らなかった。

図12-2 ■ マヴィ・マルマラ号
出典：ロイター／アフロ

▶第3節　事態の分類と海戦法規の適用開始

　武力紛争法によれば、ある事態の評価は、武力紛争なし、国際武力紛争、 【617】
非国際武力紛争の３通りとなる。第二次世界大戦以前は、宣戦布告などに
表れる国家の**主観**が戦争法（武力紛争法）の適用に影響したとされるが、現
代では、こうした事態の分類は、**客観的**に武力紛争が存在するか否かによ
り決まる。また近年、純然たる平時でも有事でもない事態を日本はグレー
ゾーン事態と位置づける。武力紛争なし＝平時、武力紛争あり＝有事と、
きれいに対応しているわけではないが、グレーゾーン事態とは、武力紛争
の有無が不明瞭な事態を包含する。そこで本節では、そのようなグレー
ゾーン事態と非国際武力紛争について概観する。

第1項 ── グレーゾーン事態

（1）国際武力紛争の発生基準

　上述のように平時と有事の境目とされるグレーゾーン事態であるが、同 【618】
事態は主として国家間の状態、すなわち、国際武力紛争が存在するか否か
が明らかでない状態を意味する。そのため、グレーゾーン事態がいかなる
事態かは、国際武力紛争がいつから始まるか、という問いと密接にかかわ
る。ただし、この国際武力紛争の開始や、武力紛争の定義は、いかなる条
約にも規定されておらず、これを明示的に判断した判例も確認されない。

　学説によれば、場所を問わず、すなわち海戦に限らず武力紛争一般に、 【619】
ある国が他の国に最初の一撃を仕掛けた時点で国際的武力紛争は発生する
と考える**初撃（first shot）説**と、軍事衝突や交戦のように、武力紛争の複
数当事者による攻撃が行われ、一定程度の列度を有した時点で国際武力紛
争は発生すると考える**烈度（intensity）説**とがある。両者を比べると、初
撃説の方が、武力紛争法による規制が早くから及ぶこととなる一方で、そ
れはすなわち平時の法からの逸脱を認める幅を広げることとなる。現在で
は、陸戦においては初撃説の方が有力説となっているが、海戦から始まる
武力紛争において同様のことがいえるかは、さらなる検討を要する。

　たとえば、初撃説によれば、**北朝鮮工作船事件**【544】が、海上での国際 【620】
武力紛争と位置づけられる可能性が高くなるが、日本は当該事件を海上警
察活動と位置づけている。初撃説をとると、一方が警察活動と位置づけた

▶第3節　事態の分類と海戦法規の適用開始　　235

活動が、国際武力紛争という、より深刻な事態と認定されやすくなるのである。

（2）グレーゾーン事態での対応：軍事活動と警察活動の境目

【621】　　海上警察活動（法執行活動：law enforcement activities）なのかあるいは武力紛争における**軍事活動**（military activities）なのか。そもそも両者が明確に区別されるのか。あるいは、両者は重複して存在するのか。これらの点についての国際法規則も明確とは言い難い。たとえば、海洋法条約298条1項(b)は軍事活動と法執行活動を並記しており、両者は異なるものと整理しているようにもみえる。この点は、スペイン＝カナダ間の**エスタイ号事件**【336】において争点となった。

エスタイ号
事件

【622】　　同事件は、カナダの沿岸警備隊がスペイン漁船エスタイ号を取り締まる際に銃火器を用いたことに端を発する。この取締りが行われる前に、カナダが資源の保存管理措置の執行に関する紛争をICJの強制管轄権から除外する留保を付していたため、スペインは、カナダによる銃火器の使用は法執行活動ではなく国連憲章2条4項で禁止される武力にあたり、当該留保が適用されない別の訴訟原因を生じさせると主張した。しかし、ICJはこうした主張を認めず、カナダの行為は法執行活動にあたるとした（para. 84）。このような判断から、武力行使が一般的に軍事活動であることに鑑み、ICJは両者を区別したとする理解もある。

【623】　　また、両者が区別されるとして、その区別の基準は何か。エスタイ号事件においては、スペインの沿岸警備隊が法執行活動において銃火器を使用しているが、警告射撃等を行っており、ICJによる法執行活動との認定は自然なものと考えられる。一方、ガイアナ＝スリナム事件【253】において附属書Ⅶ仲裁裁判所は、スリナムにとっての警察活動を軍事活動と位置づけている。同事件では、スリナム海軍が、両国が主張する海域において資源開発活動を行う私人に対し、活動を止めて立ち去らなければ「結果の保証はできない（consequences will be yours）」と警告したこと等が問題となった。こうした行為から仲裁裁判所は、スリナムの活動は法執行活動というより軍事活動による威嚇にあたると位置づけたのである（para. 445）。

第2項 ── 非国際武力紛争に適用される法規の展開

(1) 非国際武力紛争の発生基準

　非国際武力紛争は、政府と**反徒**とのいわゆる内戦が一国の領域内で行われる形が一般的であった。現在では、仮に武力紛争が領域外に飛び火したとしても、国家と国家の衝突にならなければ、非国際武力紛争とみなされる。また、基本的に国家は反徒に対しては**警察活動**で対応し、訴追・処罰を行おうとするが、**紛争の烈度**や反徒の**組織性**などから、非国際武力紛争の存在が確認されると、国際法（武力紛争法）が適用され、国家はその義務を遵守しなければならない。 【624】

(2) 非国際武力紛争法の発展

　非国際武力紛争に規律が及ぶといっても、武力紛争法を含む国際法は国家により創られ、主として国際武力紛争に適用されることを前提として発展してきている。たとえば、1907年のハーグ諸条約や1949年のジュネーヴ4条約は基本的に国際武力紛争を適用対象としている。後者においては、4条約の**共通3条**として、非国際武力紛争においても、敵対行為に直接参加しない者には無差別に人道的待遇を認めなければならないこと（1項1号）、傷病者は、収容して看護しなければならないこと（1項2号）が規定されている。しかし、裏を返せば、4条約の中で、非国際武力紛争に関する規定はこの1条のみである。 【625】

　このような流れの中、第二次世界大戦後、国際武力紛争は減少する一方で非国際武力紛争が増加する傾向にあったため、1977年に締結された2つの追加議定書は、非国際武力紛争の規則を充実させている。厳密にいえば、**第一追加議定書**の適用対象は国際武力紛争であるが、同議定書は、植民地の独立や外国による占領からの解放のための紛争といった、従来は非国際武力紛争に分類されていたものを国際武力紛争としている（1条4項）。他方で、同時に採択された**第二追加議定書**は、国内における騒乱および緊張の事態を非国際武力紛争から明確に除外しているものの（1条2項）、非国際武力紛争の法規則を共通3条から充実させるものとなっている。 【626】

第3項 ── 海戦法規による非国際武力紛争の規律

　国際武力紛争か非国際武力紛争かを峻別する際に、地理的な基準の意義 【627】

▶第3節　事態の分類と海戦法規の適用開始　237

が弱まりつつあるのは海戦法規も同様である。武力紛争が１つの沿岸国の水域内で発生したか否かは武力紛争の性質を決定する際の要因となるわけではなく、国際か非国際かは武力紛争のアクターが誰かで決まる。また、非国際武力紛争においてある国の船舶が攻撃対象にされたからといって、その事実により直ちに、船舶の旗国と攻撃国との間に国際武力紛争が発生したと結論づけられるわけではない。**オープンレジストリー国登録船**【69】が普及している今日、船舶への攻撃をもって、いずれのアクターの間での武力紛争が発生しているかは、慎重に判断する必要がある。

【628】　共通３条に基づき、区別原則や不要な苦痛を与えないといった原則は海戦においても適用される。そのため、機雷による無差別の攻撃であったり、住民に飢餓をもたらす封鎖などは非国際武力紛争においても許容されない。また、非国際武力紛争では、海上捕獲【640】や戦時封鎖【641】といった措置を講じることも法的には許容されないとの見方が強い。理論的にはまず、反徒が第三国（中立国）の船舶を臨検した場合には、当該行為は私人による行為として、海賊行為のような犯罪とみなされるため、反徒が海上捕獲を合法的に行うことは難しい。武力紛争法は紛争当事者を平等に規律することを原則としているため、反徒ができないことは政府側もできない、という結論が導かれるのである。また、実行の観点からは、海上捕獲等は旗国に臨検や捜索の容認を強いることとなるため、旗国の理解が重要となる。そうであるにもかかわらず、スペインやスリランカの内戦において、海上捕獲の対象とされた船舶の旗国がそれを受け入れていたとは評価し難く、慣習法の根拠となる国家実行が十分とは言い難い。

▶第4節　海戦法規の実体的規律

【629】　海戦法規は、陸戦法規とは異なる条約を基礎として発展してきたことから、両者の原則は異なるとの考え方もある。しかしながら、近年では、両者ともに武力紛争法の一分野として、共通する原則・考え方に基づいているとの説明がなされる。本節では、その共通する武力紛争法の諸原則を確認した後に、海戦の**戦闘方法**（methods of warfare）および**害敵手段**（means of warfare）の規律について概説する。戦闘方法は、戦術・戦略的観点からどのような手法がとれるか、の問題であり、害敵手段は、その戦闘において、敵に対して具体的にどのような武器を用いることができる

か、といった問題である。

第1項 ── 武力紛争法の原則

（1）基本原則

　人の死を引き起こす武力紛争は、当然、行われるべきではなく、そのた　　　【630】
めに国際法は長い年月をかけ、国連憲章において武力行使禁止原則を導入
している。しかしながら、ロシア＝ウクライナ戦争やガザの例を見るまで
もなく、世界中で武力紛争は絶えない。そのため、武力紛争が発生したと
しても、その中で守るべきものを守るために、武力紛争法がある。換言す
れば、戦争にもルールはあり、そのルールが武力紛争法である。

　武力紛争法は、武力紛争における人やモノの保護を規律すると同時に、　　【631】
実際に遵守されるために、戦闘を行う軍人にとっても遵守が可能、現実的
なものでなくてはならない。この、人を保護する考え方を**人道性**（human-
ity）、そして、軍事的観点からの要請を**軍事的必要性**（military necessity）
と呼び、これら2つと、軍事目標とそうでないものを区別する**区別**（dis-
tinction）**原則**、軍事活動で過度な損害を出してはならないとする**均衡性**
（proportionality）**原則**の合計4つが、武力紛争法の基本原則と位置づけら
れる。これら4つの原則について順に概観する。

　なお、近年では、後述するように、環境に負荷をかけないようにするた　　【632】
めの規範も形成されてきており、その意味では、環境への配慮なども、原
則のように位置づけられる可能性がある。しかしながら、そうした主張は
さほど強いものではなく、逆に、環境に対する一般的な義務は存在しない
との主張もある。このように、海戦法規において環境をどのように位置づ
けるかについては、多様な見解がある。

（2）人道性・軍事的必要性

　人道性の原則は、正当な軍事目的を達成するために必要ではない損害を　　【633】
与えることを一般に禁止する。また、この人道性により、**不要な苦痛を与
えてはならない**、という原則も派生しているとされる。これらの原則から、
永久に失明するよう設計されたレーザー兵器の使用や、軍事目標から遠く
離れた**民用物**を破壊することなどは、基本的に禁止される。海戦において
重要となる、交戦後の遭難者や遺体の**捜索・救助（SAR）の義務**【284】な
どもこの人道性の原則に由来するものといえよう。軍事的必要性は、武力

▶第4節 海戦法規の実体的規律　　239

紛争の被害を減らすと同時に戦力を温存するために、敵の軍事力を最小限のリソースと時間で屈服させる考え方のことである。たとえば、敵国の軍艦を発見した場合に攻撃してよい、という規則はこの軍事的必要性に基づくものといえる。

(3) 区別原則・均衡性原則

[634]　また、武力紛争法には攻撃目標としてよい**軍事目標**（戦闘員・軍艦）と、攻撃してはならない非軍事目標（非戦闘員・**文民**・**民用物**）とを区別する**区別原則**がある。この原則によれば、無差別攻撃はしてはならず、後者それ自体を攻撃目標としてはならない。

[635]　人の区別が重要となる陸戦と異なり、海戦においては、船舶ごとに区別する必要がある。海戦法規において、攻撃対象とならない船舶は伝統的に**商船**（merchant vessels）と表記され、漁船やクルーズ船と、海洋法の文脈では峻別される船舶もこの商船に包含される。兵器によっては、この区別原則を遵守することが難しいともされ、たとえば、海戦において用いられる機雷はその1つである。そのため、機雷の敷設にあたっては、敷設水域を選択することにより軍艦を対象とし商船を除外しようとする。また、病院や文化財などは、保護標章を付け、単なる文民や民用物よりも高い保護、**特別保護**を享受する。海戦法規の文脈では、病院船がこのような保護の対象となる（図12-3）。

図12-3 ■ 米海軍病院船「マーシー」と中国海軍病院船「和平方舟（ピース・アーク）」
出典：米海軍 Facebook（https://www.facebook.com/RimofthePacific/photos/a.412467845444384.97412.410135932344242/809231922434639/?type=1&theater）より

非軍事目標は、軍事目標を攻撃した際に巻き込まれ、**付随的損害（collateral damage）**を被ることがあるが、同損害は、攻撃により得られる**軍事的利益**と**均衡**していなければならない（均衡性原則）。商船の乗客が付随的損害に含まれるかについては国ごとに見解が異なる一方で、**海底ケーブル**【522】への損害は付随的損害として許容されやすい。また、商船や病院船といった保護、特別保護の対象であっても、場合によっては保護を喪失するが、それらの船舶を攻撃するに際しては基本的に**事前警告**が必要とされる。

【636】

(4) 責任

　海洋法を含む国際法の多くの分野においては、法の違反があった場合には、当該違反を国家責任の基礎として違反国の責任が追及される。武力紛争法も例外ではなく、国家による武力紛争法違反が認定されれば、国家責任が生じる。武力紛争法ではないが、ジェノサイドについては、近年、そのような国家間での司法化の傾向が強まっている。他方で、捕虜の虐待や民間人の殺害といった武力紛争法の違反は、基本的に個人により引き起こされる。そのため、第二次世界大戦以降、武力紛争法の**重大な違反**は、**国際刑事法**の枠組みのもと、個人責任も追及される。

【637】

　ICC規程の定める戦争犯罪は主として陸戦法規に由来し、実際、ICCにおいて海上での戦争犯罪が対象となった事例はいまだ存在しない。しかし、マヴィ・マルマラ号事件【616】が示唆したように、海戦法規違反をICCが訴追・処罰する可能性も理論的にはある。また、ニュルンベルク国際軍事裁判において、**デーニッツ提督**は（図12-4）、潜水艦攻撃後のSAR義務を放棄するいわゆる**ラコニア宣言**を発出したことにより刑事責任を負うとされた（図12-5）。

【638】

図12-4 ■ カール・デーニッツ
出典：Ullstein Bild／アフロ

第2項 ── 戦闘方法（戦術・戦略）の規制

　戦闘方法として最も重要なものが、銃火器などによる**攻撃**である。攻撃は、第一追加議定書49条1項において「攻勢としてであるか防御としてであるかを問わず、敵に対する暴力行為」と、非常に広範な形で定義される。上述したように、区別原則に基づき、軍艦は攻撃目標としてよく、商船は

【639】

▶第4節　海戦法規の実体的規律　　241

図12-5■沈みゆくラコニア号　　沈むラコニア号の乗員らを救助したことにより、ドイツが軍事的不利益を被ったことから、ラコニア宣言が発出された。
出典：アフロ

そのようにしてはならない。主として陸戦を想定した同項が海戦においてどこまで妥当するかは疑問もあるが、同議定書51条3項に基づけば、商船やその船員が**敵対行為に直接参加する**（direct participation in hostilities）場合には、彼らは保護資格を失い、攻撃目標となる。また、軍事目標とみなされる場合には、商船の船籍に関係なく、合法的な攻撃の対象となる。

【640】　海上経済戦特有の戦闘方法として、海上捕獲と戦時封鎖が挙げられる。**海上捕獲**（naval prize）とは、交戦国が非交戦国の領水外において商船を臨検、捜索した後、捕獲審検所の手続を経て没収することである。商船が敵船であったり、**戦時禁制品**（contraband）を輸送していたりする場合には没収まで行うことができるが、臨検・捜索の結果そうでないことが判明した場合には、没収してはならない。この商船が敵船か否かは、主として商船の旗国により判断されることとなる。しかし、**オープンレジストリー国登録船**【69】が普及している今日、旗国を軸として判断を行うことは適切ではなく、船主の国籍や運航実績も判断材料とされるべきとの見解もある。旗国が敵国でなかったとしても、敵国国民が運航するオープンレジストリー登録船は、敵船とみなされる可能性は高い。

【641】　**戦時封鎖**（belligerent blockade）とは、敵の領域や支配地域にある特定の沿岸に封鎖戦を設定し、そこを出入りしようとする商船の船体や積荷を

没収するものである。戦時封鎖は海上捕獲に比べ、対象に対して厳しい措置となることから、その要件も厳格に定められている。具体的には、戦時封鎖を有効にするために、封鎖を侵破する船舶を拿捕する可能性が十分にあることが要求される**実効性要件**、また、地理的範囲や開始日時などを公式に通知する**通知要件**、の２つである。従来は、封鎖の際に人道性の原則【633】からの確立した要請はなかったものの、近年においては、封鎖地域住民の飢餓を引き起こしたり、生存に必要不可欠な物資の欠乏を招いたりするような封鎖は許容されないとする主張・実行がみられる。

　また、陸戦法規と異なる規則により規制される戦闘方法として、軍艦が商船に擬装することなどが挙げられる。陸戦法規においては、傷病者などの保護対象を装って敵を殺傷する**背信行為**（perfidy）は禁止される一方、敵艦船に発砲などの敵対行為を開始する直前まで、商船を装うことが許容されている。また、近年では視認だけでなく識別信号なども艦船の位置等の特定に用いられるが、信号を偽装することも、海戦法規上は許容されると考えられる。他方で、保護標章や救難信号を用いた背信行為は、海戦法規上許容されない。

【642】

第3項 —— 害敵手段（兵器）の規制

　害敵手段は、当該手段が無差別攻撃となったり、不要な苦痛をもたらすといったような、武力紛争法の諸原則と合致しない場合に規制される。海戦兵器としてこうした規制が議論されたものとして、潜水艦、機雷、魚雷、指向性エネルギー兵器などがある。たとえば**潜水艦**（submarine）に関しては、水上に出てしまうとその性能を発揮することができないことから、潜水したままで活動をする必要がある。そうなると、事前警告を行えないことから、潜水艦による商船への攻撃が問題となる。この点、ロンドン潜水艦議定書【601】は、潜水艦による商船への対応は、水上艦と同様にまずは臨検を行わなければならないとしたが、第二次世界大戦ではこの規則が連合国・枢軸国のいずれにも遵守されたといえず、同議定書の実効性には疑問が生じている。

【643】

　機雷（naval（sea）mine）・**魚雷**（torpedo）に関しては、自動触発海底水雷ノ敷設ニ関スル条約【601】が規律している。特定の場所に設置され、目標が接近することで爆発する機雷については、放置した場合、どの船舶

【644】

▶第4節　海戦法規の実体的規律　　243

に対してどのような被害をもたらすか不明であることから、爆発しないよう無害化することが求められる。また、目標に向かう魚雷についても、命中しなかった場合には機雷と同様に、爆発しないように無害化することが求められる。**指向性エネルギー兵器**（directed energy weapons）の中でもレーザーは、使い方による制限を受ける。レーザーは、海上では目標との距離を測るために用いられることが少なくないが、そのような使い方であれば当然規制の対象とはならない。他方で、レーザーは人を失明させることが可能であることから、そうした使い方は、不要な苦痛を与えないとする原則に矛盾するとして、**特定通常兵器使用禁止制限条約**（1980年）の**議定書Ⅳ**（1995年）において禁止されている。

【645】　また、**環境改変技術敵対的使用禁止条約（ENMOD）**（1976年）は自然環境の諸現象を兵器とするような技術の使用を禁止する。たとえば、ロシアの原子核魚雷「ポセイドン」は500mの津波を引き起こすともいわれているが、そのような兵器の利用はENMODに違反することとなる。また、攻撃を行うに際して海洋環境への配慮をどの程度行わなければならないかが海戦法規では問題となる。陸戦の場合、第一追加議定書35条3項により、広範・長期的・深刻な環境損害をもたらすことが禁止されているものの、海戦法規においては同様の条文はない。しかしながら、環境損害を与えることを戦争犯罪として規定するICC規程8条2項(b)(iv)や国際法委員会（ILC）の「武力紛争に関連する環境の保護」原則草案などを参照する限り、第一追加議定書の規範は海洋にも適用されるとみることも可能である。

【 **主要参考文献** 】

黒﨑将広ほか『防衛実務国際法』（弘文堂、2021年）
人道法国際研究所（竹本正幸監訳）『海上武力紛争法サンレモ・マニュアル解説書』（東信堂、1997年）
Alexander Lott, *Hybrid Threats and the Law of the Sea : Use of Force and Discriminatory Navigational Restrictions in Straits*（Brill, 2022）.
James Kraska et al.,"Newport Manual on the Law of Naval Warfare," *International Law Studies*, Vol. 101（2023）.
Louise Doswald-Beck（ed.）, *San Remo Manual on International Law Applicable to Armed Conflicts at Sea*（CUP, 1995）.
Phillip J. Drew, *The Law of Maritime Blockade : Past, Present, and Future*（OUP, 2017）.

第13章 海洋法による法の支配：紛争解決制度を中心に

これまで学んできた海洋法規則であるが、それを実際に適用・強制できなければ、それは法として不完全との見方もあろう。海洋法を含む国際法が一般に抱える課題として、第三者の国際司法機関が法の解釈適用を行うこと、さらに、そうした裁判所の出した結論を強制することの難しさが挙げられよう。前者について、海洋法条約は、ITLOSをはじめとする海洋法条約裁判所が、条件付きながらも強制管轄権を行使する制度を構築すると同時に、裁判以外の手続も充実させ、締約国間の紛争を解決するための制度を構築している。さらに近年では、海洋法条約以外の条約等（**外部規則、external rules**）【275】を海洋法条約に読み込んだり、勧告的意見の要請に応えたりするなどして、海洋法条約裁判所【667】は、海洋における法の支配を担っているといえる。 【646】

海洋における法の支配と題した本章は、本書がこれまで扱ってきた題材すべてにかかわるため、非常に多くのアクターにとって重要な情報となる。確かに、国際裁判そのものとなれば、外務省を中心に中央省庁が対応する案件となるが、第4節で扱う**早期釈放（prompt release）手続**などは、私人による利用も認められており、海運会社や漁業従事者にとっても自らの権利を守るうえで重要な知識となる。 【647】

本章ではまず、海洋法が国際法の一部であることから、海洋法に特化した話ではなく、国際法一般における紛争解決制度の仕組みとその限界について概観する。そのうえで、海洋法条約が設ける手続、具体的には、**非裁判手続**（第2節）と**裁判手続**（第3節）をそれぞれ説明する。続いて、海洋法条約の特徴となっている、**暫定措置（provisional measure）**・早期釈放手続について確認したうえで（第4節）、ITLOSによる**勧告的意見（advisory opinion）**について学ぶ（第5節）。 【648】

245

▶第1節　国際法における紛争解決制度とその限界

第1項 ── 国連憲章における紛争解決制度の概要

【649】　武力を行使することが禁止された今日【598】、紛争は平和的に解決しなければならないとされ（国連憲章2条3項）、そのための手段として、**交渉、審査【579】、仲介、調停、仲裁裁判、司法的解決、地域的機関・取極の利用**が挙げられる（同33条）。しかし、このような平和的解決の第一の課題として、強制的に裁判に服させる制度を欠くことが挙げられる。仮にある国家が他国の行為を国際法違反とみなしたとしても、当該違反国が**同意**しない限り、裁判手続に服させることはできない（**同意原則**）。そのため、ある国家が他国の国際法違反を主張して、裁判に付託しようとしても、裁判に服することに何か特別な利益でもない限り、訴えられた国家は裁判には応じない。領土紛争のように、裁判において訴えられた側の主張が認められる可能性があるような場合であれば裁判に応じるインセンティブもあるが、自らの行為の違法性が追及されるような場合、裁判に応じるインセンティブはあまりない。

【650】　この問題を克服するために、国際連盟期の**常設国際司法裁判所（PCIJ）**は、同裁判所の**強制管轄権**を前もって受諾する旨宣言（**選択条項受諾宣言**）した国家間においては、一方当事者の付託により、同裁判所が管轄権を行使する制度を設けた。いうなれば、国家が事前に同意しておく形を整えたわけである。そしてこの制度は現在のICJに継承されている。

【651】　他方で、このように国際裁判が国家の同意を前提とするという事実は、司法機関による国際法違反の認定が、それだけ国際社会において重要であることを示唆している。実のところ、国家が他国の国際法違反やそれに類すること（たとえば、自国の主権侵害など）を主張することは頻繁にある。しかしながら、そのような主張は主張国の主観に基づくものにすぎず、国際法の観点からどこまで正しいかは疑問が残ることも少なくない。そのため、国際社会において、中立的な独立した司法機関による国際法違反との認定は、関係当事国の主張以上に他の国家・国際機構に影響を及ぼす。

第2項 —— 紛争解決制度の限界

国際法による紛争解決のより大きな課題として、司法機関によって国際 　【652】
法違反が認められたとしても、裁判所の決定を強制することができない点
が挙げられる。たとえば、中国は**南シナ海**においていわゆる**九段線**に基づ
く様々な活動（漁業・人工島の敷設等）を行っており、九段線の主張や関連
する活動が**南シナ海事件**仲裁裁判所により海洋法条約に反するとされたに
もかかわらず、中国は主張や行動を大きく変えてはいない【672】。そして、
それに対して国際社会から**制裁**（sanction）が科されることもない。

国際裁判を強制するための制裁として、国連憲章94条2項がある。同項 　【653】
は、ICJ の判決を履行しない国家に対し、安全保障理事会（安保理）が判決
不履行の問題を取り扱うことを規定している。しかしながら、この制裁が
最終的に安保理という政治的な機関により判断されること、さらに安保理
常任理事国には拒否権が認められていることに鑑みれば、仮に上述の南シ
ナ海の事件を ICJ が裁判していたとしても、中国の判決不遵守が安保理に
よりなんらかの制裁対象となることはありえない。実際、**ニカラグア事件**
【130】において、ICJ によって米国の国際法違反が確認されたにもかかわら
ず米国は判決に従わず、それに対し安保理が制裁を科すことはなかった。

海洋法条約は、第15部において紛争解決について詳細な規定を設けてい 　【654】
るものの、司法機関の判断に従わない国家に対してそれを強制する術は特
段規定していない。次節以降では、このような限界を認識しつつ、海洋法
条約第15部の紛争解決制度を確認する。第15部はその第1節で総則（非
裁判手続等）、第2節で拘束力を有する決定を伴う義務的手続（裁判手続等）、
そして、第3節で2節の例外について規定している。この第15部最初の条
文である 279 条は、国連憲章2条3項の平和的解決義務と、その義務履行
のために、憲章33条で規定される手段を用いることを確認している【649】。

▶第2節　国連海洋法条約における非裁判手続

第1項 —— 意見交換

海洋法条約283条1項は、「この条約の解釈又は適用に関して締約国間に 　【655】
紛争が生ずる場合には、紛争当事者は、交渉その他の平和的手段による紛

争の解決について速やかに意見の交換を行う。」と規定している。これは一般に、国連憲章33条上の**交渉**を規定するものと考えられている。紛争が発生した場合、紛争当事国はまずは交渉により解決を試みることが求められる。ただし、そのような交渉はあくまで意見交換を行うという**行為の義務**を規定するものであり、紛争を解決する**結果の義務**ではない。

【656】　　ところで、ここでいう「**紛争（dispute）**」とは何を意味するのであろうか。後述するように、裁判手続において裁判所の管轄権の根拠となる「紛争」の定義は極めて重要な問題となるが【670】、283条に規定される「紛争」は、裁判に至る前段階を想定しており、その意味において裁判手続における「紛争」（たとえば、286条上の紛争）より広い範囲を含むと解することが妥当であろう。

【657】　　この意見交換義務は、本章**第3節**で扱う、裁判手続に一方的に付託することの前提条件とされていることもあり、これまで、海洋法条約裁判所でたびたび解釈・適用されている。その中で確認されていることとして、たとえば、**ARA リベルタ（Libertad）号事件**【588】では、紛争当事国は、形式だけでなく、紛争解決のために真摯に交渉に臨まなくてはならないが、その一方で、交渉による解決が不可能だ、と思った場合にまでむやみやたらに意見交換を続ける必要はないとされた（para. 72）。

第2項 ── 調停

（1）調停制度の概要

【658】　　**調停（conciliation）**とは、第三者により構成される**調停委員会**が中立的な立場から、国際法だけでなく政治・経済的な事情なども考慮して、紛争当事国に対し解決案を提示する手続である。一般的に、調停委員会の報告はあくまで紛争当事国に対する勧告的なものにすぎず、法的拘束力を伴うわけではない。海洋法条約において、調停は284条で紛争解決の一手段として規定されており、**附属書Ⅴ**で詳細な手続が規定されている。同附属書第1節は284条に基づく任意的な調停について、そして、第2節は海洋法条約に特有の、紛争当事国一方の付託により開始される**義務的な調停（強制調停）**を規定している。

【659】　　任意的であれ義務的であれ、調停委員会は5名の調停人により構成される。当事国が2名ずつ選び、そして、選ばれた4名が合意して議長となる

248　第13章█海洋法による法の支配：紛争解決制度を中心に

5人目の**調停人**を選ぶ。調停人として選ばれる者としては、国際法学者や外交官が一般的である。強制調停において一方の国家が調停員を選ばない場合、**国連事務総長**が決まっていない委員を選ぶこととなる（附属書V第3条）。調停においては、法以外の要素を考慮することが可能であることに加え、紛争当事国以外のものが調停手続に参加するなど、柔軟な対応が可能である。実際、東ティモール＝オーストラリアの事例においては、両国の境界をまたがる形で賦存する石油・天然ガスの開発に従事する私企業も、調停手続に参加して意見を述べている。

(2) 調停制度の利用

　任意的な調停は、紛争当事国両方の合意により開始される手続であり、海洋法条約以外の調停手続と基本的に同様である。たとえば、ノルウェーとアイスランドは、海洋法条約が採択される以前の1980年に、大陸棚の境界を画定するために調停を用いることに合意し、1981年には委員会が報告書を発表、そして同年それに基づき、両国は境界画定条約を締結している。このような機能が、まさに附属書V第1節が想定するところである。 【660】

　強制調停に付される事案は極めて限定的である。次節で詳述するように、海洋法条約の解釈適用に関する紛争については、原則として**海洋法条約裁判所**が強制管轄権を有する（286条）。換言すれば、一方の紛争当事国の申立てで裁判が始まる。しかし、そのような強制管轄権の例外として、境界画定に関する紛争など、いくつかが規定されている（298条1項）。そして、そのような例外とされた事項について、締約国は裁判所へ付託する代わりに、一方的に調停に付すことができるのである。この強制調停はこれまで東ティモール＝オーストラリア海洋間の境界画定の1回しか用いられていないものの、同調停は両国の境界画定条約の締結へとつながっている。 【661】

▶第3節　国連海洋法条約における裁判手続

第1項 ── 裁判手続の前提条件

　上述の海洋法条約283条に基づく意見交換義務を尽くしていることおよび、次の2つの条件を満たすことが、第15部第2節で規定する裁判手続を利用する前提条件である。 【662】

（1）紛争当事国間の合意の尊重

【663】　海洋法条約第15部は紛争解決手続についての詳細な規定を設けているが、このことは、締約国が他の手段を用いて紛争を平和的に解決することを妨げるものではない。281条は、紛争当事国が他の手段を用いる合意をした場合、第15部の手続は、そのような合意に基づく手段では紛争が解決されず、かつ、当該合意が「他の手続の可能性を排除していない」場合にのみ、適用できるとされている。

【664】　この他の手続の排除に関し、排除は明示的になされる必要があるか、それとも黙示的でもよいかが**みなみまぐろ事件**【361】において争われた。同事件において、オーストラリアおよびニュージーランドはみなみまぐろ保存条約が明示的に他の手続を排除しているわけではないとして、第15部を適用することが可能と主張したのに対し、日本は黙示的に他の手続を排除しているとしたところ、仲裁裁判所は日本の主張を支持した（para. 63）。しかし、この判断には批判も多く、**南シナ海事件**【672】においては、明示的な排除が無い限り、第15部の手続は適用されると判示された（para. 223）。このように、仲裁裁判所の判断が真っ向から対立しているが、学説などの支持をみると、南シナ海仲裁の解釈が今後定着していくと見込まれる。

みなみまぐろ事件（管轄権・受理可能性）

南シナ海事件（管轄権・受理可能性）

（2）他の裁判手続の尊重

【665】　加えて282条は、「一般的な、地域的な又は二国間の協定**その他の方法**によって」「拘束力を有する決定を伴う手続」へ一方的に付託することが合意されている場合には、そのような合意が優先することを規定している。この条文は281条と異なり、拘束力を有する決定ということで、基本的に、他の裁判手続を想定している。

【666】　同条の解釈をめぐっては、ICJの**選択条項受諾宣言**との関係が**ソマリア＝ケニア海洋境界画定事件**において問題となった。ICJはまず、選択条項受諾宣言は協定ではないものの、「その他の方法」に該当するとした。そのうえで、ケニアが受諾宣言に付していた**留保**、すなわち、紛争当事国が「別の紛争解決手続によることに合意したか又は合意する紛争」に該当するかを検討した。ケニアはこの留保に基づき、海洋法条約第15部という「別の紛争解決手続」に両国は合意していることから、ICJは管轄権を有さないと主張した。しかしながらICJは、それを認めると、留保の観点からはICJが使えず、また、282条の観点からは第15部が使えないという結論

ソマリア＝ケニア海洋境界画定事件

図13-1 ■ ITLOS
出典：筆者撮影

図13-2 ■ 平和宮
出典：筆者撮影

となり、紛争の解決ができなくなってしまう。そのため、先決的抗弁において、ケニアの留保は必ずしも第15部への合意を含むものではないとして裁判所の管轄権を認めた（para. 133）。

第2項 ── 海洋法条約裁判所の権限と機能

（1）海洋法条約裁判所

　第15部の特徴の1つに、287条において、ハンブルクに設置された**国際海洋法裁判所（ITLOS）**（図13-1）**[103]**、ハーグの**平和宮（peace palace）**内にあるICJ（図13-2）、仲裁裁判所、**特別仲裁裁判所**、の4つを有権的な裁判所として並列した点が挙げられる（本書ではこれら4つをまとめて、**海洋法条約裁判所**としている）。多くの条約が、**ウィーン外交関係条約**（1961年）のようにICJのような既存の裁判所を唯一の裁判所として位置づけるか、あるいは、欧州人権条約が**欧州人権裁判所**を設立しているように条約（あるいはその議定書などで）で自ら裁判所を設置するが、海洋法条約はこの両面を取り入れている。 【667】

　第三次国連海洋法会議において、先進国がICJを支持する一方で、自国からICJの裁判官を輩出していない途上国が新たな裁判所の設立を求めITLOSが設置された。15名の裁判官から成るICJに対し、ITLOSは21名の裁判官から成るため、実際、途上国出身の裁判官が増えることとなる。ITLOSは裁判官の数が多いこともあり、その中の11人の裁判官から構成され、海底紛争の問題を取り扱う**海底紛争裁判部（seabed dispute chamber）**や**特別裁判部（special chamber）**を設けている（ITLOS規程14条および15条）。特別裁判部としては、5名の少人数により**簡易手続（summary** 【668】 procedure）を行うものに加え、海洋境界や漁業紛争といった特定の種類に限定したものも設けられている。

【669】　海洋法条約はまた、裁判官をアド・ホック（その場限り）に選ぶことを望ましいとする国家の声を反映した仲裁裁判所、さらにその中でも、漁業や海洋環境といった専門的な知見が必要とされる場合の特別仲裁裁判所、と4つの裁判所が並列されるに至ったのである。ICJ以外の裁判所の構成等については、附属書Ⅵ～Ⅷでそれぞれ規定され、ICJ・ITLOSについては手続規則も設けている（表13-1）。海洋法条約の締約国は、これら4つの裁判所からいずれを選択するか、前もって宣言することができる（287条2項）。このように、4つの裁判所を並べることは、単一の裁判所が管轄する場合に比べ、事件ごとに判断の違いが生じる可能性が高まる。換言すれば、同一の条約について異なる裁判所が異なる判断をする、いわゆる国際法の**断片化**（fragmentation）を、海洋法条約は一定程度想定しているといえよう。しかしながら、これまでのところ、ITLOSもICJも相互の判例を参照し合うなどしており、当初懸念されたような深刻な断片化は生じていない。

表13-1 ■ 4つの裁判所の比較

	ITLOS	ICJ	仲裁	特別仲裁
裁判官の構成	21人を選挙	15人を選挙	5人を裁判ごとに	5人を裁判ごとに
設立文書	ITLOS規程（附属書Ⅵ）	ICJ規程	附属書Ⅶ	附属書Ⅷ
手続規則	ITLOS規則	ICJ規則	PCAの雛型の利用が多い	―
備考	暫定措置命令や早期釈放	国連の主要な司法機関	合意欠如時の強制管轄権	専門分野に特化

出典：筆者作成

（2）海洋法条約裁判所の争訟事件に対する管轄権

【670】　国家間の紛争を海洋法裁判所が取り扱う際、それらは**争訟事件**（contentious case）と呼ばれ、この用語は、主として**勧告的意見**（本章第5節）と対比する文脈で用いられる。288条は「この条約の解釈又は適用に関する紛争」について、海洋法条約裁判所が管轄権を有するとされている。まず、「**紛争**」とは何かが問題となるが、「法または事実の論点に関する不一致、法的見解または利害の対立」（p.11）との定義が、1924年**マヴロマティス事件**PCIJ判決以来、国際法上定着しており、この定義は海洋法条約裁判所でも用いられている。そのうえで、裁判所が管轄権をもつには、紛争が海洋法

マヴロマティス事件

条約の「解釈又は適用」に関連する必要があるのである。「解釈又は適用」は、厳密にいえば、解釈と適用に分けられるはずであるが、このように両方の用語を並列して用いているため、両者を峻別する実益はあまりないとされる。そのため、本書では「解釈適用」と1つにまとめた表現も用いている。

また、解釈適用の対象は当然、海洋法条約でなくてはならない。この点、チャゴス諸島海洋保護区事件【467】において、モーリシャスは、同諸島における英国による**海洋保護区（MPA）**の設置が海洋法条約に違反することを主張するために、英国が海洋法条約上の**沿岸国**に該当しないことを理由として挙げた。仲裁裁判所はこの点、英国の沿岸国該当性という争点は、海洋法条約の解釈適用の問題とみることも可能であるとしつつ、この争点はいずれの国が領域主権を有するかについての紛争としての側面の比重が大きいとして、モーリシャスの訴えに管轄権を行使することはできないとしている（para. 211）。他方で、南シナ海事件においては、フィリピンが領域主権の問題を避け、中国の九段線に焦点を当てることで、海洋法条約の解釈適用に関する紛争であると仲裁裁判所に認めさせることに成功した（本案 para. 167）。

【671】

▶判例事例研究 ▶ **南シナ海事件**

おそらく、海洋法分野で近年最も注目を集めた国際判例として、**南シナ海事件仲裁裁判**（South China Sea Arbitration）が挙げられる。中国は、2009年以来、九段線と呼ばれる線を強調し、同水域内は自国のものと主張してきた（図13-3）。ただし、ここで問題となるのが、同水域がEEZなのか、群島水域なのか、歴史的水域なのか、中国は水域の性質も法的根拠も明らかにしていない点である。第1章で確認したように（図1-2）、海洋法条約体制に基づけば、陸地を起点に海域が決定するが、中国の引いた線はそのようには見えず、根拠も不明なままである。この九段線の主張およびそれに関連する中国の行為の海洋法条約違反について2013年にフィリピンが司法手続を開始したのが、南シナ海仲裁裁判である。中国は仲裁人の指名や書面・口頭といった訴訟手続には参加せず、代わりに、Position Paperをウェブサイトに掲載した。同文書によれば、本紛争は領域主権の問題であり、海洋法条約の解釈適用に関する紛争ではないこと、また、中国が除外を宣言した境界画定の紛争となるため、仲裁裁判所は管轄権を有さない。しかしながら、フィリピンが、中国の「**海洋主張**（maritime claim）」が海洋法条約に違

【672】

南シナ海事件仲裁裁判決（本案）

▶第3節 国連海洋法条約における裁判手続　253

反するとした、訴訟戦略の上手さもあり、仲裁裁判所は、同事件は海洋法条約の解釈適用に関する紛争であり、かつ、境界画定の紛争ではないと判断した。そのうえで、中国による九段線の主張は海洋法条約に違反すると判示した（本案 paras. 278, 1203）。

図 13-3 ■ 南シナ海
出典：BBC（https://www.bbc.com/japanese/features-and-analysis-64673848）を参考に作成

(3) 海洋法条約裁判所の適用法規

【673】　海洋法条約裁判所は、海洋法条約に加え、同条約と矛盾しない「国際法の他の規則」を適用することができるとされている（293条）。そのため、条約法条約や国家責任に関する慣習国際法はもちろん、他の国際法規則をも**外部規則【276】**として用いることができる。たとえば南シナ海仲裁において、仲裁裁判所は**海上衝突予防条約**（1972年）**【280】**を適用して中国の違反を認定している（para. 1083）。**ITLOS 気候変動勧告的意見**においては、**気候変動枠組条約**（1992年）やその議定書も関連する外部規則となるとしている（para. 137）。さらに、イタリア海軍の軍人が民間商船を警護する際にインド人漁師を誤って撃ってしまった**エンリカ・レクシエ号事件【591】**において、海軍軍人の行為がインドの刑事管轄権から免除されるかについて、仲裁裁判所は慣習国際法上の免除規則に基づき判断している（para. 873）。

(4) 海洋法条約裁判所の結論の法的効果

296条1項は、海洋法条約裁判所の裁判は「最終的なものとし、すべて 【674】
の紛争当事者は、これに従う。」と規定する。これは、裁判所の決定の**終結
性**（finality）と**拘束力**（biding force）、すなわち、これらの複合的効果と
して捉えられ、紛争を確定的に終結させる**既判力**（res judicata）を規定す
るものである。他方で、同条2項において、裁判の拘束力はあくまで紛争
当事国間で当該事件に限るものであるとしている。この点、ある陸地が大
陸棚をもつか否かといった判断などは、二国間の問題ではなく、他の国家、
国際社会全体に影響を与える、**対世的**（*erga omnes*）な効果をもつ判断と
いえる。そのため、こうした判断も紛争当事国のみを事件限りで拘束する
ものと観念することは難しいが、296条1項によれば、拘束力は理論的に
はあくまでもその範囲にとどまることとなる。

第3項 ── 海洋法条約裁判所の強制管轄権とその例外

(1) 担当裁判所の決定

286条は、海洋法条約の解釈適用に関する紛争について、締約国が一方 【675】
的に付託することを認めている。その際、海洋法条約裁判所のうちいずれ
の裁判所が担当することになるかは、紛争当事国同士の事前の宣言により
決まる。もし仮に、両紛争当事国が287条2項に基づきITLOSのみを選ん
でいる場合には、ITLOSが管轄権を行使することとなる。両紛争当事国の
選択が一致していない、あるいは紛争当事国がそもそも選択していない場
合には、仲裁裁判所が管轄権を行使することとなる。

消極的な文脈ではあれ、ICJやITLOSが管轄する場合はそれぞれへの合 【676】
意があるため、海洋法条約において、実質的な強制管轄権は仲裁裁判所に
付与されているといえよう。実のところ、多くの国家が裁判所を事前に選
択しているわけではないため、これまで一方的に付託された裁判はおしな
べて仲裁裁判所により審理されている。また、裁判の中心となる国際法違
反の有無を主として審理する**本案**に至る前に、訴えられた側は、裁判所の
管轄権の有無や受理可能性について争う**先決的抗弁**を提起できる（294条3
項等）。そして、この先決的抗弁の問題についても、本案を審理する裁判所
が判断を下すこととなる（288条4項）。こうした事情から、同じ事件でも、
先決的抗弁段階のものと本案段階のものと、裁判所により2つの判断が下

▶第3節 国連海洋法条約における裁判手続　255

されることもあるため、留意する必要がある。本書では、判例を引用する
際には、いずれかがわかるような表記を心がけている。

(2)仲裁裁判所の構成

【677】　ICJ・ITLOSといった常設の裁判所と異なり、仲裁裁判所の仲裁人は、事
件ごとに紛争当事国により選ばれる。紛争当事国はそれぞれ1人ずつ仲裁
人を任命し、両国の合意で残りの3名を任命することとなる。一方の当事
国が仲裁人を任命しない場合や、両当事国が残る3人について合意できな
い場合には、ITLOSの所長が必要な任命を行う（附属書Ⅶ3条）（表13-2）。
これまで、ITLOS所長がそのような事態に直面した際にはITLOSの同僚
を指名することが多く、それゆえ、ITLOSと仲裁裁判所の判断は類似する
傾向を有する（最たる例として、ITLOSによるバングラデシュ＝ミャンマー海洋
境界画定【239】と仲裁裁判所によるバングラデシュ＝インド海洋境界画定【240】）。

表13-2■仲裁人と調停人の選任手続の比較

	仲裁人	調停人
根拠条文	附属書Ⅶ3条	附属書Ⅴ5条
人数	5人	5人
紛争当事国の任命	各1人	各2人
それ以外の任命	紛争当事国間の合意	調停人4人の合意
上述の手続で進まない場合に任命を行う者	ITLOS所長	国連事務総長

出典：筆者作成

【678】　また、途中まで仲裁裁判を想定していたが、経費削減や時間の短縮につ
ながることを期待してITLOSに付託しなおされる、といったように、司法
手続の途上において裁判所が変更される場合もある（**ヴァージニアG号事件**
【329】）。南シナ海事件のように一方的付託の場合には、中国がそうであっ
たように訴えられた国家が裁判に協力しないこともあるが、だからといっ
て仲裁人が決まらないわけではなく、ITLOS所長が任命することで欠席裁
判の形となっても手続は進行する。**附属書Ⅶ仲裁裁判**は、最初のみなみま
ぐろ事件【361】が**投資紛争解決国際センター（ICSID）**の仲裁制度を利用
したのを除き、基本的に**常設仲裁裁判所（PCA）**を利用している。PCAは
その名称から、ICJなどと同様に、常設の裁判所として認識されがちであ
るが、あくまでもその機能は事務局的なものにとどまり、裁判の実施は上
述のように事件ごとに選ばれた仲裁人が行う。ちなみに、PCAも平和宮内
に置かれている（図13-2）。

256　第13章‖海洋法による法の支配：紛争解決制度を中心に

(3) 強制管轄権からの自動的除外

海洋法条約には**留保**が認められないため【39】、強制管轄権規定（286条）にも留保ができず、海洋法条約の解釈適用に関する紛争については、原則として海洋法条約裁判所の管轄権に服することとなる。しかしながら、そうなった場合、国家からすれば、国際裁判で扱うことを望まない事項までもが強制管轄権に服する可能性があり、その場合に海洋法条約それ自体への批准を躊躇する懸念もあった。そこで、海洋法条約は、297条・298条において強制管轄権の例外を設けている。まず、297条は強制管轄権から**自動的に**除外される事項として、**海洋科学調査**に関しての沿岸国の権限や（2項）【503】、**漁獲可能量**の決定などを含むEEZにおける生物資源に対する沿岸国の主権的権利（3項）【331】、を挙げている。同条を解釈したチャゴス諸島海洋保護区事件において、英国は、自国の設置したMPAが漁業措置の性格を有することから、297条に基づき強制管轄権から除外されると主張したが、仲裁裁判所は、MPAは単なる漁業措置ではなく、環境保全のためのものであることは英国も認めている、として英国の主張を認めなかった（para. 291）。

(4) 強制管轄権からの選択的除外

自動的な297条に対し、298条は**宣言**を行った国のみが特定の事項を強制管轄権の対象から除外することを認める規定である。その対象事項として、海洋境界画定や**歴史的湾**（historic bay）・**歴史的権原**（historic titles）に関する紛争（1項(a)）、**軍事活動・法執行活動**（1項(b)）が挙げられている。境界画定は国家の領海やEEZの範囲を隣国と恒久的に調整する、国家にとって非常に大きな問題であり、この問題が裁判所により強制的に解決されることを好まない国は少なくない。歴史的権原とは歴史的状況に基づき沿岸国が主権等の権限を主張する根拠であるが【136】、日本であれば瀬戸内海に対しそのような権原をもつとする考え方がある。日本において瀬戸内海での外国籍船の航行規制が重要な問題となりうることは容易に想像のつく話であろう。歴史的湾は国家が歴史的権原を有する水域が湾である場合である。また、軍事活動・法執行活動について、**ウクライナ軍艦抑留事件**のように両者の区分が難しい場面もあるが【621】、とりわけ軍事活動については裁判所による判断を忌避する国家が少なくない。それゆえ、宣言をすることにより、これらの問題が他国から一方的に付託されることを

ウクライナ
軍艦抑留事件

回避することができるようになる。このように、一定の事項については海洋法条約の強制管轄権は認められないが、その代わりに、強制調停に付すことが認められていることは、本章第2節【661】で確認したとおりである。

▶第4節　暫定措置手続・早期釈放手続

[681]　海洋において重要な役割を果たす船舶は、ものによっては、航海が一日できなくなるだけで莫大な損害を引き起こす。また、国際航行に従事する船舶の船員が立ち寄った沿岸国で捕まった場合、言語的問題や家族との物理的距離などから、その負担は自国で捕まる以上に大きなものとなる。それゆえ、船舶や船員が拿捕・逮捕される場合であっても、迅速に釈放して航行を過度に脅かさないことが重要となる。そのために援用可能な制度として、海洋法条約では暫定措置命令と早期釈放手続が規定されている。

第1項 ── 暫定措置

（1）海洋法条約における暫定措置手続

[682]　**暫定措置**の制度自体は、海洋法条約に限らず、同様の制度が国内・国際裁判所の手続においても確認される。裁判の審理には時間がかかるため、最終的な結論が出るのを待っていては紛争当事者の利益が回復不能となってしまうような場合、そのような事態を防止するために裁判所が暫定的な措置を講じるわけである。海洋法条約では、290条において本案を審理する裁判所が暫定措置命令を指示することができるとされ、当該命令は紛争当事国を拘束するとしている（同条6項）。このように暫定措置命令の拘束力が明記してある点は、ICJのそれが明記されていないのと比較した場合、特徴的であるといえよう（ただし、ICJの暫定措置も拘束力を有することは、**ラグラン事件**において確認されている）。加えて、紛争当事国の権利保全だけでなく、「海洋環境に対して生ずる重大な害を防止するため」の措置を講じることもできるとしている点も（同条1項）、海洋法条約独自の制度といえる。

ラグラン事件

[683]　このような暫定措置命令は、要求されてから迅速に対応する必要があるが、裁判所の選択についての合意が存在しない場合に強制管轄権を有する仲裁裁判所は、仲裁人を選定する必要があり、その設置には一定の時間を要する。そのため、仲裁裁判所が構成されるまでに措置の要請があり、2週間以内に紛争当事国間で合意ができない場合には、ITLOSが暫定措置命

令を指示するとされている。仲裁裁判所は、構成された後に、ITLOSの命令を取り消したり、新たに措置命令を講じることができる（5項）。実際、**エンリカ・レクシエ号事件【591】**においては、ITLOSによる命令の後に、仲裁裁判所が異なる命令を指示している。暫定措置命令を出す要件については、ITLOS規程や規則において明示的に規定されているわけではないが、近年の先例では、①裁判所の**一応の管轄権**（*prima facie* jurisdiction）（管轄権を有すると結論づける必要はないが、管轄権を有する蓋然性があること）、②回復不能な損害の危険性、③事態の緊急性、④本案審理で請求が認められる見込み、の4つを要件としており、これはICJに倣うものである。

（2）早期釈放のため暫定措置手続の利用

このような暫定措置手続は、様々な場面で用いることが可能である。たとえば、**みなみまぐろ事件【361】**においてITLOSは、みなみまぐろの捕獲を伴う調査漁業プログラムの実施を慎むように指示している（para. 90(d)）。他方で近年の実行においては、船舶や船員が捕まっている場合に、その釈放を求める措置の要請が増加している。2024年9月までに、ITLOSは8件の暫定措置を指示しており、はじめの3件を除く直近の5件いずれもが、船舶・船員の釈放要請である。船舶・船員の釈放については別に、次項で説明する早期釈放手続が設けられているが、同制度は、あくまでも拿捕それ自体の**合法性**については争わないことを前提としている。それに対し、暫定措置による釈放の要請は、拿捕それ自体の**違法性**を本案において追及することを前提として行われる（表13-3）。

【684】

表13-3 ■ 暫定措置と早期釈放の比較

	暫定措置	早期釈放
根拠条文	290条	292条
海域	限定なし	EEZ
違法性	拿捕その他	早期釈放の条件を満たしているか
原告	旗国	旗国およびそれに代わるもの

出典：筆者作成

第2項 ── 早期釈放手続

（1）早期釈放手続の概要

この**早期釈放手続**は、EEZに関する規定である海洋法条約73条2項上の旗国の利益を保障するための制度である。同項は、EEZの法令違反で沿

【685】

▶第4節 暫定措置手続・早期釈放手続　259

岸国が外国船舶を拿捕した場合であっても、「**合理的な**」保証金 (reasonable bond) の支払等が行われたのであれば、「**速やかに**」(promptly) 釈放しなければならないとしている。そして、沿岸国によるこの義務の履行を担保するために、292 条において早期釈放手続が設けられているのである。292 条は、船舶の抑留から 10 日以内に旗国と沿岸国の間で裁判所を選択できない場合には、両国が事前に選択している裁判所または ITLOS がその手続を行うと規定している (1 項)。10 日という期間は裁判所を選択する期間としては短く、これまで、この早期釈放の事案はおしなべて ITLOS において審理されてきている。

(2) 早期釈放手続の運用

【686】　また、**オープンレジストリー国**登録船舶が増加したこともあり、旗国が自国船舶やその船員の保護に熱心でない場合が想定される一方で、船舶が抑留されそれが長期化した場合、船舶所有者や荷主の被る損害は甚大なものとなる。第三次国連海洋法会議において、このような船舶所有者の利益を考慮する国家と、海洋法条約の紛争解決は国家間に委ねるべきと考える国家の意見を妥協させる形で、旗国だけでなく、旗国に「代わるもの」、すなわち旗国より授権された私人もこの制度を援用することができる制度が設計された (2 項)。実際、これまで 9 件の早期釈放手続の利用があるが、そのうち 6 件がこの「代わるもの」により手続が行われている。ITLOS が初めて扱った**サイガ号事件**では【66】、キプロスのタボナ海運会社が旗国のセントビンセントおよびグレナディーン諸島に代わり手続を開始している。

【687】　292 条 4 項は、海洋法条約裁判所が保証金の額を決定し、その額が支払われた場合には、抑留している国家は、船舶およびその乗組員の釈放についても裁判所の決定に速やかに従うと規定している。したがって、海洋法条約裁判所がまずは合理的な保証金の額を決める必要があるが、その際、抑留の原因となった違法行為の重大性、抑留国の国内法に基づき科されたあるいは科されうる刑罰、抑留された船舶および没収された貨物の価値などを考慮することは、判例法を通じて確立してきている (**カモウコ号事件**等)。日本＝ロシア間で争われた、2007 年の**富丸・豊進丸**の事件までは、ITLOS において早期釈放の案件はたびたび取り扱われていたが、これらの事件までの先例の蓄積で判例法が一定程度確立したこともあり、この 17 年間は早期釈放手続の申し立てが行われたことはあるが、最終的な判断まで至った

カモウコ号
事件

事例は存在しない。

> ▶判例事例研究 ▶ **富丸・豊進丸事件**
>
> 富丸・豊進丸の両船舶は、ロシアのEEZ内で違法漁業を行ったために、拿捕・抑留されたという点においては共通している。しかし、日本が早期釈放手続を用いたことにより、豊進丸は釈放されたのに対し、富丸は、ロシア国内での**没収**手続がすでに完了し、所有権が移転していたことから、日本による**訴訟目的**が失われたため、裁判所は判断をする必要がないとした。このように両者の取り扱いが大きく異なることとなった背景として、拿捕から早期釈放手続の開始までの時間が異なることが挙げられる。両船舶への手続は、2007年7月6日と同じ日に行われたが、富丸の拿捕が2006年10月31日とおよそ8か月前であったのに対し、豊進丸の拿捕は2007年6月1日と、およそ1か月であった。この時間差により、富丸についてはロシア国内における訴訟が進んだことで、早期釈放が実現しなかった。これらの事実より、外国のEEZでの活動を理由に船舶が拿捕された場合、可能な限り速やかに早期釈放手続を行うことが重要といえる。

【688】

富丸・豊進丸事件

▶第5節 勧告的意見

　国際法において勧告的意見は、国際連盟のもとで設置されたPCIJおよび国連において主要な司法機関の役割を担うICJにより、展開・発展してきた。勧告的意見は、**国際機構**（international organization）【60】が法律事項について質問をし、国際裁判所がそれに回答する形で出される意見である。争訟事件の判決や裁定と異なり、基本的に**拘束力**はなく、その名のとおり、勧告的な効果にとどまる。ICJの勧告的意見はこれまで、国際機構の法人格に関する国際法規則や国連の任務の範囲など、国際法・国連の発展に大きな役割を果たしてきた。本節では、海洋法条約の規定する勧告的意見について概観する。そのうえで、近年確認される、**ITLOS大法廷**による勧告的意見（第2項）および勧告的意見と争訟事件の交錯（第3項）について確認する。

【689】

第1項 ── 海底紛争部による勧告的意見

　海洋法条約において、勧告的意見が明示的に認められているのは、深海底に関するもののみである。191条は、海底紛争裁判部がISA【102】の「総

【690】

会又は理事会の活動の範囲内で生ずる法律問題に関し、総会又は理事会の要請に応じて勧告的意見を与える。」と規定している。海洋法条約が設置したITLOSが、同じく条約により設置したISAからの要請に応えるのは、国連の司法機関たるICJが国連総会や安保理からの要請に応えるのと同様である。ただし、勧告的意見に回答することが明示されているのは、ITLOS内の**海底紛争裁判部**に限定されていることに留意する必要がある。換言すれば、21名から成るITLOS本体（裁判部と比較する際は「**ITLOS大法廷**」と呼ばれる）の勧告的意見については、海洋法条約にはいかなる規定も設けられていない。

【691】　ITLOSが初めて求められた、**保証国勧告的意見**【202】は、まさに海洋法条約が規定する、ISA理事会から、ISAの活動に関する法律問題について、海底紛争裁判部へと要請が行われた事例である。実際、回答に際し、海底紛争裁判部は、自らの管轄権を確認しているが（paras. 31-45）、この点に関する異論はほぼなかった。

第2項 —— ITLOS大法廷による勧告的意見

【692】　勧告的意見に対するITLOSの管轄権（**勧告的管轄権（advisory jurisdiction）**）が問題となったのが**SRFC勧告的意見**である。同勧告的意見は、西アフリカ小地域漁業委員会（SRFC）から**2012年新MCA条約**に基づき、ITLOSに要請されたものであり、海洋法条約が想定している形のものではなかった。そのため、ITLOS大法廷が勧告的管轄権を有するか否か、意見を述べた締約国の間でも意見が分かれた。たとえば、日本は、書面手続において、SRFCが特定の役割を与えられた条約に基づく国際機構であることや、2012年新MCA条約がれっきとした漁業条約であり、勧告的意見を要請するためにアド・ホックにつくられた機関や条約でないことを理由に、本件における勧告的管轄権の行使は問題がないと指摘している。各国の意見を踏まえITLOSは、ITLOS規程21条は、ITLOSの管轄権は「裁判所に管轄権を与える他の取決めに特定されているすべての事項に及ぶ。」と規定されているとして、「他の取決め」を確認する必要があるとした。そして、2012年新MCA条約33条がITLOSに勧告的意見を要請できる旨規定していることから、大法廷による勧告的管轄権の行使も問題がないとした（para. 62）。

こうした慣行がすでにあったことから、続く、**ITLOS 気候変動勧告的意見**【387】においては、SRFC 勧告的意見に比べ、大法廷による管轄権の行使を否定する主張は少数にとどまった。しかしながら、本件においては、勧告的意見を要請した**気候変動と国際法に関する小島嶼国委員会 (COSIS)** が、本勧告的意見を要請することそのものを 1 つの活動目的としている。そのため、IUU 漁業対策の活動を行う延長線上において勧告的意見を要請した SRFC とは異なり、ITLOS の勧告的管轄権が拡張したとも評価される。こうした傾向が、次の勧告的意見の争訟化などと結びつくと、国際司法機関にとっては悩ましい事態となりえよう。

【693】

第3項 ── 勧告的意見と争訟事件の交錯

　海洋法を離れ、一般国際法、すなわち ICJ の文脈でも問題となっているのが、勧告的意見の争訟化、すなわち、本来であれば**同意原則**【649】に基づき管轄権を確認し、争訟事件として扱うような案件を、勧告的意見として処理することである。この点、PCIJ の時代より、勧告的意見が、手続に同意していない国の権利義務に直接的に影響する場合には、勧告的意見を出すことを差し控えるとする**東部カレリア原則**が存在するが、同原則のゆらぎが指摘される。具体的には、ICJ では、**パレスチナの壁に関する勧告的意見**（2004 年）、**コソボの独立に関する勧告的意見**（2010 年）、**チャゴス諸島に関する勧告的意見**（2019 年）、そして、**パレスチナにおけるイスラエルの政策・実行に関する勧告的意見**（2024 年）で問題となった。

【694】

パレスチナの壁に関する勧告的意見

コソボの独立に関する勧告的意見

　この点、ITLOS はまだ、いわゆる争訟事件で扱うような事件を扱ってはおらず、争訟化は発生していないといえる。他方で、ICJ のチャゴス諸島に関する勧告的意見に関しては、前後で海洋法裁判所の争訟事件が関与しており、同意見と争訟事件の関係は注目に値する。**チャゴス諸島海洋保護区事件**【467】において、仲裁裁判所は、海洋法条約に基づき一方的に付託された事件として、「沿岸国」の解釈を通じ領域主権の紛争を解決することについて、管轄権を行使することを差し控えた【671】。そのため、これに満足しなかったモーリシャスの外交努力もあり、国連総会は、英国によるモーリシャスの脱植民地化プロセスの合法性について、ICJ に勧告的意見を要請した。**チャゴス諸島に関する勧告的意見**において ICJ は、英国がチャゴス諸島を違法に分離する形でモーリシャスを独立させ、依然として

【695】

チャゴス諸島に関する勧告的意見

パレスチナにおけるイスラエルの政策・実行に関する勧告的意見

▶第5節 勧告的意見　263

チャゴス諸島を管理していることから、モーリシャスの脱植民地化は、国際法に照らして合法的に完了しなかったと判示した（para. 174）。

【696】
モーリシャス＝モルディブ海洋境界画定事件

さらに、この勧告的意見が、**モーリシャス＝モルディブ海洋境界画定事件**（2023年）に影響を及ぼす。同事件は、二国間による海洋境界の画定に関する事件であるが、チャゴス諸島を起点とする水域の境界画定について、モルディブが、領有権を争っている英国の同意がないことから、ITLOS特別裁判部は本件を判断できないと主張したのである（para. 83）。この点、特別裁判部は先決的抗弁において、同勧告的意見が領有権に関する紛争そのものを扱っていないことや、勧告的意見に法的拘束力がないことを認めつつ、勧告的意見やその後の総会決議などを根拠に、英国はすでに法的利益をもたなくなっていることから、特別裁判部は、モーリシャスを「沿岸国」として扱うことに問題はないとした（paras. 247-251）。

【697】　このように、海洋法条約裁判所は、互いの争訟事件だけでなく、勧告的意見も相互に参照・引用して、海洋における法の支配を強化している。これは、国際法の断片化を避け、法的安定性や予見可能性を高めるという観点からは望ましい部分もあるが、他方で、海洋法条約裁判所の濫用につながり、それらの権威を貶める可能性もあることに留意する必要があろう。

【 主要参考文献 】

栗林忠男＝杉原高嶺編『海洋法の主要事例とその影響』（有信堂高文社、2007年）
Christian Tomuschat and Marcelo Kohen（eds.）, *Flexibility in International Dispute Settlement：Conciliation Revisited*（Brill, 2020）.
Igor V Karaman, *Dispute Resolution in the Law of the Sea*（Brill, 2012）.
Natalie Klein, *Dispute Settlement in the UN Convention on the Law of the Sea*（CUP, 2005）.
Natalie Klein and Kate Parlett, *Judging the Law of the Sea*（OUP, 2022）.
P. Rao Chandrasekhara and Philippe Gautier（eds.）, *The Rules of the International Tribunal for the Law of the Sea A Commentary*（Brill, 2006）.

条約・文書一覧

採択年	日本語名称	英語名称	略称
1907	開戦ノ際ニ於ケル敵ノ商船取扱イニ関スル条約	Convention No. Ⅵ Relating to the Status of Enemy Merchant Ships at the Outbreak of Hostilities	ハーグ第6条約
1907	商船ヲ軍艦ニ変更スルコトニ関スル条約	Convention No. Ⅶ Relating to the Conversion of Merchant Ships into War-ships	ハーグ第7条約
1907	自動触発海底水雷ノ敷設ニ関スル条約	Convention No. Ⅷ Relative to the Laying of Automatic Submarine Contact Mines	ハーグ第8条約
1907	戦時海軍力ヲ以テスル砲撃ニ関スル条約	Convention No. Ⅸ Concerning Bombardment by Naval Forces in Time of War	ハーグ第9条約
1907	海戦ニ於ケル捕獲権行使ノ制限ニ関スル条約	Convention No. Ⅺ Relative to Certain Restrictions with Regard to the Exercise of the Right of Capture in Naval War	ハーグ第11条約
1907	海戦ノ場合ニ於ケル中立国ノ権利義務ニ関スル条約	Convention No. ⅩⅢ Concerning the Rights and Duties of Neutral Powers in Naval War	ハーグ第13条約
1913	海戦法規のマニュアル	Manual of the Laws of Naval War	オックスフォード・マニュアル
1923	海港ノ国際制度ニ関スル条約及規程	Convention and Statute on the International Régime of Maritime Ports	
1936	海峡制度に関する条約	Convention regarding the Régime of Straits	モントルー条約

採択年	日本語名称	英語名称	略称
1936	1930年4月22日のロンドン条約第4編に掲げられている潜水艦の戦闘行為についての調書	Process-Verbal Relating to the Rules of Submarine Warfare Set Forth in Part Ⅳ of the Treaty of London of 22 April 1930	ロンドン潜水艦議定書
1944	国際民間航空条約	Convention on International Civil Aviation	シカゴ条約
1945	国際司法裁判所規程	Statute of the International Court of Justice	ICJ規程
1945	国際連合憲章	Charter of the United Nations	国連憲章
1946	国際捕鯨取締条約	International Convention for Regulation of Whaling	ICRW
1949	海上にある軍隊の傷者、病者及び難船者の状態の改善に関する1949年8月12日のジュネーヴ条約	Geneva Convention for the Amelioration of the Condition of Wounded, Sick and Ship-wrecked Members of Armed Forces at Sea of 12 August 1949	ジュネーヴ第2条約
1950	人権及び基本的自由の保護のための条約	Convention for the Protection of Human Rights and Fundamental Freedoms	欧州人権条約
1952	船舶衝突についての民事裁判管轄権についてのある規則の統一に関する国際条約	International Convention for the Unification of Certain Rules relating to Civil Jurisdiction in Matters of Collision	ブリュッセル条約
1954	油による海水の汚濁の防止のための国際条約	International Convention for the Prevention of Pollution of the Sea by Oil	油濁防止条約、OILPOL
1956	海上において遭難した人の救助のための協力に関する日本国とソヴィエト社会主義共和国連邦との間の協定	Agreement between the Government of Japan and the Government of Soviet Socialist Republics on Maritime Rescue for People in Distress	日ソ海難救助協定

266　条約・文書一覧

採択年	日本語名称	英語名称	略称
1958	漁業及び公海の生物資源の保存に関する条約	Convention on Fishing and Conservation of the Living Resources of the High Seas	公海生物資源保存条約
1958	公海に関する条約	Convention on the High Sea	公海条約
1958	大陸棚に関する条約	Convention on the Continental Shelf	大陸棚条約
1958	紛争の義務的解決に関する選択署名議定書	Optional Protocol of Signature concerning the Compulsory Settlement of Disputes	選択署名議定書
1958	領海及び接続水域に関する条約	Convention on the Territorial Sea and the Contiguous Zone	領海条約
1961	外交関係に関するウィーン条約	Vienna Convention on Diplomatic Relations	ウィーン外交関係条約
1962	日本国とグレート・ブリテン及び北部アイルランド連合王国との間の通商、居住及び航海条約	Treaty of Commerce, Establishment and Navigation between the United Kingdom of Great Britain and Northern Ireland and Japan	日英通商居住航海条約
1965	日本国と大韓民国との間の漁業に関する協定	Agreement between Japan and the Republic of Korea Concerning Fisheries	旧日韓漁業協定
1966	市民的及び政治的権利に関する国際規約	International Covenant on Civil and Political Rights	自由権規約
1966	1966年の満載喫水線に関する国際条約	International Convention on Load Lines	LL条約
1969	1969年の油による汚染損害についての民事責任に関する条約	International Convention on Civil Liability for Oil Pollution Damage	民事責任(CLC)条約
1969	1969年の油による汚染を伴う事故の場合における公海上の措置に関する条約	International Convention Relating to Intervention on the High Seas in Cases of Oil Pollution Casualties	介入権条約
1969	条約法に関するウィーン条約	Convention on the Law of Treaties	条約法条約

条約・文書一覧　267

採択年	日本語名称	英語名称	略称
1969	1969 年の船舶のトン数の測度に関する国際条約	International Convention on Tonnage Measurement of Ships	船舶トン数測度条約
1971	油による汚染損害の補償のための国際基金の設立に関する国際条約	International Convention on the Establishment of an International Fund for Compensation for Oil Pollution Damage	基金条約
1972	世界の文化遺産及び自然遺産の保護に関する条約	Convention Concerning the Protection of the World Cultural and Natural Heritage	世界遺産条約
1972	1972 年の海上における衝突の予防のための国際規則に関する条約	Convention on the International Regulations for Preventing Collisions at Sea, 1972	海上衝突予防（COLREG）条約
1972	人間環境宣言	Declaration of the United Nations Conference on the Human Environment	ストックホルム宣言
1972	1972 年の廃棄物その他の物の放棄による海洋汚染の防止に関する条約	Convention on the Prevention of Marine Pollution by Dumping of Wastes and Other Matter	ロンドン条約
1973	油以外の物質による海洋汚染における公海上の措置に関する議定書	Protocol relating to Intervention on the High Seas in Cases of Marine Pollution by Substances other than Oil	介入権条約議定書
1973	絶滅のおそれのある野生動植物の種の国際取引に関する条約	Convention on International Trade in Endangered Species of Wild Fauna and Flora	ワシントン条約、CITES
1973	1973 年の船舶起因の海洋汚染の防止に関する国際条約	International Convention for the Prevention of Pollution from Ships	MARPOL 条約
1974	1974 年の海上における人命の安全のための国際条約	The International Convention for the Safety of Life at Sea	海上人命安全（SOLAS）条約

採択年	日本語名称	英語名称	略称
1974	日本国と大韓民国との間の両国に隣接する大陸棚の北部の境界画定に関する協定	Agreement between Japan and Republic of Korea concerning Establishment of Boundary in the Northern Part of the Continental Shelf Adjacent to the two Countries	北部協定
1974	日本国と大韓民国との間の両国に隣接する大陸棚の南部の共同開発に関する協定	Agreement Between Japan and the Republic of Korea Concerning Joint Development of the Southern Part of the Continental Shelf Adjacent to the Two Countries	南部協定
1974	バルト海地域の海洋環境の保護に関する条約	Baltic Treaties for Ecological Protection	ヘルシンキ条約
1976	環境改変技術の軍事的使用その他の敵対的使用の禁止に関する条約	Convention on the Prohibition of Military or Any Other Hostile Use of Environmental Modification Techniques	ENMOD
1977	1977年の漁船の安全のためのトレモリノス国際条約	The Torremolinos International Convention for the Safety of Fishing Vessels	トレモリノス条約
1978	汚染からの海洋環境の保護に関する協力のためのクウェート地域条約	Kuwait Regional Convention for Cooperation on the Protection of the Marine Environment from Pollution	クウェート条約
1978	1978年の船員の訓練及び資格証明並びに当直の基準に関する国際条約	International Convention on Standards of Training, Certification and Watchkeeping for Seafarers	船員訓練資格（STCW）条約
1978	1973年の船舶による汚染の防止のための国際条約に関する1978年の議定書	Protocol of 1978 Relating to the International Convention for the Prevention of Pollution from Ship,	MARPOL73/78

条約・文書一覧　　269

採択年	日本語名称	英語名称	略称
1979	1979年の海上における捜索及び救助に関する国際条約	International Convention on Maritime Search and Rescue, 1979	SAR条約
1980	特定通常兵器使用禁止制限条約	Convention on Certain Conventional Weapons	CCW
1982	海洋法に関する国際連合条約	Unites Nations Convention on the Law of the Sea	海洋法条約、UNCLOS
1982	北大西洋におけるさけの保存のための条約	Convention for the Conservation of Salmon in the North Atlantic Ocean	NASCO条約
1982	南極の海洋生物資源の保全に関する条約	Convention on the Conservation of Antarctic Marine Living Resources	南極海洋生物資源保全条約
1985	オゾン層の保護のためのウィーン条約	The Vienna Convention for the Protection of the Ozone Layer	ウィーン条約
1985	漁業の分野における協力に関する日本国政府とソヴィエト社会主義共和国連邦政府との間の協定	Agreement between the Government of Japan and the Government of Soviet Socialist Republics on Cooperation in the Field of Fisheries	日ソ漁業協力協定
1986	船舶登録要件に関する国際連合条約	United Nations Convention on Conditions for Registration of Ships	国連船舶登録条約
1986	日本国政府とアメリカ合衆国政府との間の海上における捜索及び救助に関する協定	Agreement between the Government of the United States of America and the Government of Japan on Maritime Search and Rescue	日米SAR協定
1987	オゾン層を破壊する物質に関するモントリオール議定書	The Montreal Protocol on Substances that Deplete the Ozone Layer	モントリオール議定書

採択年	日本語名称	英語名称	略称
1988	1988年の海洋航行の安全に対する不法な行為の防止に関する条約	Convention for the Suppression of Unlawful Acts against the Safety of Maritime Navigation	海洋航行不法行為防止（SUA）条約
1988	大陸棚に所在する固定プラットフォームの安全に対する不法な行為の防止に関する議定書	Protocol for the Suppression of Unlawful Acts Against the Safety of Fixed Platforms Located on the Continental Shelf	プラットフォーム議定書
1988	麻薬及び向精神薬の不正取引の防止に関する国際連合条約	United Nations Convention against Illicit Traffic in Narcotic Drugs and Psychotropic Substances	麻薬新条約
1989	海難救助に関する国際条約	International Convention on Maritime Search and Rescue	海難救助（SAR）条約
1989	有害廃棄物の国境を越える移動及びその処分の規制に関するバーゼル条約	Basel Convention on the Control of Transboundary Movements of Hazardous Wastes and their Disposal	バーゼル条約
1990	日本国政府と大韓民国政府との間の海上における捜索及び救助並びに船舶の緊急避難に関する協定	Agreement between the Government of Japan and the Government of the Republic of Korea on Maritime Search and Rescue and Emergency Refuge of Vessels	日韓SAR協定
1991	国境を越える文脈における環境影響評価に関する条約	Convention on Environmental Impact Assessment in a Transboundary Context	エスポー条約
1992	油による汚染損害の補償のための国際基金の設立に関する国際条約	International Convention on the Establishment of an International Fund for Compensation for Oil Pollution Damage	1992年基金条約
1992	気候変動に関する国際連合枠組条約	United Nations Framework Convention on Climate Change	気候変動枠組条約、UNFCCC

条約・文書一覧　271

採択年	日本語名称	英語名称	略称
1992	北太平洋における溯河性魚類の系群の保存のための条約	Convention for the Conservation of Anadromous Stocks in the North Pacific Ocean	NPAFC条約
1992	黒海汚染防止条約	The Convention on the Protection of the Black Sea Against Pollution	ブカレスト条約
1992	生物の多様性に関する条約	Convention on Biological Diversity	生物多様性条約、CBD
1992	1969年の油による汚染損害についての民事責任に関する国際条約を改正する1992年の議定書	Protocol of 1992 to Amend the International Convention on Civil Liability for Oil Pollution Damage, 1969	1992年民事責任条約
1992	北東大西洋の海洋環境の保護のための条約	Convention for the Protection of the Marine Environment of the North-East Atlantic	OSPAR（オスパール）条約
1993	1977年の漁船の安全のためのトレモリノス国際条約に関する1993年のトレモリノス議定書	1993 Torremolinos Protocol relating to The International Convention for the Safety of Fishing Vessels	トレモリノス議定書
1993	保存及び管理のための国際的な措置の公海上の漁船による遵守を促進するための協定	Agreement on the Flagging of Vessels Fishing on the High Seas to Promote Compliance with Internationally Agreed Conservation and Management Measures	コンプライアンス協定
1994	海上武力紛争に適用される国際法に関するサンレモ・マニュアル	San Remo Manual on International Law Applicable to Armed Conflicts at Sea	サンレモ・マニュアル、SRM
1994	1982年12月10日の海洋法に関する国際連合条約第11部の実施に関する協定	Agreement Relating to the Implementation of Part XI of the Convention	第11部実施協定

採択年	日本語名称	英語名称	略称
1994	みなみまぐろの保存のための条約	Convention for the Conservation of Southern Bluefin Tuna	みなみまぐろ保存条約
1995	失明をもたらすレーザー兵器に関する議定書	Protocol on Blinding Laser Weapons（Protocol Ⅳ to the 1980 Convention）	CCW 議定書Ⅳ
1995	地中海の海洋環境及び沿岸域の保護に関する条約	The Barcelona Convention for the Protection of the Marine Environment and the Coastal Region of the Mediterranean	改正バルセロナ条約
1995	分布範囲が排他的経済水域の内外に存在する魚類資源（ストラドリング魚類資源）及び高度回遊性魚類資源の保存及び管理に関する1982年12月10日の海洋法に関する国際連合条約の規定の実施のための協定	Agreement for the Implementation of the Provisions of the United Nations Convention on the Law of the Sea of 10 December 1982 relating to the Conservation and Management of Straddling Fish Stocks and Highly Migratory Fish Stocks	公海漁業実施協定、UNFSA
1996	1972年の廃棄物その他の物の投棄による海洋汚染の防止に関する条約の1996年の議定書	1996 Protocol to the Convention on the Prevention of Marine Pollution by Dumping of Wastes and Other Matter	ロンドン議定書
1997	気候変動に関する国際連合枠組条約の京都議定書	Kyoto Protocol to the United Nations Framework Convention on Climate Change	京都議定書
1997	漁業に関する日本国と中華人民共和国との間の協定	Agreement between Japan and the People's Republic of China on Fisheries	日中漁業協定
1998	漁業に関する日本国と大韓民国との間の協定	Agreement between Japan and the Republic of Korea on Fisheries	日韓漁業協定

条約・文書一覧　　273

採択年	日本語名称	英語名称	略称
2000	アジア海賊対策地域協力協定	Regional Cooperation Agreement on Combating Piracy and Armed Robbery against Ships in Asia	アジア海賊対策地域協力協定、ReCAAP
2000	国際的な組織犯罪の防止に関する国際連合条約	United Nations Convention against Transnational Organized Crime	国際組織犯罪防止条約
2001	IUU漁業を防止、抑止、及び廃絶するための国際行動計画	International Plan of Action to Prevent, Deter and Eliminate Illegal, Unreported and Unregulated Fishing	IPOA-IUU
2001	水中文化遺産の保護に関する条約	Convention on the Protection of the Underwater Cultural Heritage	水中文化遺産保護条約
2001	2001年の燃料油による汚染損害についての民事責任に関する国際条約	International Convention on Civil Liability for Bunker Oil Pollution Damage	バンカー条約
2003	国境を越える文脈における環境影響評価に関する条約への戦略的環境評価に関する議定書	Protocol on Strategic Environmental Assessment to the Convention on Environmental Impact Assessment in a Transboundary Context	キエフ議定書
2003	1992年の油による汚染損害の補償のための国際基金の設立に関する国際条約の2003年の議定書	Protocol of 2003 to the International Convention on the Establishment of an International Fund for Compensation for Oil Pollution Damage	追加基金議定書
2004	2004年の船舶のバラスト水及び沈殿物の規制及び管理のための国際条約	International Convention for the Control and Management of Ships' Ballast Water and Sediments	バラスト水管理条約

採択年	日本語名称	英語名称	略称
2005	1988年の海洋航行の安全に対する不法な行為の防止に関する条約の2005年の議定書	2005 Protocol to the 1988 Convention for the Suppression of Unlawful Acts against the Safety of Maritime Navigation	改正SUA議定書
2006	小型タンカー油濁補償自主協定	Small Tanker Oil Pollution Indemnification Agreement	STOPIA 2006
2006	タンカー油濁補償自主協定	Tanker Oil Pollution Indemnification Agreement	TOPIA 2006
2006	2006年の海上の労働に関する条約	Maritime Labour Convention, 2006	海上労働条約 MLC条約
2007	漁業部門における労働に関する条約	Work in Fishing Convention (No. 188)	漁業労働条約
2008	白樺(中国名：「春暁」)油ガス田開発についての了解	Understanding on the Development of Shirakaba （Chinese name：Chunxiao) Oil and Gas Field	
2008	日中間の東シナ海における共同開発についての了解	Understanding on Japan-China Joint Development in the East China Sea	
2008	西、中央、南アフリカ地域の大西洋沿岸の海洋及び沿岸環境の計画、管理、開発における協力のための条約	Convention for Cooperation in the Protection, Management and Development of the Marine and Coastal Environment of the Atlantic Coast of the West, Central and Southern Africa Region	改正アビジャン条約
2009	違法な漁業、報告されていない漁業及び規制されていない漁業を防止し抑止し、及び排除するための寄港国の措置に関する協定	Agreement on Port State Measures to Prevent, Deter and Eliminate Illegal, Unreported and Unregulated Fishing	(IUU漁業防止)寄港国措置協定、PSMA

条約・文書一覧　　275

採択年	日本語名称	英語名称	略称
2009	西インド洋及びアデン湾地域における海賊及び武装強盗の抑止に関する行動指針	Code of Conduct Concerning the Repression of Piracy and Armed Robbery Against Ships in the Western Indian Ocean and the Gulf of Aden	ジブチ行動指針
2010	生物の多様性に関する条約の遺伝資源の取得の機会及びその利用から生ずる利益の公正かつ衝平な配分に関する名古屋議定書	Nagoya Protocol on Access to Genetic Resources and the Fair and Equitable Sharing of Benefits Arising from their Utilization to the Convention on Biological Diversity	名古屋議定書
2012	SRFC加盟国の管轄水域における漁業資源への最小限のアクセスと同資源の開発の定義に関する条約	Convention on the Determination of the Minimal Conditions for Access and Exploitation of Marine Resources within the Maritime Areas under Jurisdiction of the Member States of the Sub-Regional Fisheries Commission	新MCA条約
2013	公益財団法人交流協会と亜東関係協会との間の漁業秩序の構築に関する取り決め	Agreement between the Japan-Taiwan Exchange Association and the Asia-Pacific Economic Cooperation Association on the Establishment of Fishery Order	日台民間漁業取決め
2013	西及び中央アフリカ地域における海賊、海上武装強盗及び海上不法行為に関する行動指針	Code of Conduct Concerning the Repression of Piracy, Armed Robbery against Ships, and Illicit Maritime Activity in West and Central Africa	ヤウンデ行動指針

採択年	日本語名称	英語名称	略称
2014	中華人民共和国漁業部、日本国水産庁、大韓民国海洋漁業省及びチャイニーズ・タイペイ漁業署の、ニホンウナギその他の関連するうなぎ類の保存及び管理に関する共同声明	Joint Statement of the Bureau of Fisheries of People's Republic of China, the Fisheries Agency of Japan, the Ministry of Oceans and Fisheries of the Republic of Korea and the Fisheries Agency of Chinese Taipei on International Cooperation for Conservation and Management of Japanese Eel Stock and Other Relevant Eel Species	ニホンウナギ声明
2015	パリ協定	Paris Agreement	パリ協定
2018	日本国政府と中華人民共和国政府との間の海上における捜索及び救助についての協力に関する協定		日中 SAR 協定
2022	世界貿易機関を設立するマラケシュ協定を改正する議定書（漁業補助金協定）	Protocol Amending the Marrakesh Agreement Establishing the World Trade Organization：Agreement on Fisheries Subsidies	漁業補助金協定
2023	海戦法規に関するニューポート・マニュアル	The Newport Manual on the Law of Naval Warfare	NPM
2023	海洋法に関する国際連合条約の下における国家管轄外区域の海洋生物多様性の保全及び持続可能な利用に関する協定	Agreement under the United Nations Convention on the Law of the Sea on the Conservation and Sustainable Use of Marine Biological Diversity of Areas beyond National Jurisdiction	BBNJ 協定

条約・文書一覧　　277

事項索引

あ

ISO 規格…【123】
IMO 諸条約…【92】
IOC 基準…【537】
愛知目標…【474】
アイム・アローン号事件
　…【577】
IUCN の世界保護区委員会
　…【472】
IUU 漁業…【80】【338】【340】
IUU 漁業の防止、抑止及び撲
　滅に関する行動計画…【339】
アクセスと利益配分…【441】
アークティック・サンライズ
　号事件…【71】【300】【301】
　【566】【582】
アジア海賊対策地域協力協定
　…【551】
油記録簿…【423】
あらゆる水域…【70】
ALPS 処理水…【92】
安全…【264】
　──な場所…【286】
安全水域…【223】
安全保障…【264】
安全保障理事会による授権
　…【606】

い

一応の管轄権…【683】
一括受諾方式…【39】【41】
一貫性の原則…【344】
一体性…【39】
一般的義務…【377】【379】
遺伝子…【430】
遺伝資源…【432】【449】
遺伝素材…【449】
ITLOS 気候変動勧告的意見
　…【361】【386】【387】【673】
　【693】
ITLOS 大法廷…【689】【690】
以南水域…【371】
違法性…【684】
違法・無報告・無規制漁業
　→ IUU 漁業

岩…【222】
イワシクジラ…【438】

う

ヴァージニア G 号事件
　…【65】【329】【581】【583】
　【678】
ウィーン外交関係条約…【667】
ウィーン条約…【408】
ウクライナ軍艦抑留事件
　…【680】
海の憲法…【34】
海は陸を支配する…【229】
海本部　→ 総合海洋政策本部
ウルグアイ河パルプ工場事件
　…【482】
運航者（船舶の航程を決める
　者）…【67】【117】

え

ARA リベルタ号事件
　…【588】【657】
影響指標区域…【209】
英国主義…【134】
AS 他対イタリア事件
　…【298】
SRFC 勧告的意見
　…【361】【692】
エスタイ号事件…【336】【621】
STCW-F 条約…【309】
エスポー条約…【479】
越境環境影響評価…【481】
NPAFC 条約…【353】
エネルギー…【381】
エネルギー・金属鉱物資源機
　構…【91】【207】
ABS 情報交換センター（ABS
　クリアリングハウス）
　…【456】
遠隔操船所…【308】
沿岸国…【40】【73】【671】
　──の同意…【526】
塩基配列データ…【451】
延長大陸棚…【558】
エンリカ・レクシエ号事件
　…【164】【590】【591】【673】

　【683】

お

欧州共同体…【336】
欧州人権裁判所…【667】
欧州人権条約…【297】
沖合海底自然環境保全地域
　…【475】
沖縄トラフ…【243】
沖ノ鳥島…【224】
オスカー・チン事件…【130】
OSPAR 条約…【57】【393】【396】
汚染源…【377】
汚染防止…【375】
オックスフォード・マニュア
　ル…【603】
オデコ・ニホン・SA 事件
　…【187】
オプト・アウト…【470】
オプト・アウト方式…【359】
オープンレジストリー国
　…【40】【69】【306】【627】
　【640】【686】
温室効果ガス…【389】【409】

か

害…【381】【385】
ガイアナ＝スリナム海洋境界
　画定事件…【253】【598】
外縁…【183】
外縁画定…【215】
海岸線…【244】
海技士資格…【304】
海技免状…【306】
海球…【4】
海警…【592】
外航海運…【87】
海港ノ国際制度ニ関スル条約
　及規程…【133】
外交保護…【64】
海事局…【87】
海事法…【1】
回章…【49】
海上安全委員会…【52】【108】
海上経済戦…【615】
海上警察活動…【621】

→ 法執行活動
海上警察機関…【611】
海上自衛隊…【98】【502】
海上衝突予防規則…【279】
海上衝突予防条約
　…【280】【673】
海上人命安全条約
　…【46】【108】【268】【307】
海上捜索救助条約…【285】
海上保安庁…【88】【96】【543】
海上保安庁法 25 条…【612】
海商法…【1】
海上捕獲…【607】【640】
海上民兵…【613】
海事労働条約
　…【110】【277】【312】
改正アビジャン条約…【396】
改正手続…【270】
改正バルセロナ条約
　…【393】【492】
海戦法規…【595】【599】
海賊…【51】
海賊行為…【166】【543】【568】
海賊対処法…【102】
解体 → シップリサイクル
海底ケーブル（海底電線）
　…【93】【158】【188】【497】
　【521】【636】
海底熱水鉱床…【177】
海底パイプライン
　…【93】【158】【188】【526】
海底紛争裁判部
　…【202】【668】【690】
害敵手段…【601】【629】
海難…【377】
海難事故…【424】
介入権…【416】
介入権条約…【417】
　──議定書…【417】
開発…【180】
開発規則…【206】
開発権者…【256】
外部規則
　…【274】【386】【646】【673】
海法…【1】
海綿…【450】
海面上昇…【220】
海洋遺伝資源
　…【172】【433】【445】【539】
海洋科学調査…【94】【190】
　【497】【501】【679】

海洋環境に対する重大かつ有
　害な変化…【488】
海洋環境の汚染…【380】【387】
海洋環境の変化…【5】
海洋環境保護委員会
　…【108】【384】
海洋技術…【537】
海洋境界画定…【229】
海洋研究開発機構…【94】【496】
海洋航行不法行為防止（SUA）
　条約…【573】【574】
　──大陸棚プラットフォー
　ム議定書…【559】
海洋酸性化…【409】
海洋資源開発促進法…【474】
海洋資源・産業ラウンドテー
　ブル…【205】
海洋自動水上船舶…【530】
海洋主張…【672】
海洋政策担当大臣…【100】
海洋生物多様性保全戦略
　…【474】
海洋地球工学…【402】
概要調査（概査）…【180】【517】
海洋投棄…【389】
海洋の科学的調査…【38】
海洋肥沃化…【403】
海洋法…【1】
海洋法室…【86】
海洋法条約
　…【2】【29】【275】【387】
　──1 条…【381】【398】【398】
　──2 条…【467】
　──3 条…【141】
　──5 条…【216】
　──7 条…【216】【220】
　──8 条…【217】
　──10 条…【217】
　──13 条…【221】
　──15 条…【232】
　──16 条…【218】
　──18 条…【144】
　──19 条
　　…【145】【146】【506】【516】
　──20 条…【145】
　──21 条
　　…【146】【506】【516】【525】
　──24 条…【146】
　──25 条…【146】【548】
　──27 条…【550】
　──28 条…【550】
　──29 条…【610】

　──32 条…【587】【589】
　──33 条
　　…【153】【154】【155】【562】
　──34 条…【147】
　──38 条…【149】
　──40 条…【507】【516】
　──45 条…【150】
　──46 条…【139】
　──47 条…【139】
　──49 条…【140】
　──54 条…【507】【516】
　──55 条…【326】
　──56 条…【26】【75】【159】
　　【189】【191】【326】【327】
　　【330】【413】【467】
　──58 条…【158】【327】【515】
　　【525】【558】
　──60 条…【189】【223】
　──61 条…【331】【332】
　──62 条…【332】
　──63 条…【342】【343】【367】
　──64 条…【342】【343】【361】
　──65 条…【342】【346】
　──66 条…【342】【352】
　──67 条…【342】【355】
　──73 条…【330】【554】【555】
　　【556】【581】【685】
　──74 条
　　…【233】【245】【250】【367】
　──76 条
　　…【106】【183】【184】【259】
　──77 条…【184】【185】【325】
　──79 条…【188】【525】【526】
　──80 条…【189】【223】
　──81 条…【186】【189】
　──82 条…【194】【195】【196】
　　【197】【198】
　──83 条
　　…【233】【245】【250】【367】
　──86 条…【161】
　──87 条
　　…【129】【131】【162】【223】
　　【333】【501】【511】【558】
　──88 条…【161】
　──89 条…【161】【468】
　──91 条…【62】【63】【64】
　　【65】【70】
　──92 条…【62】【63】【70】
　　【163】【567】
　──94 条…【46】【53】【65】
　　【69】【72】【275】【277】
　　【281】【304】

事項索引　279

——95 条…【587】
——96 条…【587】
——97 条…【282】
——98 条…【285】
——99 条…【571】
——101 条…【569】
——105 条…【166】【570】
——108 条…【572】
——110 条…【166】【568】
——111 条
　…【167】【561】【564】
——113 条…【527】
——114 条…【527】
——116 条…【333】
——117 条…【333】
——118 条…【333】
——120 条…【346】
——121 条…【222】【224】
　【225】【226】【227】
——133 条
　…【171】【176】【458】
——136 条…【27】
——137 条…【27】【199】【468】
——143 条…【512】
——144 条…【28】【199】【538】
——145 条…【208】
——153 条…【201】
——160 条…【518】
——165 条…【200】
——170 条…【200】【201】
——191 条…【690】
——192 条
　…【361】【379】【380】【387】
——193 条…【379】
——194 条
　…【380】【381】【387】【467】
——197 条…【55】
——202 条…【538】
——204 条…【395】【483】
——205 条…【483】【484】
——206 条
　…【193】【395】【483】【485】
——207 条
　…【380】【389】【391】
——208 条…【193】【380】
　【389】【394】【395】
——209 条
　…【380】【389】【394】【397】
——210 条
　…【380】【389】【391】【401】
——211 条…【72】【380】【386】
　【389】【391】【404】

——212 条…【380】【389】
　【407】【409】【410】
——213 条…【380】【391】
——214 条…【380】【394】
——215 条…【380】【394】
——216 条…【380】【401】
——217 条
　…【72】【380】【404】【412】
——218 条…【80】【380】【404】
　【421】【423】【557】
——219 条…【380】
——220 条
　…【380】【404】【413】
——221 条
　…【380】【416】【417】
——222 条…【380】【407】
——225 条…【584】
——226 条…【414】
——227 条…【414】
——228 条…【415】
——230 条…【415】【557】
——231 条…【415】
——237 条…【386】
——240 条…【504】
——244 条…【504】
——245 条…【506】
——246 条
　…【501】【508】【509】【516】
——248 条…【510】
——249 条…【510】
——252 条…【510】
——253 条…【510】
——256 条…【512】
——257 条…【511】
——266 条…【538】
——267 条…【540】
——279 条…【654】
——281 条…【663】【665】
——282 条…【665】【666】
——283 条
　…【655】【656】【662】
——284 条…【658】
——286 条
　…【656】【661】【675】【679】
——287 条
　…【103】【667】【669】【675】
——288 条…【670】【676】
——290 条…【682】
——292 条…【685】【687】
——293 条…【591】【673】
——294 条…【676】
——296 条…【674】

——297 条…【679】【680】
——298 条…【246】【247】
　【621】【661】【679】【680】
——300 条…【584】
——301 条…【598】
——309 条…【39】
——311 条…【45】
——312 条…【43】
——313 条…【44】
——第 11 部実施協定
　…【28】【105】【199】
——附属書 I …【343】
——附属書 II …【106】【259】
——附属書 III …【180】【518】
——附属書 V …【247】【658】
——附属書 VI …【669】
——附属書 VII …【669】【677】
——附属書 VIII …【669】
海洋法条約裁判所
　…【73】【661】【667】
海洋保護区…【210】【330】【341】
　【445】【671】
海洋哺乳類…【10】【346】
科学技術委員会…【359】【469】
科学技術助言補助機関…【442】
科学的不確実性…【478】
拡大海上安全委員会…【270】
拡大構成的存在論…【565】
「ガザの自由」船団…【616】
過度な水域の主張…【219】
ガーナ・コートジボワール海
　洋境界画定事件…【187】
　【253】
カモウコ号事件…【687】
カルタヘナ議定書…【443】
簡易手続（summary
　procedure）…【668】
簡易な手続（simplified
　procedure）…【44】
管轄…【297】
管轄権…【26】【155】【159】【185】
　【189】【326】【508】
環境影響評価…【193】【395】
　【432】【445】【541】
環境 NGO…【124】
環境改変技術敵対的の使用禁止
　条約…【602】【645】
環境テロリスト…【125】
環境ベースライン…【209】
環境保護に関する南極条約議
　定書…【491】
勧告…【259】

勧告的意見…【648】【670】
勧告的管轄権…【692】
幹事会…【100】
慣習国際法（慣習法）…【2】
関東地方整備局…【88】
管理手法…【432】
管理戦略評価…【364】
関連事情…【236】
関連水域…【237】

き

キエフ議定書…【479】
規格協会…【123】
機関士…【305】
危険…【292】【381】
寄港国…【76】
寄港国管理…【78】【308】
寄港国措置協定
　…【80】【340】【557】
気候変動と国際法に関する小
　島嶼国委員会…【387】【693】
気候変動枠組条約
　…【409】【673】
旗国…【62】【163】【411】
旗国主義
　…【62】【163】【283】【527】
機材…【534】
技術移転…【497】
技術研究レポート…【198】
技術的な問題…【35】
規制…【153】【155】
基線…【26】【132】【183】【215】
　【216】
北朝鮮工作船…【544】
北朝鮮工作船事件…【620】
機能的権限…【159】
既判力…【674】
義務的な調停…【658】
九州・パラオ海嶺南部海域
　…【261】
救助…【286】
旧日韓漁業協定…【369】
救命艇…【268】
給油活動…【328】
　→ バンカリング
境界画定…【2】
強化された無害通航権…【150】
強行規範…【598】
強制管轄権…【650】
強制調停…【658】
強制保険…【293】【425】
共同開発…【215】【254】

共同開発水域…【255】
京都議定書…【409】
漁獲可能量…【331】【679】
漁獲証明制度…【366】
漁業…【10】【162】
漁業活動…【252】
漁業協同組合…【90】
漁業国…【322】
漁業法…【90】
漁業補助金協定…【340】
漁業労働条約…【110】【315】
漁船…【309】
魚雷…【644】
機雷…【644】
規律管轄権…【76】【164】
均衡…【636】
均衡性原則…【631】
禁制品…【608】

く

区域型管理手法
　…【350】【432】【445】【541】
クウェート条約…【396】
空間的アプローチ…【12】
空間法…【3】
九段線…【652】
掘削…【186】
区別原則…【631】【634】
クラリオン・クリッパートン
　海域…【203】【207】
クリアリングハウスメカニズ
　ム…【460】
グリーンピース…【129】【301】
グレーエリア…【240】
グレーゾーン
　…【173】【597】【617】【618】
グロティウス…【7】【19】【320】
軍艦…【586】【609】
軍事活動…【621】【680】
軍事措置…【598】
軍事調査…【501】【502】【514】
軍事的必要性…【631】
軍事的利益…【636】
軍事目標…【634】
軍隊…【609】
群島…【139】
群島基線…【139】
群島航路帯通航権…【140】
群島水域…【74】【507】
軍の補助艦…【609】

け

ゲアーズ → GAIRS
経済産業省…【169】
警察活動…【624】
軽微なまたは一時的な影響
　…【488】【491】
契約者…【81】【91】【201】
結果の義務…【655】
ゲノム解析技術…【450】
ケープタウン協定…【274】
権原…【229】
検査と証書の調和システム
　…【273】

こ

行為の義務…【655】
公益財団法人日本台湾交流協
　会…【372】
公海…【161】
　——の規則…【70】
　——の自由
　　…【162】【195】【511】
公海アライアンス…【124】
公海海上警察権…【560】
公海漁業実施協定
　…【29】【336】【578】
航海士…【305】
公海自由の原則…【458】
公海条約…【22】【65】
公海生物資源保存条約
　…【22】【322】
降河性魚類…【355】
抗議活動…【301】
鉱業規則…【204】
拘禁…【555】
攻撃…【639】
航行規則…【267】
航行の自由…【191】
航行の自由作戦…【219】
交渉…【649】【655】
硬性…【43】
公正かつ衡平な配分
　…【441】【451】
構成的存在論…【565】
公船…【586】
交戦国…【605】
拘束力…【674】【689】
公的武装警備員…【590】
公的役割…【122】
高度回遊性魚種…【29】【343】
鉱物資源…【168】【176】【458】

事項索引　281

衡平…【233】
合法性…【684】
合理性の原則…【575】
合理的な保証金…【554】【685】
合理的に適切…【202】
港湾局…【87】
小型船舶…【565】
小型タンカー油濁補償自主協
　定…【427】
国際海運会議所…【117】
国際海峡…【74】【147】【507】
国際海事機関…【32】【108】
　【388】【574】
国際海上保険連合…【118】
国際海底機構…【27】【81】【168】
　【177】【261】
国際海洋法裁判所
　…【328】【667】
国際機関…【60】
国際基金条約…【425】
国際機構…【60】【689】
国際刑事警察機構…【366】
国際刑事裁判所…【602】【616】
国際刑事法…【637】
国際ケーブル保護委員会
　…【120】【529】
国際自然保護連合…【435】
国際人道法…【595】
国際船級協会…【122】
国際船舶及び港湾施設保安
　コード…【272】
国際標準化機構…【54】【123】
国際法協会…【21】
国際法に基づいて合意により
　行う…【233】
国際法の他の規則…【591】
国際法の父…【7】
国際捕鯨委員会…【346】
国際捕鯨取締条約…【347】
国際油濁補償基金…【425】
国際労働機関…【109】【294】
国籍主義…【62】
国土交通省…【96】
国立極地研究所…【502】
国連海事海洋法課…【107】
国連開発計画…【255】
国連海洋科学の10年…【500】
国連海洋法条約（海洋法条約）
　…【2】【29】【275】【387】
国連環境開発会議…【440】
国連環境計画…【36】【56】【112】
　【396】【440】

国連環境総会…【92】【112】
国連教育科学文化機関
　…【113】【500】
国連国際法委員会…【22】
国連事務総長…【659】
国連食糧農業機関
　…【111】【339】
国連生物多様性の10年
　…【431】
国連船舶登録条約…【69】
国連人間環境会議…【347】
COSIS設立条約…【387】
コソボの独立に関する勧告的
　意見…【694】
国家…【60】
黒海大陸棚事件…【237】
国家管轄権外区域の生物多様
　性協定…【29】【172】
国家環境政策法…【477】
国家免除…【586】
国境地域ニカラグア活動事件
　…【482】
コード…【270】
コバルトリッチ・クラスト
　…【177】
コンソーシアム…【528】
コンプライアンス協定…【335】
昆明＝モントリオール生物多
　様性枠組み…【462】

さ

再エネ海域利用法…【88】【102】
サイガ号事件
　…【65】【66】【71】【328】【580】
　【686】
財政委員会…【200】
再生可能エネルギー…【9】【91】
最大持続生産量…【331】
裁判規範…【538】
裁判権免除…【586】
裁判手続…【648】
再保険…【119】
溯河性魚類…【352】
サブスタンダード船…【69】
サン・ジェルマン条約…【130】
三者構成の原則…【109】
参照規則…【46】【275】【386】
三段階アプローチ…【237】
暫定ガイダンス…【52】
暫定勧告…【52】
暫定措置…【648】
暫定措置水域…【371】

暫定措置命令…【66】
暫定的な取極…【251】
サン・パドレ・ビオ号事件
　…【329】
サン・フアン川道路建設事件
　…【482】
参与会議…【100】
残留性有機汚染物質…【392】
サンレモ・マニュアル
　…【284】【603】

し

自衛権…【598】【606】
自衛隊法80条1項…【612】
CHM原則…【512】
シカゴ条約…【410】
敷居…【487】
事業…【479】
事業体…【105】【200】【201】
資源…【171】
資源エネルギー庁…【91】
資源調査…【501】【517】
指向性エネルギー兵器…【644】
事項別アプローチ…【12】
四国海盆海域…【262】
シーシェパード…【125】
CCZ海域…【203】【207】
事実調査委員会…【615】
シージャック…【569】
市場国…【83】
自浄作用…【373】
施設…【534】
自然環境保全法…【92】【475】
事前警告…【636】
事前の同意…【453】
実効性要件…【641】
執行免除…【586】
実施協定…【30】
実質的同等性…【313】
実質的な海洋環境の汚染
　…【488】
実質的な海洋環境の汚染又は
　海洋環境に対する重大かつ
　有害な変化…【483】
シップリサイクル…【294】
CDEM基準…【412】
私的目的…【569】
私的役割…【121】
自動航行船…【308】
ジブチ行動指針…【551】
司法管轄権…【421】
司法警察員…【311】

司法的解決…【649】
島…【222】
事務局…【200】
種…【430】
『自由海論』…【19】
終結性…【674】
自由権規約…【297】
重大性…【616】
重大な違反…【257】【637】
舟艇…【565】
12 海里…【141】
十分な連関…【164】
主権…【26】【506】
主権その他の権利に関する未
　解決の紛争…【247】
主権的権利…【23】【75】【159】
　【185】【326】【452】
主権内在説…【283】
主権免除…【586】
ジュネーヴ海洋法 4 条約
　…【22】【322】
ジュネーヴ第一追加議定書
　…【602】【626】
ジュネーヴ第 2 条約
　…【284】【601】
ジュネーヴ第二追加議定書
　…【626】
ジュネーヴ法…【601】
主流化…【431】
遵守委員会…【359】
浚渫船…【173】
使用基準…【148】
上空飛行…【158】
証書…【273】【412】
常設委員会…【437】
常設国際司法裁判所…【650】
常設仲裁裁判所…【361】【678】
商船…【635】
乗船検査…【345】
商船大学…【306】
情報共有センター…【552】
情報通信技術…【93】
情報へのアクセス…【187】
条約…【2】
条約水域…【292】
書記局…【103】
初撃説…【619】
処罰…【153】
所有権…【321】
しらせ…【502】
知床世界遺産…【475】

深海資源開発株式会社
　…【105】【207】
深海底…【26】
人件費…【68】
人工島…【223】
審査…【579】
真正な関係…【63】【64】
身体刑…【555】
人道性…【631】
人道の考慮…【580】
新日韓漁業協定…【370】
人類共通の敵…【570】
人類の共通遺産
　…【27】【194】【457】

す

水球…【4】
水銀…【392】
水産委員会…【111】【358】
水産庁…【317】【543】
水柱…【126】
水中ドローン…【531】
水中文化遺産…【113】
水中文化遺産保護条約…【463】
少なくとも同等の効果
　…【401】【404】
ステークホルダー…【206】
ストックホルム条約…【392】
ストックホルム宣言…【405】
ストラドリング魚種
　…【29】【343】
スマートケーブル…【523】

せ

税関…【543】
制裁…【652】
生息域外…【441】
生息域内…【441】
生態学的・生物学的に重要な
　海域…【463】
生態系…【430】
生態系アプローチ…【337】
税の負担…【68】
政府間海事協議機関
　…【108】【405】
政府間海洋学委員会
　…【114】【500】
生物…【171】
生物資源…【171】
生物資源探査…【519】
生物多様性条約
　…【29】【172】【431】

世界貿易機関…【340】
赤十字国際委員会…【615】
石油業者…【425】【428】
石油・天然ガス…【8】【396】
接合説…【146】
接続水域…【152】
セルデン…【19】
0 時間ルール…【574】
船員供給国…【306】
船員訓練資格条約
　…【277】【304】
船員資格…【304】
船員の国籍国…【82】
船員法…【89】
船員保険…【89】
尖閣諸島…【592】
船級協会
　…【121】【273】【412】【590】
1992 年基金条約…【426】
1992 年民事条約…【426】
1969 年船舶トン数測度条約
　…【269】
1969 年民事責任条約
　…【293】【425】
1966 年満載喫水線条約…【273】
船協　→　日本船主協会
先決的抗弁…【676】
宣言…【680】
戦時禁制品…【640】
戦時国際法…【599】
戦時封鎖…【607】【641】
船主 (船舶所有者)…【67】【117】
　【165】【425】【428】
先住民族…【455】
船種基準…【145】
船主責任保険…【119】
先進国…【40】
潜水艦…【643】
船籍…【68】
選択条項受諾宣言
　…【336】【650】【666】
船長…【285】【311】
戦闘員…【613】
戦闘方法…【629】
船舶…【533】
　──に対する武装強盗
　　…【51】【551】
　──の避難場所…【418】
船舶一体論…【71】
船舶起因…【389】
船舶による汚染防止のための
　国際条約　→　MARPOL 条約

事項索引　　**283**

船腹量…【269】【295】
戦略的環境評価…【479】

そ

騒音…【10】【384】
総会…【200】
早期釈放手続
　…【554】【647】【685】
総合海洋政策本部…【100】
相互に合意する条件…【453】
捜索救助…【252】
捜索救助区域…【287】
捜索・救助の義務…【633】
争訟事件…【670】
相当の注意…【202】【380】
総トン数…【269】
遭難…【286】
属地主義…【62】【161】
測量（survey）…【516】
底引網…【7】
底引網漁…【317】
組織性…【624】
訴訟目的…【688】
その他の方法…【665】
ソマリア＝ケニア海洋境界画
　定事件…【666】

た

退去命令…【548】
大航海時代…【6】
第三次国連海洋法会議…【25】
堆積岩…【184】
対世的…【674】
タイタニック号…【40】【268】
タイタン…【278】
対テロ諸条約…【573】
対等な者は対等な者に対して
　統治権をもたない…【586】
態様基準…【145】
大陸斜面脚部…【183】
大陸棚限界委員会
　…【184】【224】【259】
大陸棚条約…【22】【181】
大量破壊兵器…【573】
台湾日本関係協会…【372】
立入検査…【549】
妥当な考慮…【158】【162】【191】
　【327】【333】【413】【511】
　【534】【558】
他の効果的な区域型保全措
　置…【462】【471】
拿捕および逮捕…【544】

炭化水素資源…【396】
　→ 石油・天然ガス
タンカー油濁補償自主協定
　…【427】
堪航性…【267】
探査…【180】【517】
断片化…【669】

ち

地域海（環境）条約…【57】【492】
地域海プログラム…【56】【112】
地域環境管理計画…【210】
地域規範…【36】
地域漁業管理機関…【318】
地域漁業管理枠組み…【318】
地域漁業体…【90】【111】【318】
地域的特性…【55】
着弾距離説…【20】
チャゴス諸島海洋保護区事件
　…【330】【466】【467】【671】
　【695】
チャゴス諸島に関する勧告的
　意見…【694】【695】
中間線…【232】【233】
仲裁裁判…【649】
中立国…【605】
中立水域…【608】
調査…【420】
調査活動…【516】
調査捕鯨…【438】
調停…【247】【649】【658】
調停委員会…【248】【658】
調停人…【659】
潮力…【9】【174】
直接開発方式…【201】
直線基線…【216】【138】
地理基準…【149】

つ

追加基金議定書…【426】
追跡権…【167】【560】
通過通航権…【149】
通航…【144】
通常基線…【216】
通知要件…【641】

て

定着性種族…【185】【324】
低潮高地…【221】
低潮線…【216】
締約国会議…【436】
テキサダ号事件…【138】

敵対行為…【605】
　──に直接参加する…【639】
デジタル配列情報…【451】
手続規則…【260】
鉄肥沃…【403】
デーニッツ提督…【638】
電子海図表示情報装置…【272】
伝統的海運国…【40】
伝統的知識…【455】

と

同意…【76】【649】
同意原則…【649】【694】
投棄…【398】
等距離線…【233】
投資紛争解決国際センター
　…【361】【678】
ドゥズジッチ・インテグリ
　ティ号事件
　…【140】【583】【585】
東部カレリア原則…【694】
動物・植物委員会…【437】
動力…【6】
特定海域…【142】
特定権原説…【283】
特定通常兵器使用禁止制限条
　約…【644】
　──議定書Ⅳ…【644】
特別環境利益区域…【210】
特別協力水域…【372】
特別裁判部…【668】
特別仲裁裁判所…【667】
特別の利益…【23】【323】
特別引出権…【426】
特別敏感水域…【463】
特別法…【599】
特別保護…【635】
途上国…【40】
富丸…【687】
富丸事件…【688】
トリー・キャニオン号事件
　…【304】
トリライン…【364】
トルーマン宣言…【23】【181】
奴隷取引…【568】
トレモリノス条約
　…【274】【309】

な

内閣…【100】
内閣府…【101】
内水…【74】【76】

内陸国…[40]【194】
ナウル海洋資源会社…【202】
名古屋議定書…【172】【443】
名古屋・クアラルンプール議
　定書【443】
NASCO 条約…【353】
7 割…【4】
なべ漁場…【84】
南極海捕鯨事件…【351】
南極海洋生物資源保存条約
　…【57】
南極海洋生物保存委員会
　…【468】
南極生物資源保存委員会
　…【339】
難破物…【290】
難破物除去ナイロビ条約
　…【291】
南部協定…【256】

に

ニカラグア事件…【130】【653】
ニカラグアとコロンビアの間
　の 200 海里以遠の大陸棚境
　界画定問題事件…【243】
二酸化炭素回収・貯留
　…【9】【91】【175】【402】
2005 年改正 SUA 議定書…
　【573】【578】
2012 年新 MCA 条約…【692】
日英通商居住航海条約…【133】
日韓漁業共同委員会…【369】
日ソ漁業協力協定…【354】
日ソ漁業協定…【372】
日中漁業協定…【371】
荷主…【428】
ニホンウナギ声明…【356】
日本海事協会…【121】
日本工業標準調査会…【123】
日本船主協会…【117】
日本船主責任相互保険組合
　…【119】
ニューポート・マニュアル
　…【603】
認定機関…【273】【412】

ね

ネガティブリスト…【366】

の

能力構築…【497】
能力構築および海洋技術移転

…【453】
農林水産省…【317】
ノースター号事件
　…【65】【164】【165】【591】
ノッテボーム事件…【4】
ノルウェー漁業事件…【218】

は

バイオプロスペクティング
　…【519】
排出権取引制度…【423】
配乗…【304】
背信行為…【642】
排他的管轄権…【163】【567】
排他的経済水域
　…【26】【74】【157】【182】
　【213】【323】【404】
排他的権利…【186】
パイプライン
　→ 海底パイプライン
バインケルスフーク…【20】
ハーグ国際法典編纂会議
　…【21】
ハーグ法…【601】
バーゼル条約…【294】
パッケージ・ディール…【39】
バラスト水…【383】
バラスト水管理条約…【406】
パラレル方式…【201】
パリ協定…【409】
波力…【9】【174】
バルセロナ条約…【56】【396】
パレスチナ解放戦線…【573】
パレスチナにおけるイスラエ
　ルの政策・実行に関する勧
　告の意見…【694】
パレスチナの壁に関する勧告
　的意見…【694】
バンカー条約…【429】
バンカリング
　…【75】【160】【328】
バングラデシュ＝インド海洋
　境界画定事件…【240】
バングラデシュ＝ミャンマー
　海洋境界画定事件…【239】
万国国際法学会…【21】【603】
帆船…【6】
反徒…【624】

ひ

P&I クラブ国際グループ
　…【119】【427】

P&I 保険…【119】
非旗国…【166】
非裁判手続…【648】
避止義務…【607】
非商業的目的のために運航す
　るその他の政府船舶…【586】
非政府組織…【60】
非生物資源…【171】
非中立の役務…【608】
等しい距離にある中間線
　…【233】
BBNJ 協定
　…【107】【172】【341】【431】
非法規範…【35】
ヒューマンエラー…【303】
病院船…【615】
表現の自由…【300】
広い公海と狭い領海…【20】

ふ

封鎖…【608】
ブカレスト条約…【56】【393】
幅員…【20】【73】
付随的損害…【636】
附属書Ⅶ仲裁裁判…【678】
物質…【381】
普遍的管轄権…【570】
不要な苦痛…【633】
ブライアン他対ロシア事件
　…【300】
プライベート・スタンダード
　…【50】【388】
プラスチック汚染防止条約
　…【92】【112】【385】【392】
ブラックリスト…【366】
プラットフォーム…【189】
フランス主義…【134】
ブリュッセル条約…【282】
武力行使禁止原則
　…【592】【595】
武力による威嚇…【598】
武力紛争法…【595】
プルーム…【211】
プレスティージ号
　…【419】【426】
紛争…【260】【656】【670】
紛争解決制度…【41】
紛争概念…【260】
紛争の義務的解決に関する選
　択署名議定書…【22】
文民…【613】【634】
分離説…【146】

事項索引　　285

へ

『閉鎖海論』…【19】
平和宮…【667】
平和的目的…【161】【504】
ベストプラクティス…【529】
ベーリング海オットセイ事件
　…【321】
ヘルシンキ条約
　…【57】【393】【396】
便宜置籍船…【67】

ほ

包括性…【38】
防止義務…【607】
法執行活動…【621】【680】
報酬…【510】
法人の国籍国…【82】
豊進丸…【687】
豊進丸事件…【581】【688】
宝石サンゴ…【556】
法的安定性…【10】
法の信念…【2】
法典化…【21】
法律委員会…【108】
法律・技術委員会
　…【105】【200】
法令適用除外水域…【372】
北西太平洋行動計画…【56】
北部協定…【242】【256】
保護区…【461】
保護権…【146】【321】【548】
ポジティブリスト…【365】
保証金…【414】
保証国…【81】【201】
保証国勧告の意見
　…【202】【691】
保障措置…【413】
母船…【564】
母川国…【352】
保存指標区域…【209】
北海大陸棚事件…【230】【234】
北極海…【36】
北極圏海洋環境保護作業部会
　…【57】
北極評議会…【57】
没収…【688】
ボート…【565】
捕虜…【613】
本案…【66】【676】

ま

マヴィ・マルマラ号事件
　…【616】
マヴロマティス事件…【670】
巻網…【7】
巻網漁…【317】
麻薬…【572】
麻薬等の不正取引条約…【572】
マリアナ海溝…【356】
MARPOL 条約…【405】【420】
　——附属書Ⅰ-Ⅴ…【406】
　——附属書Ⅵ…【406】
マンガン団塊（多金属団塊）
　…【177】

み

未画定水域…【215】
水俣条約…【392】
南シナ海…【592】【652】
南シナ海事件…【137】【226】
　【380】【652】【664】【672】
南鳥島…【178】【224】
みなみまぐろ事件
　…【361】【379】【664】【678】
　【684】
みなみまぐろ保存委員会
　…【360】
みなみまぐろ保存条約…【360】
民間海上警備会社…【54】
民間武装警備員…【51】【590】
民用物…【633】【634】

む

無害…【144】
無害通航権…【143】【217】【547】
無過失責任…【293】【425】
無国籍船…【568】
無差別…【414】
無人艦艇…【610】
無人機器…【497】【521】
無線…【268】

め

明示の同意…【506】
メタンハイドレート
　…【8】【168】
メドヴェージェフ他対フラン
ス事件…【299】
免除…【535】

も

黙示の同意…【510】
モニタリング…【395】
モラトリアム…【212】【347】
モーリシャス＝モルディブ海
　洋境界画定事件…【696】
モントリオール議定書…【408】
文部科学省…【497】

や

ヤウンデ行動指針…【551】

ゆ

油濁防止条約…【405】【420】
ユネスコ…【113】

よ

洋上給油…【160】
　→ バンカリング
洋上風力…【9】【91】【174】
備船者…【165】
容認義務…【607】
抑留…【544】
4 時間ルール…【574】
予防的アプローチ
　…【202】【337】【387】

ら

ライセンス方式…【201】
ラグラン事件…【682】
ラコニア宣言…【638】

り

陸起因…【389】
リサイクル施設…【296】
理事会…【200】
リビア＝マルタ大陸棚事件
　…【236】
留保…【39】【336】【666】【679】
領域…【297】
領域主権…【131】
了解…【251】
領海…【74】【506】
了解覚書…【79】
領海条約…【22】
領海侵入…【143】
領水…【394】【549】
領土及び海洋紛争事件…【226】
臨検…【544】
隣接…【323】
隣接沿岸国…【341】

286　事項索引

れ

レアアース泥…【168】
歴史的権原…【680】
歴史的水域…【136】
歴史的湾…【136】【680】
レッド・クルセイダー号事件
…【577】【579】
烈度説…【619】

ろ

労働基準法…【89】
ローチュス号事件
…【164】【282】【283】【591】
ロンドン議定書…【400】【494】
ロンドン条約…【400】
ロンドン潜水艦議定書…【601】

わ

ワシントン条約…【431】
——附属書Ⅰ…【436】

A

ABS → アクセスと利益配分
activity → 事業
advisory jurisdiction
→ 勧告的管轄権
advisory opinion
→ 勧告的意見
Agreement on Port State
Measures, PMSA
→ 寄港国措置協定
anadromous species
→ 溯河性魚類
archipelago → 群島
Arctic Council → 北極評議会
area based management tool,
ABMT → 区域型管理手法
Areas of Particular Environ-
mental Interest, APEI
→ 特別環境利益区域
armed robbery against ships
→ 船舶に対する武装強盗
arrangement → 取極
AUV…【531】
auxiliary → 補助艦

B

ballast water → バラスト水
baseline → 基線
belligerent blockade
→ 戦時封鎖

belligerents → 交戦国
biding force → 拘束力
bioprospecting → バイオプロ
スペクティング
breadth → 幅員

C

canon-shot rule
→ 着弾距離説
Carbon dioxide Capture and
Storage, CCS
→ 二酸化炭素回収・貯留
catadromous species
→ 降河性魚類
catch documentation scheme,
CDS → 漁獲証明制度
CCAMLR → 南極海洋生物保
存委員会、南極生物資源保
存委員会
CCSBT
→ みなみまぐろ保存委員会
certificate → 証書
charterer → 傭船者
CHM → 人類の共通遺産
circular → 回章
civilian → 文民
Class NK → 日本海事協会
classification society
→ 船級協会
CLCS → 大陸棚限界委員会
coastal State → 沿岸国
cobalt-rich ferromanganese
crusts → コバルトリッ
チ・クラスト
code → コード
codification → 法典化
COFI → 水産委員会
collateral damage
→ 付随的損害
combatant → 戦闘員
conciliation → 調停
considerations of humanity
→ 人道の考慮
constructive presence
→ 構成的存在論
contentious case → 争訟事件
contiguous zone → 接続水域
contraband → 戦時禁制品
contractor → 契約者
control → 規制
convention area → 条約水域
COP → 締約国会議

COSIS → 気候変動と国際法
に関する小島嶼国委員会
craft
→ 小型船舶、舟艇、ボート
customary international law
→ 慣習国際法（慣習法）

D

delineation → 外縁画定
detain → 抑留
Digital Sequence Information,
DSI → デジタル配列情報
diplomatic protection
→ 外交保護
direct participation in
hostilities
→ 敵対行為への直接参加
directed energy weapons
→ 指向性エネルギー兵器
dispute → 紛争
dispute settlement mecha-
nism → 紛争解決制度
distress → 遭難
Division for Ocean Affairs and
the Law of the Sea,
DOALOS
→ 国連海事海洋法課
DORD
→ 深海資源開発株式会社
due diligence → 相当の注意、
相当の注意義務
due regard → 妥当な考慮
dumping → 投棄
duty of abstention
→ 避止義務
duty of acquiescence
→ 容認義務
duty of prevention
→ 防止義務

E

EC → 欧州共同体
ECDIS
→ 電子海図表示情報装置
Ecologically or Biologically
Significant marine Areas,
EBSA → 生態学的・生物
学的に重要な海域
economic warfare at sea
→ 海上経済戦
ecosystem → 生態系
EIA → 環境影響評価

事項索引　287

Emissions Trading System, ETS → 排出権取引制度
engineer → 機関士
ENMOD → 環境改変技術敵対的使用禁止条約
enterprise → 事業体
entitlement → 権原
environmental impact assessment, EIA → 環境影響評価
equidistance line → 等距離線
equipment → 機材
erga omnes → 対世的
excessive maritime claims → 過度な水域の主張
Exclusive Economic Zone, EEZ → 排他的経済水域
exclusive jurisdiction → 排他的管轄権
exclusive right → 排他的権利
exploitation → 開発
exploitation regulation → 開発規則
exploration → 探査
extensive constructive presence → 拡大構成的存在論
external rules → 外部規則

F

fact-finding commission → 事実調査委員会
FAO → 国連食糧農業機関
finality → 終結性
flag of convenience, FOC → 便宜置籍船
flag State → 旗国
flag State principle → 旗国主義
focal point → 窓口
foot of the continental slope → 大陸斜面脚部
fragmentation → 断片化
freedom of expression → 表現の自由
freedom of the high seas → 公海の自由

G

GAIRS…【276】【386】
gene → 遺伝子

general obligation → 一般的の義務
genuine link → 真正な関係
GHG → 温室効果ガス
gravity → 重大性
Gross Tonnage, GT → 総トン数

H

harm → 害
hazard → 危険
high seas → 公海
historic bay → 歴史的の湾
historic titles → 歴史的権原
historic waters → 歴史的水域
home State → 法人の国籍国
hostilities → 敵対行為
hostis humani generis → 人類共通の敵
HSSC → 検査と証書の調和システム
humanity → 人道性

I

IACS → 国際船級協会
ICC → 国際刑事裁判所
ICPO → 国際刑事警察機構
ICRC → 赤十字国際委員会
ICRW → 国際捕鯨取締条約
ICS → 国際海運会議所
ICSID → 投資紛争解決国際センター
ILO → 国際労働機関
IMCO → 政府間海事協議機関
immunity from execution → 執行免除
immunity from jurisdiction → 裁判権免除
IMO → 国際海事機関
Impact Reference Zone, IRZ → 影響指標区域
implementing agreement → 実施協定
indigenous people → 先住民族
Information and Communications Technology, ICT → 情報通信技術
inquiry → 審査
installations → 施設

Institut de Droit International, IDI → 万国国際法学会
integrety → 一体性
Intergovernmental Oceanographic Committee, IOC → 政府間海洋学委員会
International Cable Protection Committee, ICPC → 国際ケーブル保護委員会
International Centre for Settlement of Investment, ICSID → 投資紛争解決国際センター
International Law Association, ILA → 国際法協会
International Law Commission, ILC → 国際法委員会
International Oil Pollution Compensation Funds, IOPC Funds → 国際油濁補償基金
International Seabed Authority, ISA → 国際海底機構
international humanitarian law → 国際人道法
international organization → 国際機構
international straits → 国際海峡
IOC → 政府間海洋学委員会
IPOA-IUU → IUU漁業の防止、抑止及び撲滅に関する行動計画
ISA → 国際海底機構
ISC → 情報共有センター
island → 島
ISO → 国際標準化機構
ITLOS → 国際海洋法裁判所
IUCN → 国際自然保護連合
IUMI → 国際海上保険連合
IWC → 国際捕鯨委員会

J

JAMSTEC → 海洋研究開発機構
Japan P&I Club → 日本船主責任相互保険組合
JISC → 日本工業標準調査会
JOGMEC → エネルギー・金属鉱物資源機構
joint development

288　事項索引

→ 共同開発
jurisdiction → 管轄、管轄権
jus ad bellum…【595】
jus cogens → 強行規範
jus in bello…【595】

L

land-based sources
　　→ 陸起因
law enforcement activities
　　→ 海上警察活動、法執行活動
動
law of armed conflict
　　→ 武力紛争法
law of the sea → 海洋法
LEG → 法律委員会
lex specialis → 特別法
living resource → 生物資源
low-tide elevation
　　→ 低潮高地
low-water line → 低潮線
LTC → 法律・技術委員会

M

mainstreaming → 主流化
manning → 配乗
Marine Scientific Research,
　　MSR → 海洋科学調査
marine genetic resources,
　　MGR → 海洋遺伝資源
marine geoengineering
　　→ 海洋地球工学
marine scientific research,
　　MSR → 海洋科学調査
Maritime Autonomous
　　Surface Ships, MASS
　　→ 海洋自動水上船舶
Maritime Labour Convention,
　　MLC → 海事労働条約
maritime claim → 海洋主張
maritime delimitation
　　→ 海洋境界画定
maritime law → 海事法
maritime militia → 海上民兵
market State → 市場国
MARPOL 73/78…【273】【405】
MAT → 相互に合意する条件
material breach
　　→ 重大な違反
means of warfare
　　→ 害敵手段
median line → 中間線

MEPC
　　→ 海洋環境保護委員会
merchant vessels → 商船
merit → 本案
methods of warfare
　　→ 戦闘方法
MGR → 海洋遺伝資源
military activities
　　→ 軍事活動
military necessity
　　→ 軍事的必要性
military survey → 軍事調査
mining codes → 鉱業規則
MLC → 海事労働条約
modalities → 様式
moratorium → モラトリアム
mother ship → 母船
MOU → 了解覚書
MPA → 海洋保護区
MSC → 海上安全委員会
MSR → 海洋科学調査

N

nationality principle
　　→ 国籍主義
Nauru Ocean Resources, Inc.,
　　NORI
　　→ ナウル海洋資源会社
naval (sea) mine → 機雷
naval prize → 海上捕獲
neutral States → 中立国
neutral water → 中立水域
NGO → 非政府組織
noise → 騒音
non-living resource
　　→ 非生物資源
normal baseline → 通常基線
NOWPAP
　　→ 北西太平洋行動計画
NPM → ニューポート・マニュアル
ニュアル

O

ocean fertilization
　　→ 海洋肥沃化
officer → 航海士
offshore wind → 洋上風力
oil record book → 油記録簿
operator → 運航者（船舶の航程を決める者）
程を決める者）
opinio juris → 法的信念
opt out → オプト・アウト

order of provisional measure
　　→ 暫定措置命令
other effective area-based
　　conservation measures,
　　OECM → 他の効果的な区域型保全措置
域型保全措置
outer edge → 外縁

P

package deal
　　→ 一括受諾方式
PAME → 北極圏海洋環境保護作業部会
護作業部会
par in parem imperium non
　　habet → 対等な者は対等な者に対して統治権をもたない
者に対して統治権をもたない
い
Particularly Sensitive Sea
　　Area, PSSA
　　→ 特別敏感水域
PCA → 常設仲裁裁判所
PCIJ → 常設国際司法裁判所
peace palace → 平和宮
perfidy → 背信行為
PIC → 事前の同意
piracy → 海賊行為
place of refuge
　　→ 船舶の避難場所
PLF → パレスチナ解放戦線
polymetallic nodule → マンガン団塊（多金属団塊）
ガン団塊（多金属団塊）
polymetallic sulfides
　　→ 海底熱水鉱床
POPs → 残留性有機汚染物質
Port State Control, PSC
　　→ 寄港国管理
port State → 寄港国
prescriptive jurisdiction
　　→ 規律管轄権
Preservation Reference Zone,
　　PRZ → 保存指標区域
prima facie jurisdiction
　　→ 一応の管轄権
prisoner → 捕虜
private ends → 私的目的
private function → 私的役割
project → 事業
promptly → 速やかに
prospecting
　　→ 概要調査（概査）
provisional measure
　　→ 暫定措置

事項索引　　289

PSC → 寄港国管理
public function → 公的役割

R

reasonable bond
→ 合理的な保証金
reasonably appropriate
→ 合理的に適切
ReCAAP → アジア海賊対策
地域協力協定
Regional Environment
Management Plan, REMP
→ 地域環境管理計画
Regional Fishery Manage-
ment Organizations, RFMO
→ 地域漁業管理機関
Regional Seas Programme
→ 地域海プログラム
regional seas convention
→ 地域海（環境）条約
Registry → 書記局
relevant area → 関連水域
remote operation center
→ 遠隔操船所
res judicata → 既判力
research activity → 調査活動
reservation → 留保
resolution → 決議
resource → 資源
REY-rich mud
→ レアアース泥
RFB → 地域漁業体
RFM Arrangements, RFMA
→ 地域漁業管理枠組み
right of hot pursuit
→ 追跡権
right of innocent passage
→ 無害通航権
right of intervention
→ 介入権
right of non-suspendable
innocent passage
→ 強化された無害通航
right of property → 所有権
right of transit passage
→ 通過通航権
rights of protection
→ 保護権
RO → 認定機関
rock → 岩
ROV…【531】

S

safe place → 安全な場所
safeguard → 保障措置
safety → 安全
sanction → 制裁
SBSTTA
→ 科学技術助言補助機関
sea level rise → 海面上昇
seabed dispute chamber
→ 海底紛争裁判部
search and rescue
→ 捜索し救助する
seaworthiness → 堪航性
security → 安全保障
sedentary species
→ 定着性種族
sedimentary rocks → 堆積岩
Ship Recycling Facility
→ リサイクル施設
ship owner
→ 船主（船舶所有者）
simplified procedure
→ 簡易な手続
slave trade → 奴隷取引
South China Sea Arbitration
→ 南シナ海事件仲裁裁判
sovereign immunity
→ 主権免除
sovereign rights
→ 主権の権利
sovereignty → 主権
special chamber
→ 特別裁判部
special interest
→ 特別の利益
species → 種
sponsoring State → 保証国
SRM
→ サンレモ・マニュアル
State → 国家
state immunity → 国家免除
state practice → 国家実行
STB → 科学技術委員会
STOPIA 2006 → 小型タン
カー油濁補償自主協定
Strategic Environment
Assessment, SEA
→ 戦略的環境評価
submarine → 潜水艦

submarine cable
→ 海底ケーブル（海底電線）
submarine pipeline
→ 海底パイプライン
submarine pipelines
→ 海底パイプライン
substandard ship
→ サブスタンダード船
summary procedure
→ 簡易手続
survey （測量）…【516】

T

territorial principle
→ 属地主義
the Area → 深海底
the land dominates the sea
→ 海は陸を支配する
30 by 30…【462】
threshold → 敷居
TOPIA 2006 → タンカー油
濁補償自主協定
torpedo → 魚雷
traditional knowledge
→ 伝統的知識
treaty → 条約

U

UN Fish Stock Agreement,
UNFSA
→ 公海漁業実施協定
unacknowledged detention
→ 非公認の抑留
undelimited maritime areas
→ 未画定水域
underwater cultural heritage
→ 水中文化遺産
UNDP → 国連開発計画
UNEA → 国連環境総会
UNEP → 国連環境計画
UNESCO
→ 国連教育科学文化機関
United Nations Convention on
the Law of the Sea,
UNCLOS or LOS Conven-
tion → 国連海洋法条約（海
洋法条約）
universal jurisdiction
→ 普遍的管轄権
unmanned vehicle
→ 無人機器
USV…【530】

290　事項索引

UUV…【531】

V

vessel-source → 船舶起因

W

warship → 軍艦
water column → 水柱
WCPA → IUCN の世界保護

区委員会
WMD → 大量破壊兵器
wreck → 難破物
WTO → 世界貿易機関

判例索引
（裁判所別・年代順）

常設国際司法裁判所（PCIJ）

Mavrommatis Palestine Concessions（Greece v. United Kingdom）, 30 August 1924
⋯⋯[670]

Lotus（France v Turkey）, 7 September 1927⋯⋯[164][282][283][591]

Oscar Chinn Case（United Kingdom v. Belgium）, 12 December 1934⋯⋯[130]

国際司法裁判所（ICJ）

Corfu Channel（United Kingdom v. Albania）, 15 December 1949⋯⋯[145]

Fisheries（United Kingdom v. Norway）, 18 December 1951⋯⋯[218]

Nottebohm Case（Lichtenstein v. Guatemala）, 6 April 1955⋯⋯[64]

North Sea Continental Shelf（Federal Republic of Germany/Denmark, Federal Republic of Germany/Netherlands）, 20 February 1969⋯⋯[230][234]

Continental Shelf（Libyan Arab Jamahiriya/Malta）, 3 June 1985⋯⋯[236]

Military and Paramilitary Activities in and against Nicaragua（Nicaragua v. United States of America）, 27 June 1986⋯⋯[130][653]

Fisheries Jurisdiction（Spain v. Canada）, 管轄権 4 December 1998⋯⋯[336][621]

LaGrand（Germany v. United States of America）, 27 June 2001⋯⋯[682]

Legal Consequences of the Construction of a Wall in the Occupied Palestinian Territory, 勧告的意見 9 July 2004⋯⋯[694]

Maritime Delimitation in the Black Sea（Romania v. Ukraine）, 3 February 2009
⋯⋯[237][238]

Pulp Mills on the River Uruguay（Argentina v. Uruguay）, 20 April 2010⋯⋯[482]

Accordance with international law of the unilateral declaration of independence in respect of Kosovo 勧告的意見, 22 July 2010⋯⋯[694]

Territorial and Maritime Dispute（Nicaragua v. Colombia）, 19 November 2012⋯⋯[226]

Whaling in the Antarctic（Australia v. Japan：New Zealand intervening）, 31 March 2014⋯⋯[351]

Certain Activities Carried Out by Nicaragua in the Border Area（Costa Rica v. Nicaragua）, 16 December 2015⋯⋯[482]

Construction of a Road in Costa Rica along the San Juan River（Nicaragua v. Costa Rica）, 16 December 2015⋯⋯[482]

Legal Consequences of the Separation of the Chagos Archipelago from Mauritius in 1965, 勧告的意見 13 February 2019⋯⋯[467][694]

Maritime Delimitation in the Indian Ocean（Somalia v. Kenya）, 12 October 2021⋯⋯[666]

Question of the Delimitation of the Continental Shelf between Nicaragua and Colombia beyond 200 nautical miles from the Nicaraguan Coast（Nicaragua v. Colombia）, 13 July 2023······[243]

国際海洋法裁判所（ITLOS）

The M/V "SAIGA" case（Saint Vincent and the Grenadines v. Guinea）, 早期釈放 4 December 1997······[328]

The M/V "SAIGA"（No. 2）Case（Saint Vincent and the Grenadines v. Guinea）, 1 July 1999······[65][66][71][328][329][580][686]

Southern Bluefin Tuna Cases（New Zealand v. Japan；Australia v. Japan）, 暫定措置 27 August 1999······[684]

The "Camouco" Case（Panama v. France）, 早期釈放 7 February 2000······[687]

The "Hoshinmaru" Case（Japan v. Russian Federation）, 早期釈放 6 August 2007 ······[581][687][688]

The "Tomimaru" Case（Japan v. Russian Federation）, 早期釈放 6 August 2007 ······[687][688]

Dispute concerning delimitation of the maritime boundary between Bangladesh and Myanmar in the Bay of Bengal（Bangladesh/Myanmar）, 14 March 2012······[239][677]

Responsibilities and obligations of States sponsoring persons and entities with respect to activities in the Area（Request for Advisory Opinion submitted to the Seabed Disputes Chamber）, 勧告的意見 1 February 2011······[202]

The M/V "Louisa" Case（Saint Vincent and the Grenadines v. Kingdom of Spain）, 28 May 2013······[129]

The M/V "Virginia G" Case（Panama/Guinea-Bissau）, 14 April 2014 ······[65][329][581][583][678]

The "ARA Libertad" Case（Argentina v. Ghana）, 暫定措置 15 December 2012 ······[588][657]

Request for an Advisory Opinion submitted by the Sub-Regional Fisheries Commission, 勧告的意見 2 April 2015······[361][692][693]

Dispute concerning delimitation of the maritime boundary between Ghana and Côte d'Ivoire in the Atlantic Ocean（Ghana/Côte d'Ivoire）, 暫定措置 25 April 2015 本案 23 September 2017······[187][253][623]

The M/V "Norstar" Case（Panama v. Italy）, 10 April 2019······[65][164][165][591]

Case concerning the detention of three Ukrainian naval vessels（Ukraine v. Russian Federation）, 暫定措置 25 May 2019······[680]

The M/T "San Padre Pio" Case（Switzerland v. Nigeria）, 暫定措置 6 June 2019······[329]

Dispute concerning delimitation of the maritime boundary between Mauritius and Maldives in the Indian Ocean（Mauritius/Maldives）, 本案 28 April 2023······[696]

Request for an Advisory Opinion submitted by the Commission of Small Island States on Climate Change and International Law, 勧告的意見 21 May 2024······[361] [386] [387] [389] [673] [693]

仲裁裁判所

Award between the United States and the United Kingdom relating to the rights of jurisdiction of United States in the Bering's Sea and the preservation of fur seals (United States/United Kingdom), 15 August 1893······[321]

S. S. "I'm Alone" (Canada v. United States), 30 June 1993 and 5 January 1935······[577]

Southern Bluefin Tuna Case (New Zealand/Japan, Australia/Japan), 管轄権・受理可能性 4 August 2000······[361] [379] [664] [678]

Guyana v. Suriname (Guyana/Suriname), 17 September 2007······[253] [598]

Bay of Bengal Maritime Boundary Arbitration between Bangladesh and India (Bangladesh/India), 7 July 2014······[240] [677]

Chagos Marine Protected Area Arbitration (Mauritius/United Kingdom), 18 March 2015······[330] [466] [467] [671] [679] [695]

The South China Sea Arbitration (Philippines/The People's Republic of China), 管轄権・受理可能性 29 October 2015 本案 12 July 2016······[137] [226] [380] [652] [664] [672] [678]

The Duzgit Integrity Arbitration (Malta v. São Tomé and Principe), 5 September 2016······[140] [583] [585]

The Arctic Sunrise Arbitration (Netherlands v. Russia), 14 August 2015 ······[71] [300] [301] [566] [582]

Arbitration Between the Republic of Croatia and the Republic of Slovenia (Croatia v. Slovenia), 29 June 2017······[237]

The 'Enrica Lexie' Incident (Italy v. India), 21 May 2020······[164] [590] [591] [673] [683]

Dispute Concerning the Detention of Ukrainian Naval Vessels and Servicemen (Ukraine v. Russia), 先決的抗弁 27 July 2022······[680]

ICC

Situation on the Registered Vessels of the Union of the Comoros, the Hellenic Republic, and the Kingdom of Cambodia (Prosecutor) (2 December 2019) (ICC-01/13-6-AnxA)······[616]

審査

Investigation of certain incidents affecting the British trawler Red Crusader Report of 23 March 1962 of the Commission of Enquiry (United Kingdom/Denmark), 15 November 1961······[577] [579]

規約人権委員会

A. S., D. I. O. I. and G. D. v. Italy (28 April 2021) (CCPR/C/130/D/3042/2017)······[298]

欧州人権裁判所

Medvedyev and others v. France（29 March 2010）（Application No. 3394/03）……**[299]**

Bryan and others v. Russia（27 September 2023）（Application No. 22515/14）……**[300]**

調停

Timor Sea Conciliation（Timor-Leste v. Australia），管轄権決定 19 September 2016 報告及び勧告 9 May 2018……**[661]**

国内裁判所（日本・米国）

テキサダ号事件、和歌山地裁（1974 年 7 月 15 日）大阪高裁（1976 年 11 月 19 日）（判時 844 号 105、判時 844 号 102 頁）……**[137][138]**

オデコ日本 SA 事件、東京地裁（1982 年 4 月 22 日）東京高裁（1984 年 3 月 14 日）（行集 33 巻 4 号 838 頁、行集 35 巻 3 号 231 頁）……**[187]**

Institute of Cetacean Research, et al. v. Sea Shepherd Conservation Society, et al., United States Court of Appeals for the Ninth Circuit（25 February 2013）（708 F.3d 1099）……**[570]**

【著者】

瀬田　真（せた・まこと）

早稲田大学大学院アジア太平洋研究科准教授。

専門は国際法・海洋法。

1983 年　茨城生まれ。

2007 年　早稲田大学法学部卒業。

2008 年　London School of Economics and Political Science, LLM 修了。

2013 年　早稲田大学比較法研究所助手。

2015 年　早稲田大学博士（法学）。

2015 年　横浜市立大学国際総合科学部准教授。

2023 年　早稲田大学大学院アジア太平洋研究科准教授。

主要研究業績

単著

『海洋ガバナンスの国際法―普遍的管轄権を手掛かりとして』（三省堂、2016 年）

編著

International Law as Constructive Resistance towards Peace and Justice
(Brill, 2024).

論文

"The Contribution of the International Organization for Standardization to
Ocean Governance," *Review of European, Comparative and International
Environmental Law*, Vol. 28(3)(2019), pp.304-313.

"Environmental Impact Assessment of Offshore Windfarms in Areas
beyond National Jurisdiction : Who Should Have Obligations?," *The
Australian Year Book of International Law*, Vol. 41(2023), pp.74-100.

海洋法

2025（令和 7）年 2 月 15 日　初版 1 刷発行

著　者　瀬　田　　真

発行者　鯉　渕　友　南

発行所　株式会社 弘　文　堂　　　101-0062　東京都千代田区神田駿河台 1 の 7
　　　　　　　　　　　　　　　　　TEL 03(3294)4801　　振替 00120-6-53909
　　　　　　　　　　　　　　　　　https://www.koubundou.co.jp

装　幀　青 山 修 作

印　刷　三報社印刷

製　本　井上製本所

©2025 Makoto Seta. Printed in Japan

[JCOPY] 〈(社)出版者著作権管理機構　委託出版物〉
本書の無断複写は著作権法上での例外を除き禁じられています。複写される場合は、
そのつど事前に、(社)出版者著作権管理機構（電話 03-5244-5088、FAX03-5244-5089、
e-mail : info@jcopy.or.jp）の許諾を得てください。
また本書を代行業者等の第三者に依頼してスキャンやデジタル化することは、たとえ
個人や家庭内での利用であっても一切認められておりません。
ISBN978-4-335-36015-2